气象学家学术成长资料采集工程 丛书

云卷云舒
士松 传

陈云峰 ◎ 著

1920年	1938年	1947年	1961年	1978年	1981年	1985年
出生于浙江金华	考入国立中央大学	获得美国加州大学洛杉矶分校硕士学位	任南京大学气象学系副主任	获全国科学大会奖	被批准为我国第一批博士生导师	获国家科学技术进步奖

云卷云舒

黄士松 传

老科学家学术成长资料采集工程 丛书

陈云峰 ◎ 著

中国科学技术出版社
上海交通大学出版社

图书在版编目（CIP）数据

云卷云舒：黄士松传／陈云峰著．—北京：
中国科学技术出版社，2015.1
（老科学家学术成长资料采集工程丛书）
ISBN 978-7-5046-6720-5

Ⅰ.①云…　Ⅱ.①陈…　Ⅲ.①黄士松－传记　Ⅳ.
①K826.14

中国版本图书馆 CIP 数据核字（2014）第 233605 号

出　版　人	苏　青　韩建民
责任编辑	余　君
责任校对	韩　玲
责任印制	张建农
版式设计	中文天地

出　　　版	中国科学技术出版社　上海交通大学出版社
发　　　行	科学普及出版社发行部
地　　　址	北京市海淀区中关村南大街16号
邮　　　编	100081
发行电话	010-62173865
传　　　真	010-62179148
网　　　址	http://www.cspbooks.com.cn

开　　本	787mm×1092mm　1/16
字　　数	256千字
印　　张	16.75
彩　　插	2
版　　次	2015年1月第1版
印　　次	2015年1月第1次印刷
印　　刷	北京华联印刷有限公司
书　　号	ISBN 978-7-5046-6720-5／K·156
定　　价	48.00元

（凡购买本社图书，如有缺页、倒页、脱页者，本社发行部负责调换）

老科学家学术成长资料采集工程
领导小组专家委员会

主　任： 杜祥琬

委　员：（以姓氏拼音为序）

　　巴德年　　陈佳洱　　胡启恒　　李振声

　　王礼恒　　王春法　　张　勤

老科学家学术成长资料采集工程
丛书组织机构

特邀顾问（以姓氏拼音为序）

　　樊洪业　　方　新　　齐　让　　谢克昌

编委会

主　编： 王春法　　张　藜

编　委：（以姓氏拼音为序）

　　艾素珍　　董庆九　　胡化凯　　黄竟跃　　韩建民

　　廖育群　　吕瑞花　　刘晓勘　　林兆谦　　秦德继

　　任福君　　苏　青　　王扬宗　　夏　强　　杨建荣

　　张柏春　　张大庆　　张　剑　　张九辰　　周德进

编委会办公室

主　任： 许向阳　　张利洁

副主任： 许　慧　　刘佩英

成　员：（以姓氏拼音为序）

　　崔宇红　　董亚峥　　冯　勤　　何素兴　　韩　颖

　　李　梅　　罗兴波　　刘　洋　　刘如溪　　沈林苣

　　王晓琴　　王传超　　徐　捷　　肖　潇　　言　挺

　　余　君　　张海新　　张佳静

老科学家学术成长资料采集工程简介

老科学家学术成长资料采集工程（以下简称"采集工程"）是根据国务院领导同志的指示精神，由国家科教领导小组于2010年正式启动，中国科协牵头，联合中组部、教育部、科技部、工信部、财政部、文化部、国资委、解放军总政治部、中国科学院、中国工程院、国家自然科学基金委员会等11部委共同实施的一项抢救性工程，旨在通过实物采集、口述访谈、录音录像等方法，把反映老科学家学术成长历程的关键事件、重要节点、师承关系等各方面的资料保存下来，为深入研究科技人才成长规律，宣传优秀科技人物提供第一手资料和原始素材。按照国务院批准的《老科学家学术成长资料采集工程实施方案》，采集工程一期拟完成300位老科学家学术成长资料的采集工作。

采集工程是一项开创性工作。为确保采集工作规范科学，启动之初即成立了由中国科协主要领导任组长、12个部委分管领导任成员的领导小组，负责采集工程的宏观指导和重要政策措施制定，同时成立领导小组专家委员会负责采集原则确定、采集名单审定和学术咨询，委托中国科学技术史学会承担具体组织和业务指导工作，建立专门的馆藏基地确保采集资料的永久性收藏和提供使用，并研究制定了《采集工作流程》、《采集工作规范》等一系列基础文件，作为采集人员的工作指南。截止2014年底，已启动304位老科学家的学术成长资料采集工作，获得手稿、书信等实物原件资料52093件，数字化资料137471件，视频资料183878分钟，音频资料224825分钟，具有重要的史料价值。

采集工程的成果目前主要有三种体现形式，一是建设一套系统的"老科学家学术成长资料数据库"（本丛书简称"采集工程数据库"），提供学术研究和弘扬科学精神、宣传科学家之用；二是编辑制作科学家专题资料片系列，以视频形式播出；三是研究撰写客观反映老科学家学术成长经历的研究报告，以学术传记的形式，与中国科学院、中国工程院联合出版。随着采集工程的不断拓展和深入，将有更多形式的采集成果问世，为社会公众了解老科学家的感人事迹，探索科技人才成长规律，研究中国科技事业的发展历程提供客观翔实的史料支撑。

总序一

中国科学技术协会主席 韩启德

老科学家是共和国建设的重要参与者，也是新中国科技发展历史的亲历者和见证者，他们的学术成长历程生动反映了近现代中国科技事业与科技教育的进展，本身就是新中国科技发展历史的重要组成部分。针对近年来老科学家相继辞世、学术成长资料大量散失的突出问题，中国科协于2009年向国务院提出抢救老科学家学术成长资料的建议，受到国务院领导同志的高度重视和充分肯定，并明确责成中国科协牵头，联合相关部门共同组织实施。根据国务院批复的《老科学家学术成长资料采集工程实施方案》，中国科协联合中组部、教育部、科技部、工业和信息化部、财政部、文化部、国资委、解放军总政治部、中国科学院、中国工程院、国家自然科学基金委员会等11部委共同组成领导小组，从2010年开始组织实施老科学家学术成长资料采集工程。

老科学家学术成长资料采集是一项系统工程，通过文献与口述资料的搜集和整理、录音录像、实物采集等形式，把反映老科学家求学历程、师承关系、科研活动、学术成就等学术成长中关键节点和重要事件的口述资料、实物资料和音像资料完整系统地保存下来，对于充实新中国科技发展的历史文献，理清我国科技界学术传承脉络，探索我国科技发展规律和科技人才成长规律，弘扬我国科技工作者求真务实、无私奉献的精神，在全社会营造爱科学、学科学、用科学的良好氛围，是一件很有意义的事情。采集工程把重点放在年龄在80岁以上、学术成长经历丰富的两院院士，以及虽然不是两院院士、但在我国科技事业发展中作出突出贡献的老科技工作者，充分体现了党和国家对老科学家的关心和爱护。

自2010年启动实施以来，采集工程以对历史负责、对国家负责、对科技事业负责的精神，开展了一系列工作，获得大量反映老科学家学术成长历程的文字资料、实物资料和音视频资料，其中有一些资料具有很高的史料价值和学术价值，弥足珍贵。

以传记丛书的形式把采集工程的成果展现给社会公众，是采集工程的目标之一，也是社会各界的共同期待。在我看来，这些传记丛书大都是在充分挖掘档案和书信等各种文献资料、与口述访谈相互印证校核、严密考证的基础之上形成的，内中还有许多很有价值的照片、手稿影印件等珍贵图片，基本做到了图文并茂，语言生动，既体现了历史的鲜活，又立体化地刻画了人物，较好地实现了真实性、专业性、可读性的有机统一。通过这套传记丛书，学者能够获得更加丰富扎实的文献依据，公众能够更加系统深入地了解老一辈科学家的成就、贡献、经历和品格，青少年可以更真实地了解科学家、了解科技活动，进而充分激发对科学家职业的浓厚兴趣。

借此机会，向所有接受采集的老科学家及其亲属朋友，向参与采集工程的工作人员和单位，表示衷心感谢。真诚希望这套丛书能够得到学术界的认可和读者的喜爱，希望采集工程能够得到更广泛的关注和支持。我期待并相信，随着时间的流逝，采集工程的成果将以更加丰富多样的形式呈现给社会公众，采集工程的意义也将越来越彰显于天下。

是为序。

总序二

中国科学院院长　白春礼

由国家科教领导小组直接启动，中国科学技术协会和中国科学院等12个部门和单位共同组织实施的老科学家学术成长资料采集工程，是国务院交办的一项重要任务，也是中国科技界的一件大事。值此采集工程传记丛书出版之际，我向采集工程的顺利实施表示热烈祝贺，向参与采集工程的老科学家和工作人员表示衷心感谢！

按照国务院批准实施的《老科学家学术成长资料采集工程实施方案》，开展这一工作的主要目的就是要通过录音录像、实物采集等多种方式，把反映老科学家学术成长历史的重要资料保存下来，丰富新中国科技发展的历史资料，推动形成新中国的学术传统，激发科技工作者的创新热情和创造活力，在全社会营造爱科学、学科学、用科学的良好氛围。通过实施采集工程，系统搜集、整理反映这些老科学家学术成长历程的关键事件、重要节点、学术传承关系等的各类文献、实物和音视频资料，并结合不同时期的社会发展和国际相关学科领域的发展背景加以梳理和研究，不仅有利于深入了解新中国科学发展的进程特别是老科学家所在学科的发展脉络，而且有利于发现老科学家成长成才中的关键人物、关键事件、关键因素，探索和把握高层次人才培养规律和创新人才成长规律，更有利于理清我国科技界学术传承脉络，深入了解我国科学传统的形成过程，在全社会范围内宣传弘扬老科学家的科学思想、卓越贡献和高尚品质，推动社会主义科学文化和创新文化建设。从这个意义上说，采集工程不仅是一项文化工程，更是一项严肃认真的学术建设工作。

中国科学院是科技事业的国家队，也是凝聚和团结广大院士的大家庭。早在1955年，中国科学院选举产生了第一批学部委员，1993年国务院决定中国科学院学部委员改称中国科学院院士。半个多世纪以来，从学部委员到院士，经历了一个艰难的制度化进程，在我国科学事业发展史上书写了浓墨重彩的一笔。在目前已接受采集的老科学家中，有很大一部分即是上个世纪80、90年代当选的中国科学院学部委员、院士，其中既有学科领域的奠基人和开拓者，也有作出过重大科学成就的著名科学家，更有毕生在专门学科领域默默耕耘的一流学者。作为声誉卓著的学术带头人，他们以发展科技、服务国家、造福人民为己任，求真务实、开拓创新，为我国经济建设、社会发展、科技进步和国家安全作出了重要贡献；作为杰出的科学教育家，他们着力培养、大力提携青年人才，在弘扬科学精神、倡树科学理念方面书写了可歌可泣的光辉篇章。他们的学术成就和成长经历既是新中国科技发展的一个缩影，也是国家和社会的宝贵财富。通过采集工程为老科学家树碑立传，不仅对老科学家们的成就和贡献是一份肯定和安慰，也使我们多年的夙愿得偿！

鲁迅说过，"跨过那站着的前人"。过去的辉煌历史是老一辈科学家铸就的，新的历史篇章需要我们来谱写。衷心希望广大科技工作者能够通过"采集工程"的这套老科学家传记丛书和院士丛书等类似著作，深入具体地了解和学习老一辈科学家学术成长历程中的感人事迹和优秀品质；继承和弘扬老一辈科学家求真务实、勇于创新的科学精神，不畏艰险、勇攀高峰的探索精神，团结协作、淡泊名利的团队精神，报效祖国、服务社会的奉献精神，在推动科技发展和创新型国家建设的广阔道路上取得更辉煌的成绩。

白春礼

总序三

中国工程院院长　周　济

  由中国科协联合相关部门共同组织实施的老科学家学术成长资料采集工程，是一项经国务院批准开展的弘扬老一辈科技专家崇高精神、加强科学道德建设的重要工作，也是我国科技界的共同责任。中国工程院作为采集工程领导小组的成员单位，能够直接参与此项工作，深感责任重大、意义非凡。

  在新的历史时期，科学技术作为第一生产力，已经日益成为经济社会发展的主要驱动力。科技工作者作为先进生产力的开拓者和先进文化的传播者，在推动科学技术进步和科技事业发展方面发挥着关键的决定的作用。

  新中国成立以来，特别是改革开放30多年来，我们国家的工程科技取得了伟大的历史性成就，为祖国的现代化事业作出了巨大的历史性贡献。两弹一星、三峡工程、高速铁路、载人航天、杂交水稻、载人深潜、超级计算机……一项项重大工程为社会主义事业的蓬勃发展和祖国富强书写了浓墨重彩的篇章。

  这些伟大的重大工程成就，凝聚和倾注了以钱学森、朱光亚、周光召、侯祥麟、袁隆平等为代表的一代又一代科技专家们的心血和智慧。他们克服重重困难，攻克无数技术难关，潜心开展科技研究，致力推动创新发展，为实现我国工程科技水平大幅提升和国家综合实力显著增强作出了杰出贡献。他们热爱祖国，忠于人民，自觉把个人事业融入到国家建设大局之中，为实现国家富强而不断奋斗；他们求真务实，勇于创新，用科技为中华民族的伟大复兴铸就了辉煌；他们治学严谨，鞠躬尽瘁，具有崇高的科学精神和科学道德，是我们后代学习的楷模。科学家们的一生是一本珍贵的教科书，他们坚定的理想信念和淡泊名利的崇高品格是中华民族自强不息精神的宝贵财富，永远值得后人铭记和敬仰。

通过实施采集工程，把反映老科学家学术成长经历的重要文字资料、实物资料和音像资料保存下来，把他们卓越的技术成就和可贵的精神品质记录下来，并编辑出版他们的学术传记，对于进一步宣传他们为我国科技发展和民族进步作出的不朽功勋，引导青年科技工作者学习继承他们的可贵精神和优秀品质，不断攀登世界科技高峰，推动在全社会弘扬科学精神，营造爱科学、讲科学、学科学、用科学的良好氛围，无疑有着十分重要的意义。

中国工程院是我国工程科技界的最高荣誉性、咨询性学术机构，集中了一大批成就卓著、德高望重的老科技专家。以各种形式把他们的学术成长经历留存下来，为后人提供启迪，为社会提供借鉴，为共和国的科技发展留下一份珍贵资料。这是我们的愿望和责任，也是科技界和全社会的共同期待。

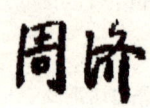

周济

黄士松先生在南京大学大气科学学院（原气象系）办公楼前（摄于 2011 年 10 月 31 日）

黄士松先生和他的学生杨修群在一起（摄于2011年10月31日）

黄士松先生和陈云峰（摄于2011年11月2日）

序

1920年我出生于浙江金华，一个美丽的城市。在一个温暖的家庭里我度过了快乐的童年。

我懂事之后，相继经历了军阀混战、抗日战争、解放战争；新中国成立后又经历了无数次的阶级斗争、政治运动：思想改造、反右、大跃进、社教、"文化大革命"……此外，自己还遭遇过不少次意外和疾病。幸运的是，我最终都脱离险境，度过了所有——甚至可能致命的危机，健康地活到今天。

在学业上，我相继就读于金华著名的小学、中学，1938年顺利地考上国立中央大学。1945年又获得出国深造的机会，先后就读于国际著名的芝加哥大学和加州大学洛杉矶分校。我从小就怀有的"学好本领，效劳国家"的心愿逐步得以实现。

在中央大学学习期间，我得到了朱炳海、黄厦千、胡焕庸等名师的启迪。大学毕业后，辗转来到中央研究院气象研究所工作，又得到了竺可桢、涂长望这样的大师的直接指导。在美留学期间，更是受到国际上著名的两大气象学派开山鼻祖——芝加哥学派的罗斯贝和挪威学派的皮叶克尼斯的亲传。是他们把我引进了气象科学的广阔天地，并使我逐步形成了"探索、发掘、创新、致用"的治学理念。

1951年，我回到母校（其时，国立中央大学已更名为南京大学）任教。在恩师朱炳海先生的大力支持下，在周围同志们的协助下，我克服各种困难，尽自己的微薄力量贯彻自己"理论联系实际，解决实际问题"的教学思想，在培养气象人才和发展气象科学方面为国家做了一些添砖加瓦的工作。

　　我不是院士，中国科协的"老科学家学术成长资料采集工程"把我列为采集对象，我感到十分荣幸，同时又感到惭愧。非常感谢他们让我能趁此机会对自己的过往做一个回顾，使我感到机遇和毅力对一个人的成长是多么的重要。如今我已是鲐背之年，如果我的经历能给后人一点点启发，我将深感欣慰。

　　本书作者花了不少时间和精力对我的学术思想脉络进行了非常精确的分析，真是难能可贵。同时介绍了我的成长过程及工作情况，资料翔实、文笔生动。这也充分显示出作者学识深厚，才华高超，令人敬佩。我诚挚地感谢他为此所做的工作。

黄士松

2013年7月29日

目 录

老科学家学术成长资料采集工程简介

总序一 ·· 韩启德

总序二 ·· 白春礼

总序三 ·· 周 济

序 ·· 黄士松

导 言 ·· 1

| 第一章 | 放飞梦想 ·· 7

　　风筝少年 ·· 8
　　抗日宣传队 ··· 12

第二章 | 求学之路 ... 14

考入国立中央大学 ... 14
艰难的入学旅程 ... 17
与"气象"结缘 ... 22
"跑警报"的学习生活 ... 26
艰难的1942 ... 29

第三章 | 结缘大师 ... 31

追随涂长望 ... 31
进入中央研究院气象研究所 ... 34
《台风与中国天气》研究 ... 37
《中国夏季风之进退》研究 ... 41

第四章 | 赴美深造 ... 47

芝加哥学派的熏陶 ... 47
师从国际气象学大师皮叶克尼斯 ... 53
护照风波 ... 59
应召回国 ... 62

第五章 | 走上讲台 ... 66

重返母校 ... 66
思想改造与反右 ... 72
师生情 ... 81
《决定大气环流的基本因子》——奠定学术地位的文章 ... 87
着眼于解决长期预报难题 ... 91
科学研究的伴侣 ... 94

第六章　副热带高压的研究 ············· 97

两支西风急流——并非青藏高原强迫分支的结果 ············· 97
寻找夏季风跳跃式进退的真正原因 ············· 100
副热带高压的东西向移动及其预报的研究 ············· 103
副热带高压的成长和维持机制 ············· 104
热带、副热带天气研究 ············· 110

第七章　十年动乱 ············· 115

"王八乌龟"预报天气 ············· 115
莫须有的罪名 ············· 120
农场劳动 ············· 125
恢复工作 ············· 130

第八章　重塑南京大学气象系 ············· 134

全面恢复教学科研 ············· 134
科学的春天 ············· 140
人生的又一个坎 ············· 145
筹划学科发展 ············· 149
退居二线 ············· 163

第九章　在学术的田地里继续耕耘 ············· 171

指导重点课题"热带环流系统及其预报"研究 ············· 171
学术的第二个春天 ············· 177
与中国气象学会的不解之缘 ············· 187
建言献策 ············· 199
关爱青年 ············· 204

结　语 ··· 208

附录一　黄士松年表 ························· 214

附录二　黄士松主要论著目录 ············· 237

参考文献 ······································· 243

后　记 ··· 245

图片目录

图 1-1　全家合影 ·· 9
图 2-1　就读中央大学期间同学合影 ·· 22
图 3-1　1943 年国立中央研究院工作报告中有关黄士松
　　　　学术研究的记录 ·· 39
图 4-1　1945 年冬芝加哥大学气象系的中国学生 ································ 49
图 4-2　黄士松在美国芝加哥大学 Royce 大楼前 ································· 51
图 4-3　在 UCLA 华侨同学家过 1948 年圣诞夜 ·································· 61
图 4-4　南京大学校长潘菽签发的聘任报告 ··· 64
图 5-1　1951 年 3 月 1 日搭威尔逊总统号邮轮离开美国回国 ············· 67
图 5-2　黄士松指导学生画天气图 ·· 71
图 5-3　黄士松的思想改造总结报告 ·· 76
图 5-4　黄士松与顾震潮、陶诗言等合影 ··· 82
图 5-5　黄士松、汤明敏结婚照 ·· 95
图 6-1　1964 年 7 月在兰州参加全国天气与动力气象学术会议 ······· 102
图 6-2　中国气象学会代表团访问美国 ·· 109
图 8-1　与青年教师一起研究问题 ·· 136
图 8-2　1982 年在气象系为南大八十周年校庆举行的学术报告会上 ··· 151
图 9-1　热带环流系统和预报项目技术组 ·· 173
图 9-2　在日本气象厅作学术报告介绍"论东亚夏季风的体系结构" ··· 185
图 9-3　在黄士松七十诞辰庆祝会上 ·· 187
图 9-4　黄士松在中国气象学会成立 80 周年庆祝大会上发言 ········· 196

导 言

  1938年抗战烽火燃遍中国大地，黄士松先生从东海之滨辗转千里，来到祖国西南重庆沙坪坝，就读于中央大学航空工程系，后转至地理系气象组学习。自此和气象科学结下不解之缘。

  黄士松先生在南京大学大气科学学院（前身为南京大学气象学系）任教四十余年，桃李满天下，为祖国培养了众多的气象人才。同时，他也取得了丰硕的气象科学研究成果。他长期从事中、低纬度大气环流与灾害性天气气候问题的研究，探索天气变化的机理和预测途径。他在大气环流、副热带高压、夏季风、暴雨和台风以及长期天气预报等领域里做了大量的、卓有成效的研究工作，取得了一批令人瞩目的研究成果，在国内外发表了大量有很高学术价值的论著。

  20世纪50年代黄士松先生即开始对大气环流有关问题开展研究，在国际上提出了独创性的论说：在自转地球上，除海陆分布与地形作用外，太阳有效辐射强度梯度的纬向不均匀分布及其时间变化，是决定大气环流季节变化和中期循环变化的最基本因子。80年代他集中研究低纬度大气环流，首次给出全球越赤道气流的空间结构及其时间变化特征，并且首次指出越赤道气流对南、北半球大气环流物理量的输送平衡有很大作用。他还揭示出在4—10月一些低纬度高压环流系统的强度和位置变化存在

20—40天周期的振荡，指出这些低纬高压环流系统变化最初出现在南印度洋上，随后出现在北印度洋及西北太平洋上，之后影响到中高纬度的遥相关性及其物理过程机制，提出某一环流系统（例如马斯克林高压）强度短暂变异造成的瞬时强迫可激发起全球持久性的大气振荡的重要论点。这些重要的研究结论在大气环流与气候动力学领域都具有重要的理论意义。以后他人的研究都表明，黄士松先生的这些研究成果具有科学的前瞻性。

黄士松先生十分重视对造成我国气象灾害的重要天气系统的研究，他从20世纪50年代末开始，首先选择我国大旱年份的盛夏季节西太平洋副热带高压深入我国大陆时的个例，进行分析，之后对西太平洋副热带高压进行了系统的研究，首次在国际上揭示了副热带高压的三维细微结构，提出影响副热带高压结构的因子及其在大气环流中的作用。还首次揭示出副热带高压位置一年中南北变化过程具有缓慢式与跳跃式移动及振荡等全球性现象，副热带高压到达一年中最高纬度的时间早于西风急流，并指出北跳过程存在自东向西传播的特点。另外又从副热带高压成长维持与青藏高压的联系角度，在国际上首次提出并解释了南北两半球副热带高压的位置和强度的年变化存在同步性的现象，指出这不能完全用哈得来环流机理来说明。后来在研究季风环流时又论证了西北太平洋高压变动与南半球马斯克林高压及澳大利亚高压活动的联系及物理过程。正由于这些对副热带高压研究成果的开创性和系统性贡献，黄士松先生获得了1978年全国科学大会奖和1982年国家自然科学奖。

早在1944年，黄士松先生和他的导师涂长望院士在国际上首次揭示了东亚夏季季风的活动有缓慢式与跳跃式进退过程的现象，指出季风环流的非线性变化特点。在20世纪70年代末他又开始研究东亚夏季风的进退、结构同东半球低纬度环流系统的关系，提出了马斯克林高压也是东亚夏季风体系中主要成员之一的论点。同时指出马斯克林高压的地位作用同西太平洋高压相当而超过澳大利亚高压，由此，他提出了一个东亚夏季风体系结构模式，具体阐明东亚夏季风主要成员的相对重要性及其相互联系、相互作用的总体特征，等等。这些研究成果不但加深了对东亚夏季风的认识，而且使南、北半球环流联系问题的研究进入了更深入的科学层次，为东亚夏季风研究作出了重要贡献。

黄士松先生在暴雨、台风等灾害性天气过程以及极地海冰对气候变化影响等方面，也都有很好的研究。对华南前汛期暴雨特别是大暴雨的形成，强调地形与边界层的作用，并指出暴雨多为暖区降水，主要与热带气流和热带天气系统有关，这打破了"暴雨是由锋面和冷空气作用所形成"的传统观念。关于台风问题，早在20世纪40年代，黄士松先生就曾进行过"台风与中国天气"的研究。70年代，他关注台风的移动发展问题，较早地提出利用卫星云图资料的诊断预报方法，并从理论模式得出台风移速与台风流场、温度场、加热场结构特征的关系及其在预报上的应用。他指出西太平洋上的台风80%以上源于赤道辐合带内，其盛期呈周期性出现，他还指出这与南印度洋上马斯克林高压强度变化有联系，当随着马斯克林高压增强，热带西太平洋上的赤道西风加强东伸，导致赤道辐合带增强，有利于台风形成。黄士松先生还研究了极地海冰异常的气候效应，提出极地海冰异常的影响可与厄尔尼诺事件的影响相比拟的论说。若赤道海温和极地海冰同时出现异常，影响孰大，则视两者的相对大小以及出现的地区而定。

黄士松先生的研究很多是开创性的，提出了不少新的发现、新的观点或新的理论。

关于黄士松先生的学术成长经历，我们收集到的公开发表的出版物有《中国现代科学家传记（第二集）》、《中国当代科技精华——地学卷》、《低纬大气环流系统若干问题研究——黄士松论文选》等重要文献；各类报刊、杂志上的报道有《光明日报》、《新华日报》、《南京大学校报》等报纸，以及《红专》、《科学家》、《党的生活》等杂志；黄士松先生七十、八十、九十华诞的视频资料。但是，这些材料大都是对黄士松先生的生平与研究成果的简短介绍，非常粗略，不够翔实，大多数发表时间偏早，未能涵盖黄士松先生20世纪80年代中期以后的学术成就；关注点多集中于黄士松先生的学术成就简介，缺乏对黄士松先生学术成长经历各个具体环节的细致考证与专门描述。有些材料对黄士松先生成长经历的具体环节的介绍上还存在一些互相矛盾、以讹传讹的地方，在科技成果的介绍上不透彻，对黄士松的学术研究脉络缺乏细致的分析探讨等。

在访谈方面，我们在全面了解已有材料的基础上，拟定了访谈提纲并和黄士松先生讨论后进行正式访谈（累计进行6次访谈，总时长为710分钟）。此外，对黄士松先生的夫人，也是他的学生、学术研究的助手汤明敏老师以及他的学生，现任南京大学大气科学学院院长杨修群等进行了正式访谈（2人次，总时长73分钟）。对黄士松先生的学生余志豪、伍荣生等进行了非正式的访谈。通过访谈，尽可能发掘黄士松先生学术成长经历的具体细节，重点厘清了已有文献材料中未记录、记录不详以及有出入的地方。

在档案查阅与采集方面，我们在南京大学档案馆完整地搜集了黄士松先生的全部档案材料，到南京大学人事处收集了他的人事档案，到大气科学学院收集了有关教学记录等。特别是通过网络收集到黄士松先生在中央研究院气象研究所工作期间的档案。

我们共采集传记类、回忆类、手稿类、信件类、档案类、照片类、著作类、论文类、学术评价类、新闻报道类、证书类等实物资料共561件。

另外，我们拍摄了南京大学老校区以及黄士松先生所在的大气科学学院的有关场景，他和杨修群及学院老师的交流画面等。

我们全部通读了黄士松先生的所有论文以及相关报告、手稿等，对黄士松先生的学术传承、科学研究历程、研究方法、研究思想，以及他对气象学科教育发展问题的思考等有了深入的了解。另外，我们还结合气象史、南京大学校史、中国气象学会史以及与黄士松先生的学术成长有密切关系的《竺可桢日记》《竺可桢传》《涂长望传》等有关文献，考察并呈现黄士松先生的求学、教学、科学研究的背景。

通过采集和研究，获得了一些重要发现和成果。

1. 黄士松并非涂长望的研究生。以往的记述中都称黄士松是涂长望的研究生。事实上，1942年6月黄士松从中央大学地理系气象组毕业，因无合适工作，遂经朱炳海介绍随著名气象学家涂长望在国民政府资源委员会电化冶炼厂福利课任课员半年。1943年初，涂长望去中央大学地理系任教，就又把黄士松介绍到位于重庆北碚的中央研究院气象研究所任研究助理员，在测候组工作。涂长望当时兼任气象研究所的研究员，指导黄士松的研究工作并共同发表了在气象学界影响深远的学术论文《中国夏季风之进退》，以致黄士松被误认为是涂长望的研究生。

2. 搞清楚了黄士松在中央研究院气象研究所时期的主要学术活动，以及黄士松的本科毕业论文内容。黄士松只记得毕业论文是由朱炳海指导的，但论文做的什么内容只依稀记得好像是研究雷雨方面的。我们弄清了黄士松毕业论文的题目是《温熵图解与雷雨预告》。论文主要分析了雷雨的成因及温熵图解的性质，并依据南京的气象观测数据记录加以研究。这是黄士松第一篇学术文章，虽然没有正式发表，但对他的学术成长具有重要意义。

3. 对黄士松留美期间的学习和生活进行了挖掘。1944年12月黄士松参加国民政府考试院公开考试，考取留美实习生。根据中美租借法案，列在国民政府交通部名下派往美国实习气象1年。1945年6月25日出发赴美。根据美国方面计划，8—9月，在美国国家天气总局了解组织机构及各部门工作情况并在美国气象局气象台实习3个星期。自10月至1946年4月，在芝加哥大学气象系选读课程，充实基础。在那里受到了以罗斯贝（C.G. Rossby）为首的芝加哥学派的熏陶。1946年4—8月，又到美国天气局总局（华盛顿）中期天气预报科实习。期间，向国民政府中国物资供应委员会申请暂缓回国，自费留美求学。同年9月，申请到一年的研究助学金，进入美国加利福尼亚大学洛杉矶分校（UCLA）气象系深造，半工半读，师从国际著名气象学家皮叶克尼斯（J. Bjerknes）。1947年7月，在该校获得硕士学位，并获得2年的奖学金资助，以完成博士学位。1949年春末，兼职UCLA气象系研究助理，参加气象系所主持的一些研究工作。7月在UCLA通过博士学位初试，获得候补博士资格。1950年初加入留美中国科学工作者协会，是年冬担任留美中国科学工作者协会的UCLA小组负责人。小组活动主要内容是交流信息，介绍国内建设动态，传播爱国思想，动员大家回国，并介绍苏联的学术情形等。朝鲜战争爆发后，1950年底该会被迫停止活动，小组遂解散。1951年2月，黄士松毅然舍弃了完成博士学位的机会，决定返回祖国。

4.理清了黄士松的学术研究主线。黄士松的第一篇学术论文是在涂长望的指导下完成的《中国夏季风之进退》，涂长望对黄士松日后的学术思路的形成起到了重要作用。正如黄士松本人所说的："涂先生的治学思想对我影响还是挺大的。他原来搞天气的，他认为应该结合中国情况搞天气，搞气象，这个对我影响是很大的；另外的话呢，他是从全球眼光来看中国的天气、中国的气候，对我影响也很大。"黄士松在副热带高压、季风、低纬环流系统的研究中，就是从全球角度出发而不是就事论事。皮叶克尼斯的研究成果和学术思想对黄士松影响深刻，后来他在大气环流，大气中角动量、能量传输，包括副热带高压、季风结构方面的一些研究工作都受到皮叶克尼斯的影响。20世纪90年代黄士松开始的对极冰的研究也是源自于1988年的皮叶克尼斯海气相互作用学术讨论会。同样，芝加哥学派的鼻祖罗斯贝的西风急流和高空长波理论在黄士松日后的研究和教学中也具有十分重要的影响。

通观黄士松的学术研究历程，可以看到两个高峰期，一个是在40—45岁期间，一个是在65—70岁期间。著名的《决定大气环流的基本因子》发表于1955年。从1959年开始连续发表了7篇文章，其中，日后令他名声大振的关于副热带高压的系列研究就是从1962年开始的。1985年至1989年，黄士松进入学术第二个高峰期。在此期间，他围绕低纬环流系统发表了7篇系列学术论文。在副热带高压、季风、低纬环流系统研究上又有新的发现，这些发现引起国际同行的极大兴趣。1990年，他已70岁，把目光由热带转向极地。研究极冰的变化与气候、气候变化的关系。

本传通过搜集到的资料进行分析和考证，详细还原了黄士松先生学习、研究、教学的经历。在研究报告的结构安排上，我们以时间为纵线，以黄士松先生学术成长的重要时间节点和阶段作为章节划分的标准，同时又按照黄士松先生学术研究发展的思想脉络和主要贡献进行系统描述。全书共分为：放飞梦想（1920—1937），求学之路（1938—1942），结缘大师（1942—1945），赴美深造（1945—1951），走上讲台（1951—1965），副热带高压的研究，十年动乱（1966—1976），重塑南京大学气象系（1977—1983），在学术的田地里继续耕耘（1983—   ）、结语等共十章。

第一章
放飞梦想

"江南好,风景旧曾谙。日出江花红胜火,春来江水绿如蓝。能不忆江南?"蜿蜒曲折的婺江自东向西从古老的八婺大地缓缓流过,将这座城市一分为二,两岸的人们世世代代就在这条江边生活栖息,周而复始,始而复周。这就是江南名城——金华,一颗金衢盆地里的璀璨明珠。金华这座古老美丽的文化名城古称婺州,因其"地处金星与婺女两星争华之处"得名,三国吴宝鼎元年(266)始设东阳郡建制,拥有一千八百多年的历史和灿烂文化。"水通南国三千里,气压江城十四州",著名女词人李清照的诗句生动概括了金华的重要位置和雄伟气势。金华地处金衢盆地东缘,位于东阳江、武义江和金华江交汇处,气候温和,雨量充足,土地肥沃,物产富饶。

金华文化发达,从古至今,素有"江南邹鲁"、"文物之邦"之称,人杰地灵,在文学、诗词、戏曲、书画、科学等方面人才荟萃、代有名家,如:"初唐四杰"之一的骆宾王,五代诗僧、书画家贯休,宋代抗金名将宗泽,南宋"浙东学派"的代表人物吕祖谦、陈亮,金元四大名医之一的朱丹溪,明朝"开国文臣之首"宋濂,清初戏剧家、人称中国莎士比亚的李渔。近现代,有国画大师黄宾虹、张书旗、吴茀之、张振铎,新闻学家、一代报人邵飘萍,史学家、教育家何炳松,现代思想家、文学家陈望道，文坛理论家冯雪峰，历史学家吴晗，著名诗人艾青，杰出科学家严济慈等。

风筝少年

时光倒流到民国九年（1920），10月27日的金华城，挺拔的芙蓉峰、连绵的北山山脉构成金华城美丽的天际线；滔滔婺水上扁舟泛波，通济桥横跨南北两岸；城墙内外寺观、楼台、民居林立，万佛塔高耸入云……

在繁华的金华城里，皂坊巷和衢通西市街交叉路口东北有一个大宅院，宅院的主人名叫黄德俭，祖籍绍兴，随父亲迁住金华。黄德俭的父亲叫黄义，人称黄老义，从绍兴迁来金华后，开了一家店铺，起名"黄振祥"，主要经营酒、粮食、火腿，在金华颇有名气。今天黄德俭格外高兴，因为他的长子胜波也就是本书的主人公黄士松出生了，胜波是他的奶名，意即战胜波浪。小胜波的出生对这个家庭、对黄德俭本人来说意义非凡，胜波作为长子承载着他们的希望。

小胜波的母亲叫陈阿凤，和绝大多数旧中国的乡村妇女一样，陈阿凤也不识字，但为人善良、贤惠。小胜波是他们的第三个孩子，前面两个都是女孩，大女儿叫黄秀英，二女儿叫黄娇英。小胜波之后大弟黄仕明，大妹妹黄雪萱，二弟黄仕昱，小妹妹黄小萱，三弟黄希光，四弟黄仕伟又相继出生。兄弟姐妹共9人。

黄德俭就像他的名字一样，为人宽厚，对别人非常客气，人缘也比较好。黄老义去世后不久，由于做生意不够精明，黄德俭只得把小店卖了，全家就靠此前购买的房产、田产的租金来过活。偶尔黄德俭也合伙同别人一起做点生意，自己就不再单独做生意了。他没有上过正规的学校，只是在私塾读过四书五经，之后就不念了，但是在私塾的几年培养出他喜欢看书、喜欢收藏字画的习惯，家里的字画很多。

小胜波就是在这样一个虽不算富裕但也不算贫苦，虽不算书香门第但

图1-1 全家合影（1932年10月堂哥黄仕兴结婚时摄，坐者父亲，后排左三、四伯母、母亲，前排右起大姐秀英，二姐娇英，大妹雪萱，大弟仕明，仕松，三弟希光，二弟仕昱）

也不缺文化氛围的环境中长大。并且还形成了喜欢书法的爱好，常常一早就起来练字，这令黄德俭十分欢喜。

转眼小胜波就到了上学的年龄了。黄德俭虽然没有接受过新式教育，但他的思想还是跟着时代走的。他和陈阿凤商量着要给小胜波找一个好一点的新式学校，最后选择了离家较近、教学质量又好的金华县立长山中心小学。尽管这要花费一笔钱才能有资格入学，在黄德俭看来这样的投资是值得的也是必需的。1926年9月，小胜波进入金华县立长山中心小学初级部读书。从此在清凉的早晨，西市街的青石板路上三三两两的学生中就有了小胜波的身影。

小胜波喜欢讲故事，在家听了孟母的故事，到了学校里就讲给同学听，老师听了说讲得很好，还让他去参加金华全县的小学生演讲竞赛。1931年"九一八"事变之后，大江南北掀起了爱国抗日的浪潮。学校组织抗日剧演出，小胜波因为艺术天赋被老师挑去演抗日英雄马占山。演出在城隍庙的舞台上进行，观众反应十分热烈。

和所有儿童一样，小胜波也有自己最喜欢的玩乐活动——放风筝。春日的金华，雀飞蝶舞，云淡天高，风清日丽。和煦的阳光铺洒在青山绿水之中，习习江风吹动堤岸的杨柳迎风轻舞。小胜波牵着风筝和一群同龄孩子嬉戏，那飘飞于空中的风筝，宛如一只只展翅翱翔的小鸟，轻灵地羽羽而飞。他不但喜欢放风筝，而且自己也学会了做风筝，风筝成了他的手工艺作品。到专门的手工店去买来竹篾，就是把竹竿剖成很细很薄的竹片，需要什么样竹竿的竹篾还可以定制。竹篾买回来后，用棉纸条和线把青青的篾条捆成风筝的骨架，初级阶段是做成水缸形的骨架，然后糊上棉纸，在上面再画上画。然而风筝飞得高，全靠"斗线"好；风筝飞不起，人要跑断气。在一次次风筝栽落失败里，在一次次奔跑的喘息里，小胜波终于摸索出了"斗线"的最佳角度，做出的风筝总能在微弱的风里便可优哉游哉地飞舞在天上。随着实践，小胜波的风筝手艺不断提高，做出了衣裳鹞、八封鹞、蝴蝶鹞等各式各样的风筝。

要把风筝利用逆风而起的原理进行放飞，并翱翔于天空中，是需要娴熟技巧的。而要做出各式各样漂亮的风筝则不但要有娴熟的技巧还需要一点艺术才华。童年的黄士松可谓是心灵手巧。

光阴荏苒，无忧无虑的小学生活很快就过去了。1932年9月，黄士松考进金华私立作新初级中学（现在的金华五中）。

1898年，美国女传教士李福丽选址金华江北老城区雅堂街南"芝麻山巷"的"芝麻山头"，创办了一所基督教教会学堂，当时未冠名称，金华人都叫它"洋学堂"。20世纪初，学生越来越多，1901年便分为男、女两校，男校名为"作新"，女校名为"成美"。"作新"寓意"今日新，明日新，日日新，作新民"的教义。作新学堂校址仍在"芝麻山头"。1917年，改为"金华县私立作新中学"。学校教学设备良好；教师待遇优厚，执教者多为大专以上学历，教学能力强。学校还选聘一些有资望的教员来校执教。学校里不少教师是外国的传教士，或是留学回国的洋派教师，大部分老师，数学老师、作文老师、物理老师和化学老师，都是上海、江苏的大学生毕业后应聘到这个地方来的。而且，教学的科目中，英语教学相当突出，英语课课时与国语并重，学生都对英语课兴趣浓厚。学校纪律严明，教学秩序井然，读书风气浓厚，教学与生活管理严格，制订有各项规章制度。所订规章制度有：《中学新生活规约》、《学业成绩考查规则》、《操行成绩考查规则》、《体育成绩考查规则》、《学生奖惩办法》、《考试规则》及《犯规惩戒办法》等。

学生来自各县，由学校自主招生，择优录取。黄士松进入这样的学校，觉得一切是那样的新鲜。但课业也十分繁重，学校开设公民（党义）、国文、英语、数学、卫生、博学、化学、物理、历史、地理、劳作、图画、音乐、体育、童军共15门必修课。遇有宗教节日，全校师生由校长、宗教指导师带队前往酒坊巷的"真神堂"做礼拜，也动员非信徒自由参加。此为教会学校的特色。

学生课外活动也十分丰富，文体并茂。设有书法组、演说组、戏剧组、歌咏组、农艺组、篮排球组、田径组等共23个组。还经常穿插各种学习竞赛，如国语演讲级际比赛、论文竞赛、英语演讲比赛等。这些活动为紧张的学习生活增添了活跃的气氛，也使黄士松的艺术才能有了展示的舞台。

他报名参加了学校的国文演讲竞赛，当时的作新中学校长洪如圭特别欣赏黄士松的演讲才华，接连几次亲自指导他，最终取得了第二名的好成绩。

初中阶段的学习既紧张又活泼，黄士松学习成绩各科均衡，每门功课都在中上水平。随着初中毕业的临近，黄士松开始考虑报考高中的问题。他心目中的学校是当时著名的浙江省省立金华中学（现在的金华一中）。20世纪30年代，金华中学以纯朴的优良品质和出色的成绩，多次在全省统考中夺魁，学校成为浙江中部规模最大的中等学校，享有"北有扬中，南有金中"的美名。时任校长方豪[①]是"五四运动"的学生领袖之一。进入这所名校也是许许多多孩子的梦想。

---

① 方豪（1894—1955），浙江金华人。北京大学学生，北京学生联合会及其后的全国学生联合会的首任主席，是"五四运动"时期的学生领袖之一。

抗日宣传队

省立金华中学创建于 1902 年，原校址在金华酒坊巷，时称"金华中学堂"，1912 年，改称为"浙江省立第七中学校"。1922 年，改称"浙江省立金华中学"。历史可追溯到南宋的丽泽书院、明代的崇正书院及清时合两书院之名的丽正书院。光绪二十八年 8 月（1902 年 9 月），金华知府继良按清廷废书院、兴学堂之谕令，改丽正书院为金华中学堂。

1935 年秋，金华中学面向金华府属八县招两个高中班，考生不仅有本校和本县的初中毕业生，还有邻近各县的初中毕业生，报考者踊跃。黄士松以第 52 名的成绩如愿考取金华中学高中部。

金华中学设文、理科教学。规定高中必修课有"公民（党义）"、"国文"、"外国语"、"数学"、"中外历史"、"中外地理"、"物理"、"化学"、"生物"、"军训"、"体育"，另有音乐、绘画等选修课目。数学、物理等科使用英文版翻译教材。金华中学的理科实力很强，学校实行文理分科后的 1931 届第一期高中理科毕业生，升入大学的占 85%。

方豪校长十分重视师资队伍的建设，他聘请省内外学有专长的教师来校任课。如施伯侯专长化学、董伯衡教物理；教地理的赵镜元编著的高中地理是全国通用教材；教生物的胡步蟾先生是国内著名的生物学家，他编有大学、中学生物学教科书，著译甚丰……在这样一所高水平的学校学习，黄士松更加认真努力了。与此同时，他对理科的偏好开始表露出来了，对理科的功课自己抓得很紧，而文科却慢慢放松了，对历史、地理等科目只是到考试时看一看书。于是，在入学的第二学期他选择进入理科班学习。其间他依然保持着对书法的爱好，每当午饭后，别的同学都在午休时，他认真练字，因而深得国文老师的喜爱。

1937 年 4 月，黄士松所在的高二年级赴杭州参加为期 3 个月的全省高中生集中军训。这也是他第一次离开金华来到省城。每天军号声响起，面对飘扬的国旗，心中泛起爱国之情和对日本侵略者的愤恨。原本胆小得连到溪水、河塘里游泳都不敢的黄士松在军训中却表现得很勇敢。爬天梯、过独木桥，奋勇抢先；单杠、双杠，更是不在话下。骑马训练最为惊险，军马不容陌生人骑行，它会拼命嘶叫并蹦跳，黄士松坚持着终于驯服了战马。黄士松克服种种困难完成了军训的全部项目。6月军训结束了，全体学生赴南京参加军训毕业典礼，蒋介石亲临检阅并训话。艰苦的军训磨炼了黄士松的意志。

　　1937年7月7日，抗日战争全面爆发。11月，日本侵略者为扭转上海战场的胶着状态，从杭州湾北岸的全公亭、金山卫等地实施登陆，战火很快就烧到浙江。为有利抗日，浙江省政府迁往金华永康的方岩。金华一度成为东南抗日前哨，政治经济文化中心。从南京、上海、杭州、延安、武汉等地南来的文化名人云集金华，当时金华被称为"东南抗战文化名城"。但日本侵略者的飞机已开始在金华城上空盘旋，美丽的金华城随时有被轰炸的危险。9至10月，金华城区屡遭日机轰炸，学校和学生的安全受到极大的威胁。方豪校长决定将学校迁往自己的家乡金华澧浦坚持办学。高中部设在澧浦区的蒲塘和长庚，初中部设在灵山、山南和方山。10月，学生自治会组织抗日救国宣传队。住长庚的高中部分为两队，春季班到兰溪、汤溪、武义一带，秋季班赴东阳、义乌、永康一带，为时14天，行程百余里，将抗日救国道理传播到农村和山区。黄士松参加了赴东阳、义乌、永康一带的抗日宣传活动。他们徒步跋涉到义乌、东阳、永康等县城及沿途各大乡镇，通过教唱歌曲、演出戏剧、演讲等形式，揭露日军的暴行，唤起民众一致抗日。此外，还画壁画、漫画，写标语，开展宣传活动。年龄最小的黄士松充分发挥他的文艺特长，在宣传队中十分活跃，不但演讲、唱歌还经常在戏剧表演中客串一下日本鬼子的角色。

第二章
求学之路

考入国立中央大学

　　学校搬迁完成，宣传队回到学校继续上课。然而，学校搬迁到澧浦后，教学和学习条件都十分恶劣。所有的实验课因为缺少实验仪器几乎全部停止了，最重要的物理、化学实验课都无法完成，只能由老师在课堂上讲讲，然后由学生自己体会琢磨。这些困难并没有影响黄士松，他更加努力地朝着自己心中的目标迈进，这个目标就是一定要考上自己向往的国立中央大学。

　　1938年7月，高中毕业，黄士松背着行囊回到了金华城准备参加全国高等学校招生统一考试。此时的金华已失去往日的美丽，多处遭到日寇飞机的轰炸。金华中学也满目疮痍，办公室、教室、器具、图书、仪器等遭日寇飞机轰炸，一片狼藉。这一切使得黄士松的心情十分沉重。听着不时传来的警报声，看着在金华城上空肆无忌惮盘旋的日寇飞机，这个从小就喜欢风筝的热血青年萌生了要为自己的祖国造飞机的想法。他决定要学航空，要报考中央大学的航空工程系。

1938年是全国国立高等院校第一次实行统一招生、统一录取标准。当时全国仅设武昌、长沙、吉安、广州、桂林、贵阳、昆明、重庆、成都、南郑、福州、永康等十二个考点。像南京、上海、北京都让日寇占领了，无法设点。永康位于金华的西南，杭州沦陷后，浙江省政府已搬迁到永康方岩，这里遂成为浙江省全民抗战的指挥中心。省政府的主要机关和事业单位都散布在永康各处。浙江省全省的考生都要赶赴永康参加统考。

8月末，黄士松和同学结伴赴永康参加9月1日到4日举行的全国统考。由于日军不断向南进犯，杭州、嘉兴、湖州、浙西各县相继沦陷，受难同胞一批批流浪浙东，并随着浙江省政府移迁永康，沦陷区的难民扶老携幼，日以千计，不断向永康汇集。永康的条件也是十分的艰苦，幸好得到永康一个家里开中药房的同学童寿生的帮助，安排他们住到童家祠堂。因为是在夏天也用不着被褥，在祠堂的戏台上铺上草席就权当床铺了，只是需要不停地驱赶蚊子。十几个同学都住在一起，虽然艰苦但也很开心。

1938年统考，理科的考试科目有公民、英文、国文、本国史地、数学（高等代数、平面几何、三角、解析几何）、物理、化学，共七门。录取学生时，先依考生第一志愿学校分发，如第一志愿学校满额时，依其第二志愿，余类推。如所有志愿均额满时，由教育部指派学校。抗战时期，中央大学师资力量雄厚、图书仪器比较齐备，可算一流学府，因而报考中央大学者非常踊跃。一是学生慕名而来，因为它是"中"、"大"，是时势造英雄，抗战爆发，有的学校在迁徙中人数锐减，大伤元气，难以维持，唯独中大择地准确，短期内发展为全国人数最多、系科设置最齐全的高等学府；二是中央大学属"国立"，费用低，学校设有贷金、公费，可减轻贫困学生负担，这对流亡及家庭贫苦学生有极大的吸引力。当年考生第一志愿报考国立中央大学者最多，计4309人，占全国12个招生处报考学生总数11119人的38.7%。当年中央大学实际录取673人。录取比例不到16%[①]。这样，在众多竞争者中，能被中央大学录取的，自然也属佼佼者

---

① 王德滋：《南京大学百年史》。南京：南京大学出版社，2002年。

了，要考上中央大学难度比较大。

1938年日军加紧对萧山的进攻，企图越过钱塘江往浙中推进。金华也岌岌可危。在等待高考发榜期间，黄士松全家逃避至永康山区居住约两个月。后因日军不再南进，一部分家人返回金华，其余仍在山区躲避。

1938年11月下旬，国立各院校统一招生委员会浙江永康招生处发布公告，公布浙江省当年国立高等院校统一招生考试录取结果：浙江省全省共考取112人，分布在15个学校，12人考取中央大学。其中黄士松考取中央大学工学院航空工程系，他的金华中学同学曹定一考取中央大学文学院历史系。

黄士松终于如愿考取了自己心仪的大学和专业。

由于战火逼近南京，中央大学于1937年10月决定西迁重庆。重庆新校址选定在沙坪坝松林坡，是重庆大学东北面的一个小山丘，占地不足200亩。因山坡上长着稀稀疏疏的松树而得名，嘉陵江从山坡下绕过，山清水秀，虽然山丘湫隘逼窄，却也能"自成小小格局"，是一个读书的好地方。10月初，中央大学校长罗家伦派水利系主任原素欣、工程师徐敬直和事务主任李声轩前往重庆负责办理校舍建造事宜。为保证基建工程如期完成，在整个建筑过程中采用包工包料的形式，划分为18个工作队，同时作业。工程最紧张时，集合了建筑工人1700多人次，日夜奋战，仅用42天时间，围绕着松林坡，修建起了低矮的一排排竹筋泥墙的教室和宿舍。虽然教学条件与生活环境远不能和南京相比，但是经过长途跋涉的全校师生总算有了栖身之地。并于12月1日开学上课，包括当年录取的新生在内共有学生1072人。从此沙坪坝上空升起了中央大学校旗。入川后的第二年春天，在松林坡顶端，修建了图书馆、阅览室，站在图书馆门口，可以俯瞰学校全景，坡上的主要通道是一条环山公路，也是运动员的跑道。后来，又陆续修建了专用教室、实验室和学生俱乐部等。此时的松林坡房舍相连，层层叠叠，再也无法插足了，学校规模逐日扩大，不得不向校外谋求发展。于是在沙坪坝镇上修建了小龙坎男生宿舍和教职工宿舍，又在松林坡对岸的磐溪（隔嘉陵江）修建工学院的大型实验室等，将航空工程系和艺术系迁至磐溪，这样校舍的紧张状况得到暂时的缓解。

随着战火的蔓延，大片国土的沦陷，涌入大后方的人员越来越多，中央大学在校人数激增，学校筹划建立分校。经教育部批准，决定在离重庆市60华里，从沙坪坝沿嘉陵江而上25华里的柏溪建立分校。柏溪，是江北县的一个小山村，这里四面环山，岗峦起伏，清澈的溪水从长满翠柏的河边流过，依山傍水，恬静幽雅，校长罗家伦把这个没有地名的村子，取名柏溪。总面积为148亩，呈西南东北走向，中部较为平整，辟作饭厅和运动场，围绕运动场修筑16尺宽的马路，为校内主干道，分设教学区和生活区。校舍建筑也采用松林坡建校经验，包工包料，不分昼夜，突击施工，历时两个月，建屋44栋，耗资13万元。后来又相继增建了游泳池、工场和防空洞，设施逐步趋于完善。柏溪分校设立校长办公室，为校长驻分校办公地点，设办公室主任一名，秉承校长指示综理分校事务。另设教务、总务室，各置主任一名，代表教务长、总务长办理分校教务、总务事宜[1]。

艰难的入学旅程

1938年底的中国，战火纷飞，交通运输遭到极大破坏，从金华赶赴重庆上学显然路途艰险。黄士松决定伙同几个金华中学的同学一起出发，其中有考取中央大学历史系的曹定一，西北大学法商学院的施忠允，还有一个在贵阳医学院的同乡。离家那晚，面对母亲精心准备的满桌菜肴，黄士松却什么也不想吃。离别之际，他满含眼泪拉着母亲的手，向母亲、父亲、伯母连说："保重！保重！"堂哥仕兴送他到车站，只觉得屋前的路灯特别的暗淡。火车鸣笛声中，送别的亲人慢慢地被抛在他们的身后，黄士松和他的同学第一次离开养育他们十八年的原本那样美丽如今却满目疮痍的金华城，踏上漫漫求学之路。这一去不知道何时再能回到美丽的故乡，何时再能看到自己的亲人，此时的黄士松不禁黯然神伤。

---

[1] 王德滋：《南京大学百年史》。南京：南京大学出版社，2002年。

火车在大地缓慢前行，一路经江西、湖南，奔波数日终于到达第一站广西桂林。1938年10月，随着广州、武汉的相继沦陷，中国抗战已转入相持阶段，这时的桂林已是全国仅有的几座后方城市之一，它不仅是广西的政治、经济、文化中心，而且还是联络西南、华南、华中、华东的交通枢纽，西可通滇、贵、川、陕，东可达湘、赣、浙、皖。地理位置十分重要。桂林作为广西省政府所在地，西南重要的交通枢纽和政治、经济、文化中心之一，也随之成为日军飞机轰炸的重要目标。当时日机轰炸桂林十分频繁，给桂林人民带来了巨大的灾难。据不完全统计，从1938年底开始，日军每天出动飞机轰炸桂林少则十几架，多的达50多架次，老人、小孩几乎整天都要在山洞里躲避侵华日机轰炸警报。当时日机轰炸的主要目标是破坏桂林的城市和交通枢纽。与此同时，外省难民开始大量涌入。据统计，广西计从1937年10月起至1938年底止，苏皖等省经湘入桂共约四万余人。

黄士松他们到达桂林时就是这样的情景。下一步要从桂林前往柳州，由于当时铁路桂林至柳州段仍未通车，所以只能坐汽车前往。在人满为患的桂林要买到去柳州的汽车票十分困难。于是四个人轮流天天到汽车站排队买票，连排数日终于买到了车票。由桂林出发到柳州，一路看见很多人在那里修铁路。有些妇女的背上还背着才几个月的小孩子，肩上还挑着七八十斤的担子。这种不分老少、不论男女的来做抗战工作，人数如此之多，使黄士松十分感动。（当时正在赶筑湘桂铁路桂林至柳州段和到贵阳的黔桂铁路接轨，共计征调了广西42个县的30多万民工参加修路，其中包括许多妇女。）一行人颠簸一路到了柳州。

在公路交通方面，柳州为当时广西全省的交通中心。就西南来说，也为西南公路运输的第二中心（贵阳当时是西南公路运输的第一中心）。柳州不但陆路交通方便，而且许多河道环绕柳州，水上运输也极为方便。柳州水陆交通便利，附近山脉蜿蜒，亦可作抗敌根据地。敌寇如袭，柳州防守并不困难。所以柳州在军事上，在交通运输上，都占了极重要的地位。黄士松他们发现，柳州尽管常有日机空袭，但还是呈现出一种难得的繁荣局面。他们在柳州看到，有许多人在修理汽车发动机，有许多人在给长途汽车加上一座座车篷，有许多人在开辟公路，有许多人在修被炸的马路与房子。柳州商场也很活跃，旅馆业发达，长途汽车公司的规模也比较大。

虽然柳州是公路运输的中心，但是从柳州到贵阳的汽车票仍然是让黄士松他们挠头的问题。他们只得在柳州住下等待买票。黄士松和施忠允两人摆渡过柳江住到火车站附近，而曹定一两人则住在柳州城里。不料夜里日机再度来空袭轰炸，幸好大家都安然无恙。

又是连续数日的等待，终于买到车票赶赴贵阳。

1938年，国民党政府迁都重庆，全国政治、经济、文化中心也随之转至西南。贵阳作为重庆近邻的贵州省省会，北通四川，南连广西，东达湖南，西接云南，是重庆连通大后方的必经之路。成为大后方至关重要的交通枢纽，体现出了特殊的战略地位。黄士松他们到达时，贵阳还没有遭到过日机轰炸，城里的生活气息无疑还是和平安静的，在街道上倒是看不出有多少战争生活气息，只是在主要的交通道口上有一些大的宣传画，号召抗击日本侵略者。店铺里商品充足，在一些餐馆和饭铺的过道上挂着许多腊鱼、腊肉还有腊肠，还有一碗碗的鸡鸭肉块，一盘盘堆得高高的猪肝、腰子、肚子、肠子等。市场上也有各种大米、白面、水果、肉类，不限量地出售。街头小贩叫卖着花生、橙子。但黄士松他们无心去享受这些难得见着的美味佳肴，他们必须尽快赶到学校报到，学习才是他们的第一任务。

到贵阳后，黄士松和曹定一要继续前往重庆。虽说贵阳是当时西南公路运输的中心，但去往重庆的车票仍然是最头疼的问题。连续数日的排队却根本买不到票，坐客运班车去重庆的希望越来越渺茫。几人商量后决定搭货车走，就是战时贩运货物的卡车。在贵州医学院念书的同乡对当地情况比较熟悉，由他帮助联系找到开车的司机，谈好价钱。贵阳的天气俗话说"天无三日晴"，在一个阴沉沉的早晨，黄士松和曹定一怀着忐忑不安的心情坐上了货车的车厢，货车毕竟不同于日常客运班车且又是在战时，他们心里不免有些紧张和害怕。

车子缓缓开动了。公路向前延伸，渐渐离开了贵阳。田野慢慢不见了，只有各种形状的丘陵，夹杂着半发黄了的矮草，远处可见一些屹立着的山脉。这里的自然条件是如此的贫瘠，那无数的村庄都是由简陋得要倒塌的茅屋构成的，这里的农民比家乡金华要更贫穷落后许多。沿途还有许多驴子和矮马的牲畜队，它们驮着沉重的货物，沿着公路边上蹒跚地一步一步缓慢地向前。

贵阳到重庆的公路是重庆与整个中国东部和南部联系的唯一的一条汽车路。沿途多重峦叠嶂，高山深谷，上为峭壁千仞，下临万丈深渊，坐在车上都不敢向下看。一路经过，看到很多车翻下了山，司机还叫他们下来看看，这就更增加了他们的恐惧。简易的砂砾公路，坡陡路仄，路况极糟，沿途还有塌方、滚石。货车不堪重负抛锚了，司机鼓捣半天还是没有修好，晚上就只得在路边的小店里住下来了。小客店是个木制简易房，充满了难以忍受的臭味儿。为了充分利用地方，每间客房都是用木板隔出的不到三平方米的小间，没有窗户，屋中只有一张没有垫子的木板床，上面铺着一块席子；一顶落了几个月尘土变灰了而且穿了孔的蚊帐，一个装满沙子的麻袋或者一掌宽的厚木块就是枕头，还附加一条没洗过的棉被。床边有一张摇摇晃晃的桌子和一两个小凳，这就是全部的设备。照明是用一盏昏暗的小油灯。唯一的奢侈品是一个水壶，可以要开水或茶。没有厕所，每层楼楼道里都有一个地方作小便处，排水管是用劈开的竹子做的。

住在这样的一个路边小店，黄士松和曹定一两个人很害怕，因为身上都还带着钱，这可是求学的费用，要是碰到坏人，被偷被抢了如何是好？二人也不敢熟睡，挨到天亮，度过了心惊胆战的一夜。司机也终于把车修好了，大家上车继续赶路。

离重庆越来越近了，渐渐地路边的景色也开始变化，农田就像无数的花圃镶嵌在两边。无数的村庄露出它们的三角屋顶，像在富饶茂密的海洋中散布着的岛屿一样，还有许多高大遮阳的阔叶树群包围着，显得特别有生气。黄士松的心情也开始舒畅起来。

终于到达重庆了，二人顾不上欣赏一下陪都的风光，一下车就急急赶往位于沙坪坝的国立中央大学本部。此时已是1939年的1月了，学校已开学一个多月了。战时交通不便，学生陆陆续续到校报到实属正常。办完注册手续，被告知一年级新生要到柏溪新校区上课。于是二人又背上行李，在老师指引下，由松林坡小山冈下中渡口，走到嘉陵江边，坐上校船（一只长长带篷的木船，每天来往校本部和分校一次），沿江北上，船走得慢，有时碰上浅滩急流，船夫还得上岸拉纤。嘉陵江水是那样的可爱，当黄士松一看见碧绿的江水和两岸山野风光时，不由得又想起家乡金华的山水小溪和同样碧绿的婺江。柏溪离沙坪坝北面约二十里地，在嘉陵江东岸，原是一个只有二十来户人家的小山村。中央大学在那里征得约一百五十亩土地，创办了分校，可以容纳一千多学生。那里丘陵起伏，环山临江，有茂密的树林，潺潺的流泉，自然环境很不错，是一个教学读书的好地方。

到了柏溪码头，往上沿山腰有一条石板路，弯弯曲曲，来到了分校大门口。分校整个校舍分布在一座山谷里较宽敞的地方，高高低低，一层一层，学生教职员宿舍、教室、实验室、图书馆、大操场、游泳池，等等，都安排在绿树掩映着的山谷平台间。

虽然条件不是那么好，但周围这么美丽的环境，黄士松的心情放松了许多。很快他就投入到紧张的学习生活中。

柏溪离市区较远，晚上没有电灯，图书馆与个别教室才有汽灯照明。其他地方照明则以桐油灯与煤油灯为主。很多同学都是用墨水瓶制成油灯，作为学习专用灯。每当夜幕降临，豆大的灯光，宛如点点繁星在夜空中闪烁，莘莘学子在集体宿舍或教室内的油灯下，聚精会神，刻苦钻研，孜孜不倦，蔚然成风。

抗战时期的伙食不好，在柏溪这条小山沟里，自然也如此。伙食账目和采购均有同学轮流监督。一般，月初菜比较差，下旬较好，甚至吃红烧肉。吃饭时，每当听到猪叫，知道杀猪了，大家无不拍手称快，高声叫好！食堂是一个大饭厅，里面摆些大方桌，没有凳子，吃饭就集中站着吃。

寝室也不是一间一间的小房间，而是一个特大的能住几百人的大房子。床是上下两层，但它的摆放方法是考虑了大集中下的小分散，颇具艺术性的。每四张床放成四边形，东南西北各一张床、三方都靠得紧紧的，只有一边留个空隙供人进出，算是一个门。这样就是每四张床八个人成为一个小集体，俨然是一个小房间。在这个大房子里几百人，起床、熄灯都是集体行动。早晚都是听号声的安排。

在柏溪的第二个学期，黄士松遭遇了人生第一次的重大挫折。在一次

图 2-1 就读中央大学期间同学合影（自左至右：顾震潮、陶诗言、黄士松、陈其恭）

画图作业时一个手指头不小心被笔尖刺破了，开始没觉得有什么大问题，就没引起重视。但小小的伤口却老也好不了，并且越来越肿胀的厉害，每日从伤口处流脓，一直拖了好几个星期。那时候卫生状况也比较差，结果伤口出现感染。柏溪校区的校医看到手指肿胀得如此厉害，知道情况不好，遂剖开排脓，一看里面全烂掉了，连骨头都烂掉一段。从此那根手指就少了半节。

与"气象"结缘

暑假过后，二年级学生又乘木船顺江而下，到沙坪坝松林坡本部上课。

手指的受伤让黄士松在学习工科的一些课程时十分不便，比如投影几何制图、翻砂等都无法完成。黄士松情绪低落，心中暗想自己的手指残废了，连机械操作都不方便还怎么能去给国家造飞机呢。好在当时中央大学转专业还是比较自由的，黄士松觉得学工科是不行了，工科很多课程是要动手的，想转到理科，从工学院转到理学院。那时候，刚好有个读地理系的同乡蒋幼斋，他跟黄士松说你原来学航空，正好转到我们地理系学气象最好，而且最近有个气象学教授刚刚从美国回来的，叫黄厦千[①]，很有名气。这使黄士松想起自己小时候有一次放风筝，结果因为风太大把风筝刮跑了，心想放风筝还要看天气情况，那飞机要飞不是更要看天气条件了？黄士松一听觉得很有道理，对啊，气象、航空，你航空也离开不了气象呀，离不开气象条件啊，飞机飞行要气象预报啊。于是黄士松就凭着对气象的这种朴素的认识决定转到地理系的气象专业，从此一生就和气象结下了不解之缘。

当时的中央大学还没有成立气象系，只是在地理系里设了地理组、气象组。系主任是著名的地理学家胡焕庸[②]教授。气象组专任教师是黄厦千教授和朱炳海[③]讲师。大学二年级起黄士松就正式进入气象专业上课。那一届的气象专业特别有意思，一共五个学生。一个本来就是考进来学气象的，其他四个都是外系转进去的。黄士松是从航空工程系转进去的；顾震潮[④]是从数学系转到气象专业的；陶诗言[⑤]是从水利工程系转过去的；还有一个女同学陈其恭是从化学系转进来的。后来，那个考进来的正宗学气象的学生，在游泳时不幸意外身亡。这样气象专业的四个学生就都是从

[①] 黄厦千，江苏南通人，现代著名气象学家。1924年7月国立东南大学文史地部毕业并留校任教。1934年赴美国加州理工学院气象系深造。1939年回国至中央大学担任气象组负责人。1941年10月至1943年4月，担任国民政府中央气象局首任局长。1944年在中央大学创办中国大学中第一个独立的气象学系并担任系主任。1950年离开大陆至香港天文台从事气象工作。

[②] 胡焕庸，江苏省宜兴人。地理学家、地理教育家。1928年担任中央大学地学系教授、气象研究所研究员。1930年，任地理系主任。是我国近代人文地理学、自然地理学的重要奠基人。

[③] 朱炳海，江阴青阳人，现代著名气象学家。1931年毕业于中央大学地理系，历任国立中央研究院气象研究所测候员，国立中央大学气象系副教授、教授。新中国成立后，任南京大学气象系主任、教授。

[④] 顾震潮（1920—1976），上海市人。1945年毕业于西南联合大学研究生院。1947年留学瑞典。1950年回国。历任中国科学院大气物理研究所研究员、所长。

[⑤] 陶诗言（1919—2012），男，浙江嘉兴人。毕业中央大学地理系毕业。中国科学院院士，中国科学院大气物理研究所研究员。

第二章　求学之路

外系转进来的了。

那时沙坪坝校区的物质生活依然十分艰苦。在学生中广为流传着"顶天立地"、"空前绝后"两句极为形象的话，是那时学生对现实生活的写照。"顶天"，就是下雨没有伞，光着头淋雨；"立地"，是鞋袜洞破，光脚着地；"空前绝后"，就是裤子前膝或后臀部穿破了，大学生赤贫到衣衫不整，添置鞋袜都不能够，这是怎样的窘困啊！抗战初期，国家粮食部供应中央大学（包括教职工）每天30担平价米，这种平价米质量极差，杂有沙子、稗子、霉变米、老鼠屎，煮出来的饭难以下咽，同学们戏称为"八宝饭"。贷金、公费伙食标准低，菜蔬少，八人一桌，常年食用的是萝卜、白菜、蚕豆、豆芽、牛皮菜（甜菜）等，难得有几片肉放在菜面上，成了点缀品，有大字报上说："伙食六块还算好，加了两块（元）吃不饱，肉片薄得风吹了⋯⋯"到开饭时，饭桶一到，蜂拥而上。1940年以后，重庆大米紧缺，每天供应中央大学的30担平价米也得不到保障，买不着米，食堂难为无米之炊。《中大周刊》曾以"莘莘学子嗷嗷待哺"为题报道：近日重庆米源不畅，学生饭厅因购米不着煮饭减少，由每日一粥两饭改为一饭两粥。穿不暖，吃不饱，住的是黄泥糊的竹笆屋，睡的是"统舱"，几十个人，多至百人挤一大间屋子，拥挤不堪，潮湿更甚，加之重庆气候闷热，蚊子、臭虫繁殖特别快，中央大学师生不少都有疟疾病史。由于长期营养不良，医疗卫生设备差，师生中肺结核、肝炎、肠炎的发病率也很高。学校限于经费和设施，患者无法隔离，治疗困难，只得呼吁社会各界给予支持[①]。

那时生活虽然艰苦，读书空气却很浓。教师辛勤耕耘，学生刻苦自励。教授们教学认真，中午也不回家，他们生活相当清苦，常常是吃一碗阳春面就当了午餐。学生们课余去请教，他们也不怕麻烦，因此师生间感情深厚，关系十分融洽。课堂上，不用点名，没有缺席逃课的，为了听课清楚，做好笔记，提前到教室，抢坐前排位子；每逢名师授课，教室总是挤得满满的，没有座位就站着听，也不忘记笔记。当时中央大学拥有很

---

① 王德滋：《南京大学百年史》。南京：南京大学出版社，2002年。

多具有学术权威地位的名教授，对学生们影响很大。如宗白华[①]先生讲美学，方东美先生讲康德哲学，沈刚伯[②]先生讲西洋史，孙本文[③]先生讲社会学原理……大家都喜欢听他们讲课，他们一上讲台，不仅教室里坐满，连窗口、地上都站满、坐满了人，各系学生都可以自由地来听课，同学们认为是"莫大的享受"。理工科的学生为了得到一个数据，在实验室一站就是几个小时，忘了腰酸背痛，直到答案准确为止，校园处处充满了孜孜不倦的求知气息。图书馆阅览室虽很小，但是藏书不少，主要的参考书都有，大家学习刻苦勤奋，到图书馆还要早去抢座位。

战时的沙坪坝属重庆磁器口行政区管辖，称为沙磁区。中央大学校园与重庆大学毗邻。穿校南行，是教育家张伯苓于抗战前夕创办的南渝中学（即南开中学）。北行至磁器口，是一小河与嘉陵江的汇合处，这儿有四川教育学院。松林坡的对岸，是风景优美的磐溪，嘉陵江从坡下潺潺流过，有一小规模蓄水库，是中央研究院和中央工业实验所的所在地。各校所常有演讲会、歌咏会、话剧、矗风舞等演出，每次活动海报一贴出，师生均可自由参加，关系融洽。当时的沙磁区是重庆学术、文化中心，而中央大学是这个文化区的核心。这一时期，中央大学学生的物质生活虽然相当艰苦但精神生活却是比较丰富的。

黄士松二年级转到气象系后，主要课程有朱炳海教的普通气象学，这也是唯一有讲义的一门课，《普通气象学》讲义是朱炳海自己编的。其他专业课都没有教材，只有英文的、德文的参考书，以英文的居多。黄士松

---

① 宗白华（1897—1986），我国现代美学的先行者和开拓者，被誉为"融贯中西艺术理论的一代美学大师"。1918年毕业于同济大学语言科，1920到1925年留学德国，先后在法兰克福大学和柏林大学学习哲学和美学。1925年回国后，任中央大学哲学系教授，1949到1952年任南京大学教授，1952年院系调整，南京大学哲学系合并到北大，之后一直任北京大学哲学系教授。

② 沈刚伯（1896—1977），著名历史学家、教育家。1917年毕业于武昌高等师范学校（武汉大学前身）。1924年英国伦敦大学攻读埃及学、英国史、宪政史。1927年回国至中山大学任教，1931年到南京任国立中央大学历史系教授。1970年当选台湾中央研究院院士。

③ 孙本文（1892—1979），江苏吴江人。著名社会学家、社会心理学家。1918年毕业于北京大学哲学系。1921—1926年留学美国，1922年获美国伊利诺（伊）大学硕士学位，1925年获纽约大学社会学博士学位。回国后，曾任复旦公学教授、中央大学教授、系主任、教务长、师范学院院长，国民政府教育部高等教育司司长。中华人民共和国成立后，他长期在南京大学任教。

为了能多看一些国外的参考书，还选修了德语。黄厦千讲授观测学和天气学。气候学由系主任胡焕庸讲授，理论气象（即现代的动力气象学）也由朱炳海授课。天气预报实习课限于当时条件，学生也没能好好实习，连天气图也很少画。那时候气象组就只有黄厦千、朱炳海两位老师授课，还有几个助教，教学力量比较单薄，所以气象组的课比较少。因此，鼓励学生选外系的课，也可以选地理组的课，选课比较自由。黄士松选的外系的数理课多一些，如理论力学、热力学、电学、物性论、微分方程、高等微积分等。这些课程给黄士松打下了很扎实的数理基础。此外，每学期还必须要选一门社会科学方面的课，例如历史、美术、社会科学都可以。黄士松觉得光在学校读书也不行，还要了解社会，因此就选修孙本文教的社会学。

星移斗转，春去秋来。黄士松不觉已在地理系气象专业快念完三年级的功课了。当时的气象学还不很成熟，要准确预报天气还很困难。因此，这门新兴学科的重要作用尚不为人们所认识。黄士松在绘制一张张天气图时，往往会神思驰骋，他渴望去干一番惊天动地的事业。当时，黄泛区发生的人相食的悲惨事件，在报纸上时有披露。黄士松想起"三过家门而不入"的夏禹，想起被四川人民当作神灵供奉的李冰父子，一个根治黄河的念头萌生了。他想，假若能把这个祸患治好，一定可以流芳百世了。可是，校方不同意高年级学生转系。暑假里，外地学校来重庆招考转学生，黄士松头脑一热，跑去报考了西南联大的水利工程系。录取名单在报端公布了，他又被录取了。一位当司机的表弟为他安排了行程，黄士松准备搭乘货运卡车去昆明了。黄士松的轻率决定惊动了同学们。大家苦苦挽留：时局动荡，求学不易，为什么不把毕业文凭拿到手再作打算呢？历史似乎在戏弄人：这位本想抛弃原来专业的青年人，日后却成为中国杰出的气象学家之一。

"跑警报"的学习生活

学习生活是如此的艰辛，还常常受到日本飞机轰炸的干扰，敌机的狂轰滥炸，扰得师生们教学无序，寝食不安。每逢一拉警报，就要跑进防空洞，戏称"跑警报"。钻防空洞成了"必修课"。当时有两位教授，一位是法文教授徐仲年[①]，还有一位是生物教授欧阳翥[②]，都是很有名的教授，他们非常热心，自告奋勇义务督促学生"跑警报"，有空袭时一面吹哨子，一面催促学生有序疏散躲进防空洞。即使在防空洞里，同学们还在学习，或看小说，有人还朗读莎士比亚诗句……警报一解除，学校就上课，秩序很好。

1940年以后，日军开始大规模空袭重庆。8月下旬的一天，135架敌机空袭重庆，其中27架冲沙坪坝飞来，不足200亩的校园里，中弹30余枚，除3栋教员宿舍偏远未被波及外，其余的教室、宿舍均遭破坏，损失百万元，所幸正值假期，学校人员不多，只有两名校工受伤。仅隔一周，修复工作刚开始，敌机再次袭击中央大学，图书馆、教员宿舍和汽车库被炸，三辆客车起火烧毁。师生们几乎无处安身，露宿在松林坡上，只得向重庆大学和中央工业专科学校商借校舍，让师生暂住，一边修复一边复课，严重影响了学校的教学秩序与生活。为了减少人员的伤亡，学校修筑了防空洞，成立了中央大学防护团。防护团有健全的组织、缜密的防范措施和严明的纪律。每逢空袭，防护团发出预备警报，师生必须迅速进入附近的防空洞。于是，钻防空洞又成为日常生活中的一个重要组成部分。森林系一位教授对沙坪坝的空袭作了详细统计，有一个月空袭高达28次，有一天钻了5次防空洞。

但有时紧急警报响过，大家也进入了防空洞，飞机却没有来，师生们只得坐洞（防空洞）窥天，飞机来了，就往里钻；飞机飞远了，再出来。最让人头痛的是一天空袭几次，就得进出几次。洞内空气污浊，即使装有

[①] 徐仲年（1904—1981），无锡人。1921年赴法国勤工俭学，1926年入里昂大学文学院学习。1930年2月获文学博士学位，后又毕业于巴黎万国学校商实业总理科函授部。1932年起，任南京中央大学西语系法语教授，兼任上海复旦大学、中国公学等校教授。新中国成立后任南京大学教授、西语系法国文学教研室主任兼南大图书馆副馆长。

[②] 欧阳翥（1898—1954），生物学家，神经解剖学家，湖南望城（今长沙）人。1924年毕业于东南大学生物学系，毕业后留校任助教。1929年赴欧留学，先在法国巴黎大学研究神经解剖学，后入德国柏林大学攻读动物学、神经解剖学和人类学，1933年获德国柏林大学哲学博士学位。1934年秋回到中国，任中央大学生物学系教授，1938年起长期担任系主任。

通风机，也令人头昏难受。这样黄士松也就不大愿意"跑警报"了，有时候警报响了，还继续在教室看书，颇有临危不惧的风范。

这期间发生过一件堪称奇迹的事情。暑假期间，有一次警报又响了，但这次黄士松和前几次稳坐钓鱼台的感觉不一样，听着警报声感觉心里很慌，而且好像有飞机嗡嗡的声音，于是拔腿就跑。教室靠沿江马路，沿江马路下面就是防空洞，刚跑到防空洞口，只听得砰的一声，炸弹在教室上空爆炸了。黄士松急忙冲进洞口，心提到嗓子眼怦怦乱跳，吓得黄士松飞机走了也不敢出来。

解除警报后，大家出来一看，刚才黄士松所在的地理系专用教室被炸掉了（暑假期间，黄士松搬到地理系专用教室住），另外美术系的教室也整个都炸掉了。一些同学都知道黄士松不怎么跑警报的，一看炸成这样，都想这次不好了，黄士松危险了，就呼喊寻找他。幸好这次他及时跑了，没有酿成悲剧。

轰炸不单影响上课学习，还把衣服、日用品都炸光了，还好当时是夏天，冬天的衣服被炸掉了，学校就给补助、救济。黄士松还利用暑假勤工俭学，在中央大学举办的"投考大学补习班"代课以补贴日用。日军的轰炸，使水电不能恢复，学生用水，都要用脸盆到嘉陵江里去端。

在沙坪坝校区住宿条件也很艰苦，和怕溪一样，寝室是一个特大的能住一百多人的大房间。床也是上下两层的，四张床放成四边形，隔成一个一个小"房间"。那个时候黄士松、陶诗言、顾震潮三个人住在同一个"房间"，除了他们三个是地理系的其他都是物理系的。由于这些"房间"，不是墙围的，都是用布帘隔着的，但实际都是通的。理学院和工学院若干系的学生住在一起，偶尔也会起一些小摩擦。黄士松他们的小"房间"靠着门口，因而减少了产生摩擦的机会，相对比较安宁一些。每个人有张小桌子，每个人有一个煤油灯，这样就可在宿舍里看书学习。每盏煤油灯配两个灯芯，煤油的使用也是限量的。晚上也可以去图书馆学习，但图书馆要排队，不容易抢到位子。

黄士松住在下铺，陶诗言住在上铺，他们两个是上下铺兄弟。陶诗言1919年8月1日出生于浙江嘉兴的一个知识分子家庭，是比黄士松年长一岁的浙江同乡。晚上睡觉陶诗言呼噜打得厉害，弄得黄士松睡不着，就在下铺用拳头顶上铺的床以叫醒陶诗言，然而往往陶诗言翻个身又呼呼大睡，弄得黄士松也没脾气，后来也习惯了。由于是上下铺，因此两人关系比较密切。暑假里很热，大宿舍人又很多，就显得更热，黄士松和陶诗言两人一商量就搬到地理系的专用教室里面去住，偌大的一个教室里，他们把桌子拼起来权当床铺，挂上蚊帐就在教室里面睡觉，这就凉快安静多了，也能用心看下书去。

当时的同学，不仅学习刻苦，而且关心时事，抗战气氛浓，爱国热情高。可是校内的政治情况很复杂，每届学生会改选时斗争都很激烈，国民党通过"三青团"操纵学生选票。有一批"三青团员"、"党棍子"，早该毕业了，还不走，一待就是六七年，他们是"职业学生"，为国民党服务的。那时校内也有共产党的地下组织活动。黄士松和陶诗言不关心政治，他们对国民党、三青团不感兴趣，共产党也不来找他们。他们就一心读书。

尽管毕业以后天各一方，但大学期间的上下铺兄弟情谊一直在他们今后的工作中持续。

艰难的1942

随着1942年暑假的临近，毕业论文也快写完了，黄士松的毕业论文是由朱炳海指导的，题目是《温熵图解与雷雨预告》。论文主要分析了雷雨的成因及温熵图解的性质，并依据南京的气象观测数据记录加以研究，得到结论：（1）图顶部现有正面积者为锋面之骚动，地面有正面积者系因对流而产生，前者发生雷雨之可能性极大；（2）如有逆温层存在必须取该层顶上之温湿度以为上升空气之标准；（3）不能确定雷雨发生之时间。

这篇毕业论文是黄士松在气象研究方面的锋芒初试，导师朱炳海很满意，希望他进一步修改后拿去发表。但黄士松此时还面临着一个更大的问题，就是毕业后去向何方。同班的三个同学都已有了去处，陶诗言留校当助教，陈其恭到了中央气象局，顾震潮去了国民党兵工署弹道研究所工作。毕业一天天临近，工作又没有着落，黄士松心急如焚。

朱炳海看到自己的学生没有合适的工作也是十分着急，他想起了自己的老朋友涂长望。此时正好涂长望辞去浙江大学教授，来到了重庆。朱炳海就把黄士松介绍给了涂长望，这样工作总算暂时有了着落。

1942年，中国人民的抗日战争进入最为艰难的一年。这一年对黄士松来说也是十分艰难的一年，工作刚刚算有了着落，不久又得到父亲不幸去世的噩耗。

是年5月15日，日本侵略军发动浙赣战役，此战役是抗战期间浙江、江西境内爆发的一次大规模的战役，主要经过金兰会战、衢州会战、赣东会战，而金（华）兰（溪）会战是浙赣战役中中国军队抗击日军正面战场的重要一战。5月28日，金华、兰溪失陷。日军铁蹄践踏婺州大地。残暴的日军烧杀淫掠，无恶不作，对金华各县人民犯下了滔天罪行。浙赣战役期间，日军再次对浙赣铁路沿线的广大地区实施更大规模的细菌武器袭击，给浙江人民带来更为深重的灾难。

金华失守，黄士松的父亲黄德俭再次带着家人逃到乡下去避难。这样可以逃离日军的骚扰，却逃不过日军歹毒的细菌战袭击。1942年，日本关东军731部队两次用飞机将鼠疫、霍乱、炭疽、伤寒等菌苗投撒在金华、汤溪等地。黄士松的父亲不幸感染伤寒，乡下的医疗条件很差，眼看着病情一天一天严重。家人只得冒险把黄德俭抬到日军占领的城里去医治，然而残忍的日军却不允许他们进城。父亲就这样在中秋节后的第七天不治身亡，去世时年仅49岁。

那时通信不便，黄士松是从曹定一的家信才得知父亲去世的，他十分悲痛，然而战火纷飞的年代想回家探望都不可能，只能以蓄发蓄须百天来默默悼念父亲。

第三章
结缘大师

追随涂长望

朱炳海向涂长望推荐黄士松后,黄士松依约来到上清寺,面见涂长望。此前他从未见过涂长望,只是听老师朱炳海简单介绍过涂长望的情况。

涂长望(1906—1962),我国著名气象学家,出色的社会活动家,知名教育家,中国科协和九三学社的创始人之一,我国近代气象科学的奠基人之一,新中国气象事业的主要创建人、杰出领导人和中国近代长期天气预报的开拓者。

涂长望出生于以宗教为职业又崇尚新学的贫寒之家。1930年5月,涂长望以优异的成绩考取湖北官费留英生,同年10月入伦敦大学政治经济学院学习经济地理学,次年9月转入伦敦大学理工学院学习气象学,期间写成《中国雨量与世界气候》的论文,获硕士学位,并经推荐成为英国皇家气象学会国外会员。1933年他进英国利物浦大学,攻读地理学专业博士学位。

涂长望应竺可桢①之邀于1934年秋回国，任中央研究院气象研究所研究员。1935年9月借聘到清华大学地理系任教授。1939年5月他应浙江大学校长竺可桢之聘，任浙江大学史地系教授兼史地研究所副所长。

1942年7月1日涂长望辞去浙江大学职务到达重庆，住在上清寺聚兴村8号中央研究院办事处，在这里也便于与朋友们相见。此次涂长望是暂到綦江电化冶炼厂任副秘书长兼福利课长，时间暂定一年。

此时的涂长望已是蜚声国内外的著名气象学家，他在气象科学研究领域已经做出了出色的成绩。20世纪30年代初，涂长望发表了一系列论著，如《1931年的大水与1934年的大旱和远东活动中心的关系》、《中国天气与世界大气的波动及在中国夏季旱涝长期预告中的应用》等，指出中国天气是东亚天气的一部分，而东亚天气又是世界天气的一部分，要研究中国反常天气就必须从大气环流的整体观点出发，研究大气活动中心、大气波动以及海洋环流与中国降水和温度变化的关系。他这种把中国天气和世界天气联系在一起的观点，不但在当时是先进的，现在依然是正确的。后又对中国气团和锋面作了深入的研究，先后发表了《中国平均气流与锋面的初步研究》（1937）、《中国之气团》（1938）、《中国气团分析与天气范式》（1940）等论文，其中《中国之气团》一文深受学术界的推崇。他在《中国之气团》一文中指出，当记录次数少时，以各气团之标准实例为其特性之代表，应比平均数为好；如记录次数多，则可以平均数表之，他还对中国气团进行了分类并对各种气团之属性进行了详细而精辟的分析，得知各种气团及其交绥下的天气，其效果甚佳。

涂长望的论著中有很多是以中国气候和东亚环流的研究为内容的。他在中国气候分区的研究中，考虑了干湿情况，首先引入年降水量分布形式，并以此为依据，提出了中国气候分区方案，进一步发展了竺可桢的气

---

① 竺可桢（1890—1974），浙江省绍兴人。当代著名地理学家、气象学家和教育家，中国近代地理学的奠基人。1909年考入唐山路矿学堂（现西南交通大学）学习土木工程，1910年公费留美入伊利诺伊大学农学院学习。1913年夏毕业后转入哈佛大学研究院地理系专攻气象，1918年获得博士学位。1920年秋应聘南京高等师范学校。1921年在南京高等师范学校建立了中国第一个地学系，1929年到1936年任中央研究院气象研究所所长。1936年到1949年担任了13年的浙江大学校长。中华人民共和国成立后，担任中国科学院副院长，中国科学技术协会副主席。

候分类研究。在竺可桢气候区划基础上，提出改进意见，发表了《中国气候区域》(1938)的论文。

首次见面，黄士松没想到涂长望这样年轻，他中等身材，三十来岁，鼻架眼镜，英俊潇洒，又热情豪爽，心里更希望能受到他的指导了。涂长望一向乐于帮助青年，对他说："我可以介绍你到气象研究所工作，但是我要到綦江的资源委员会电化冶炼厂一年，一时不能帮助你。"黄士松想也没想就说："先生，那我跟你到綦江去。"于是黄士松就跟随涂长望先来到位于重庆化龙桥的电化冶炼厂分厂工作了约两个月，后到了綦江的电化冶炼厂总部[①]。

师生二人都是第一次见到大工业。电化冶炼厂范围广阔，十里厂区有炼铁、炼铜、炼锌、炼钢等各厂，十分壮观。不久涂长望把家也搬来了，安顿在綦江乡下。

在綦江，黄士松就和涂长望在一个办公室里工作，还有一个英文秘书，是涂长望从浙江大学带来的。由于电化冶炼厂总经理叶渚沛[②]是菲律宾华侨，1933年回国以前一直在欧美工作，习惯于看英文文件。涂长望起草很多文件就直接口授英文，由英文秘书打下来。之后，再由黄士松翻成中文，因为其他人只能看懂中文。因此，每个文件都有中英文两个版本。那段时间黄士松的主要工作就是翻译，平常没事时就自己看看气象书籍，遇到不懂的地方向涂长望请教请教。涂长望越来越喜欢这个踏实的年轻人了，还经常邀请黄士松到他家里去玩，一起听唱片，欣赏音乐。师生二人相处十分融洽。

涂长望在电化冶炼厂，既关心职工的物质生活，也关心职工的精神生活。他像在学校一样，搞宣传，搞讲演，办科学讲座。这里离重庆近，他经常活跃在两地之间。涂长望在这里接触到了真正的产业工人，对他们的艰苦和力量有了认识。他真心实意地为他们谋福利。他对朋友、同事、全

---

① 温克刚：《涂长望传》。北京：当代中国出版社，1997年，第194-195页。
② 叶渚沛（1902—1971），冶金学家，中国化工冶金学科的奠基人。祖籍厦门市。1921—1925年在美国科罗拉多矿冶学院学习。1925—1928年在美国芝加哥大学学习，获冶金化学硕士学位，在宾夕法尼亚州立大学学习，获金属物理化学博士。1933—1944年任南京国民政府资源委员会化学专门委员、重庆炼铜厂厂长、电化冶炼厂总经理。1955年当选为学部委员。

体职工有充分的爱心。但涂长望太书生气，不懂经营，不会识别那些善于应酬、会说好话的人，用人不当，出了差错。他任命的合作社经理，对工人态度不好，而且还有贪污行为。涂长望很生气，发火，为了纠正手下某些人的不良行为，他甚至跟人吵架，心里很不痛快。厂里的工作没做好，为了不给叶渚沛、孙京华（电化冶炼厂厂长）添麻烦，涂长望决定还是回重庆去。气象研究所和中央大学都盛情邀请过他，最后他选择去中央大学教书育人。涂长望感到对不起孙京华，说没有把事情办好。孙京华禁不住笑了，说你真是太书生气，搞经济出这点差错算个什么，纠正得也不错嘛。他理解涂长望的心思是要做学问。

涂长望对黄士松说：我要去中央大学了，我把你推荐到气象研究所去，你到那儿去好好做研究，我还是研究所的兼职研究员，也还可以继续指导你。黄士松只得恋恋不舍地辞别了涂长望。

进入中央研究院气象研究所

1943年1月经涂长望介绍，黄士松到位于重庆北碚的中央研究院气象研究所任研究助理员，在测候组工作，与朱岗昆①、程纯枢②、郑子政③等共事。从此真正迈进了气象研究的大门。

1928年6月9日，国立中央研究院成立，其直属机构气象研究所也随之成立，竺可桢为气象研究所的首任所长，选定南京钦天山北极阁为所址，并在那里建气象台，1928年5月动工，12月竣工迁入，这是中国历史上第一个研究气象科学的最高学术机构。

1937年卢沟桥事变后，北极阁山顶成为军事要地，所部分人员于8月

---

① 朱岗昆，地球物理学，气象学家。浙江淳安人。1941年毕业于中央大学地学系。
② 程纯枢，气象学家、中国科学院院士。籍贯安徽徽州，生于浙江金华。1936年毕业于清华大学气象专业。
③ 郑子政，气象学家。苏州吴县人。毕业于南京高等师范（即中央大学前身），1941年麻省理工学院气象系学成归国。后创办上海龙华航空气象台。

20日迁往金陵女子文理学院办公。11月23日在北极阁的气象观测被迫中断，使竺可桢"希望有整整十年不间断的南京气象资料"的愿望（只差40天）未能实现。1937年9月2日，气象研究所首批职员12人撤往汉口，留下八九人坚持工作。

1937年12月，气象研究所的职工全部集中到汉口后，因租赁的扬子江街广东银行四楼的房屋不够使用，加之敌机骚扰，警报频繁，工作受影响，所以决定将天气预报部分迁往重庆。同年12月21日，预报员卢鋈[①]、么枕生[②]，助理曾广琼、陈学溶等一行6人由卢鋈率领前往重庆，于1938年1月10日抵达，后在重庆通远门外兴隆街19号租赁房屋做办公和宿舍用。1月29日吕炯及其他人员全部到达，房屋不够用了，于是又会同中央研究院总办事处共同租用了曾家岩（中四路139号）颖庐二楼的全部房间，至此研究所的日常工作和生活秩序才有所恢复。

日本侵略军在1939年"五三"和"五四"对重庆大轰炸，造成生命财产重大损失，必须尽快疏散，气象研究所除天气预报部分因工作需要暂留颖庐外，其余部分于5月11日撤离重庆市区到郊区北碚镇暂借西部科学院图书馆办公，7月在北碚张家沱租赁三栋房屋作办公和宿舍用。10月2日天气预报部分迁来北碚。1940年3月竺可桢来北碚察看新所址，决定在北碚象山购买土地四亩八分，另建房屋。1940年11月全部竣工，命名为"象庄"，气象研究所于1940年12月迁入象庄，结束了三年多居无定所的不安定局面。

象庄离北碚大概20分钟的路程，在一个小山上面，这个小山叫做象山，上有松竹，因而竺可桢把研究所所在地命名为"象庄"。虽离嘉陵江稍远，但山下有一口井，用水也很方便。附近还有一座较好的防空洞，也是一个较好的条件。一进大门正面就是一个大的办公楼，里边分隔成好

[①] 卢鋈，安徽无为人。1934年毕业于中央大学地理系。新中国成立前曾任浙江大学、中央大学教授，中央气象总台台长。新中国成立后任北京师范大学气象教授，中央军委气象局副局长，国家气象局副局长。

[②] 么枕生（1910—2005），河北丰润人。气象学家，当代气候学及统计气候学的奠基人。1936年毕业于清华大学地学系，同年就职于中央研究院气象研究所。1948年至1952年任浙江大学地理系教授，1952年至1990年任南京大学气象系（大气科学系）教授。

几个房间，分别是资料室、天气室（画天气图的房间）、统计室、收报室（接收各地气象记录报文的），以及测报人员、研究助理员的工作室，也是研究所最大的一个房间。右面一座楼有办公室和卧室，竺可桢每次来就住在这个房子里面。左面是图书馆，图书馆旁边是饭厅、厨房。再往里进去，就是家属宿舍和单身职工宿舍。当时有许多职工住在外面，也有住在里面的。黄士松到所里后就住在单身宿舍，后来程纯枢家也搬到里面来了，就在黄士松房间对面。所有房屋除了图书馆是砖木结构外，其他都是竹木结构。

黄士松到气象研究所时，竺可桢仍是所长。由于竺可桢还是浙江大学校长，难以顾及所里日常事务，因此所中日常工作就由代所长吕炯[①]负责主持。当时气象研究所人员尚不足20人，测候员和助理员有朱岗昆、郑子政、程纯枢等，还有测报、统计、报务人员以及文书、图书管理、事务各一人。一直在所里面做研究工作的人很少，兼职研究员多。

气象研究所作为气象科学的最高学术研究机构，在竺可桢指导下，学术空气很浓，科研人员在学术、理论和实践上都有所创新。在学术研究方面当时取得了显著成绩。主要研究成果有竺可桢的《中国气候区域论》、《中国气流之运行》、《东南季风与中国之雨量》、《南京三千公尺高空之风向与天气之预测》，涂长望的《中国之气团》和《中国气团的特性》、《中国天气与世界浪动及其长期预告中国夏季旱涝的应用》这些成果对我国研究长期预报、季风与旱涝关系有重要贡献。

气象研究所还十分重视我国的气象遗产，组织力量搜集、发掘、整理分析全国各地历史气象资料，1936年和1940年相继出版了《中国之雨量》和《中国之温度》，前者所载350个站记录，后者达600个站点，记录最长65年。这是当时年代最久、站点最多，最为完整的资料。

黄士松到气象研究所任测候员（相当于研究助理或助理员），主要职责是从事各种观测、天气预报、资料整编等项业务性工作。但是在竺可桢

[①] 吕炯，江苏无锡人。1922年入南京东南大学地学系就读。1928年考入中央研究院气象研究所。1930年受派遣赴柏林大学、汉堡大学攻读气候学、海洋学、地质学及农业气象学等，1934年学成回国。

的安排下测候员也承担部分研究任务。一些测候生（相当于技术员、或练习助理员等）虽然没有研究任务，但是也有一些人在研究员或测候员的指导下作了一些译述或辅助性的研究工作。所以气象研究所的专职研究人员虽然很少，但学术研究空气却较浓。黄士松为能进入学术氛围浓厚的气象研究所感到幸运，他如饥似渴地汲取着学术营养。

《台风与中国天气》研究

进入4月，气象研究所院内生机盎然，花木繁盛，月季、橘花等竞相开放，满地的金盏菊就像花地毯一样成片成片。

1943年4月20日下午4点半，中国现代气象科学事业的一代宗师竺可桢来到气象研究所，这也是黄士松第一次遇见竺可桢。

竺可桢3月30日由遵义到达重庆，出席三青团第一次全国代表大会，然后参加中央党政训练团。这是国民政府以政令派给大学校长的任务。他一直忙于各种活动，终于能抽出时间在4月20号到气象研究所来。看到测候组新录用的研究助理员黄士松以及天气组和气候组聘用的另外四名技佐，竺可桢十分高兴。4月23日下午4点，竺可桢主持气象研究所所务会议，在讨论关于英美与我国气象合作问题时主张先做详尽之研究：（一）如日本广播密码；（二）湘、赣天气对于日本天气间之关系；（三）上两项之相关系数；（四）以内陆天气定台风之所在等问题[①]。

我国是受台风影响较大的国家之一，每年夏秋两季，南起海南，北迄辽宁的东部沿海，都不同程度受到台风的影响。竺可桢早在1913年就开始了对台风的研究。1918年他获博士学位的论文即为《远东台风的新分类》。但战时由于所得到的气象资料十分有限，要在远在内陆的重庆进行台风研究难度可想而知。竺可桢对中央大学气象专业毕业的黄士松印象深刻，随

---

① 见《竺可桢日记》，1943年4月23日。《竺可桢全集》，第8卷，第552页。

后就布置这个新来的学生黄士松研究以内陆天气定台风之所在问题。他把黄士松找来讨论有什么办法，能够在现在这样的情况下，在内陆、在重庆地区，能够知道有台风活动。"你，能否以内陆天气定海上台风之所在呢？"竺可桢沉吟片刻，为这个到所工作不久的青年开了个题。黄士松感到很难，因为重庆离沿海1000多公里，参考资料很少，要推测1000多公里之外有没有台风活动，就很难。竺可桢鼓励他说：是很难，但你好好想想，看看有什么办法。黄士松看着竺可桢希冀和信任的眼神，内心升起一股豪情说："好！我试试看！"竺可桢满意地笑了，他知道气象研究所由于搬迁以及自己平常忙于浙大事务顾及较少，在研究上时间更少了，他希望年轻人能够尽快成长起来[①]。

这是黄士松到气象研究所工作后承担的第一个研究任务，而且是竺可桢所长亲自布置的任务，觉得特别荣幸，暗暗下定决心一定要好好完成任务。1943年，全国很多地方已经沦陷，沦陷区的气象资料得不到，资料十分稀缺，不可能画出一张天气图来做台风预报。中美合作所有个气象组，他们接收的气象资料多一些，但气象研究所和中美合作所没有合作关系，所以他们的资料也不可能拿到。黄士松决定先从历史资料的研究开始，就一头扎进资料室查阅各种历史资料。南京、上海的历史资料是最全的，就先从这两个站开始研究，看南京、上海在台风来之前的天气状况，同时看西南的天气又是什么状况，两者联系起来，找出其中的关系。另外他还想到从云这一直观的变化看能不能找出些什么迹象来。

在统计相关资料的基础上，他从云（云的类型、移动、云量）、风、雨（雨量、雨日）、气压和温度等几个方面来探讨台风对内陆天气的影响。他分析福州、南京、上海在台风来临时天空云状及云量的变化和台风距离远近的关系，并找出一定的规律。把云状变化作为一个预报指标，这在战时资料奇缺的情况下也可谓独辟蹊径，正如他自己指出的"此于台风位置及行踪之预告，殊有益也。"此方法和挪威学派创立的根据云的状态和移

[①] 伍幼威：大风起兮云飞扬——记天气动力学家黄士松.《科学家》，1985年第4期，第3页。

动判断高空气流和温度、湿度情况的"间接高空气象学"有异曲同工之妙。

黄士松那段时间基本在图书馆和资料室度过。他查阅了数十种外文文献作为参考，对1931—1940年的相关资料进行了统计计算。功夫不负有心人，经过近三个月的努力，终于完成了初稿《由现有资料推测中国沿海之台风》。

7月18日，中国气象学会在重庆北碚召开第十三届年会，这届年会是与中国科学社、动物学会、植物学会、地理学会、数学学会等团体联合召开的。大会由联合年会名誉会长翁文灏[1]致开幕词，继由中国科学社社长任鸿隽[2]代表六学术团体报告会务，并略述各个学会宗旨及成立经过。黄士松虽已经是中国气象学会会员，但参加这样大规模的学术年会却还是第一次。

下午各学会分别举行会务会议，气象学会到会人员20人，遗憾的是

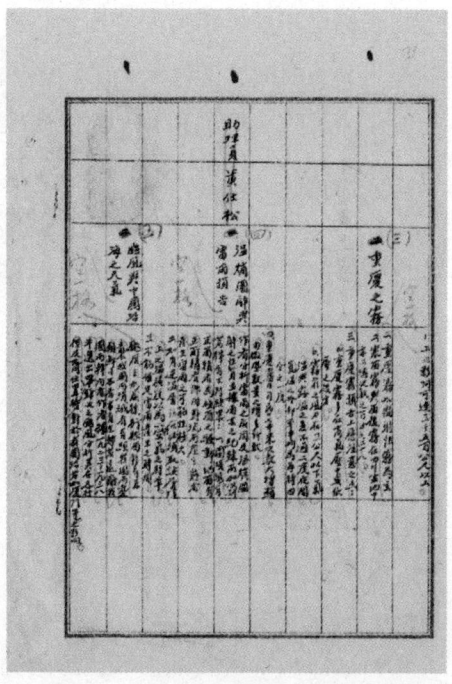

图3-1　1943年国立中央研究院工作报告中有关黄士松学术研究的记录

---

[1]　翁文灏（1889—1971），浙江宁波人。中国早期的最著名地质学家。1912年，获比利时法语鲁汶大学地质学博士学位。同年回到中国，1913年，翁文灏同丁文江等人一同创办了北洋政府地质调查所。1932年，任军事委员会国防计划委员会（即资源委员会的前身）秘书长。1935年，任国民政府行政院秘书长。1937年任经济部长。1948年，任政府行宪后第一任行政院长。1949年移居法国巴黎。1951年，接毛泽东、周恩来的邀请，经香港回国，是首名回北京的前国民党高级官员。

[2]　任鸿隽（1886—1961），著名化学家和教育家。中国最早的综合性科学团体——中国科学社和最早的综合性科学杂志——《科学》月刊的创建人之一，也是杰出的科学事业的组织领导者之一，中国近代科学的奠基人之一。1908年赴日本留学。1911年归国，任孙中山临时总统府秘书。后去美求学，连续获得美国康奈尔大学化学学士和哥伦比亚大学化学硕士学位。1938年任中央研究院秘书长、总干事兼化学所所长。中华人民共和国成立后，任全国政协委员、上海图书馆馆长等职。

竺可桢因忙于浙大事务未能到会。由气象研究所代所长吕炯主持会议，继续报告会务情况及《气象学报》15、16卷的印刷经过情形。会计杨鉴初[①]报告学会的收支情况。后又讨论修改学会章程，宣布通讯选举结果。吕炯等11人当选为理事，翁文灏等5人当选为监事。

19日上午开始各学会分别宣读论文。气象学会这次年会学术氛围十分浓厚，虽然参加人数仅有20人，但却共有33篇论文在会议上进行宣读交流，有些会员由于各种原因未能到会，但仍把论文寄到会上由他人代为宣读。涂长望、朱炳海、吕炯、张宝堃以及同辈的叶笃正[②]、谢义炳[③]（以上二人由涂长望代为宣读）、朱岗昆等都在会上宣读了论文。黄士松在20日上午宣读了他刚刚完成的《由现有资料推测中国沿海之台风》一文。会上黄士松还被推举为中国气象学会庶务[④]。

此后，黄士松觉得文章题目《由现有资料推测中国沿海之台风》不甚贴切，因文中除云状、云的运行分析勉强可算作预测台风之内容外多是分析台风对内陆天气的影响，故改为《台风和中国天气》。黄士松将论文寄给竺可桢，由竺可桢亲自修改后于1944年在《气象学报》第18卷发表（第153—163页）。

[①] 杨鉴初，气象学家。江苏宜兴人。1935年毕业于中央研究院气象练习班。曾任中央研究院日观峰气象台观测员、气象研究所技士。新中国成立后，历任中央军委气象局与中国科学院地球物理研究所联合资料中心主任、大气物理研究所研究员。

[②] 叶笃正（1916—2013），安徽安庆人，生于天津。著名气象学家，中国现代气象学主要奠基人之一，国家最高科学技术奖获得者，世界气象组织IMO最高奖获得者。1940年毕业于西南联大地质地理气象系，1943年研究生毕业于浙江大学史地研究所，1948年11月在美国芝加哥大学获博士学位。1950年回国后，历任中国科学院大气物理研究所研究员、所长，中国科学院副院长。

[③] 谢义炳（1917—1995），湖南省新田人，气象学家。1940年毕业于西南联合大学地质地理气象系。1943年获浙江大学硕士学位。1945赴美国学习，获芝加哥大学博士学位。1950年回国任清华大学气象系副教授。1952年任北京大学物理系教授。1978年任北京大学地球物理系主任。

[④] 中国气象学会编著：《中国气象学会史》。上海：上海交通大学出版社，2008年，第289页。

《中国夏季风之进退》研究

暑假,涂长望来到了气象研究所,黄士松终于又见到自己的恩师了。涂长望没有忘记当初和黄士松在綦江分手时的诺言,他继续指导黄士松的研究工作,可以说这时他们才真正成为师生。随即,他们就开始一起研究东亚季风。

关于夏季风之开始,涂长望觉得当时国内外科学家对东亚季风建立的认识有许多是模糊的、表面的甚至是错误的。前人如菲律宾气象学家佘瓦列(Chevalier)首称3月间在渤海湾一带及山东半岛南端各地,即见东南及西南风盛行,4月夏季风乃渐向南抵达长江流域,5月始及台湾海峡及南部海岸。华伦斯基特(W. Werenskiold)虽称冬季风之消失始于南方,渐次沿中国日本海岸北退;但又谓夏季风3月肇始于渤海湾,4月转向海参崴,5月推至库页岛。而竺可桢先生亦继称中国夏季风开始于山东半岛沿岸各地,而向南北同时推进。涂长望却首先指出"以3月为夏季风之开端似嫌过早"。黄厦千更从气团的分析,乃知上称之夏季风并非热带海洋气团,而属于所谓西伯利亚回归气团。故前人所称夏季风实非真正的夏季风,其所以有此误解即仅视风向之转变所致。华北沿海风向之转变大抵系局部气压变化造成,而并非大规模季风的开始;且春季大陆上温度的增高远较海洋上为迅速,而沿海风向的观测多限于白天,故海风的影响亦不可避免。仅视风向的转变而定,华伦斯基特竟有4月转向海参崴,5月推至库页岛的结论。其实,就其所作北太平洋气流运行图而论,亦可得知3月时中国真正夏季风并未开始,山东半岛一带所以为东南风者,因其气流自日本高压发散而出之故。再观其4月气流运行图,则知东亚方面,在北纬20°以北如中国境内,气流仍来自日本高压;而在北纬20°附近如巴士海峡一带,风向虽为东北,而气流已来自热带海洋,故中国夏季风当亦在此时可能于华南沿海出现。涂长望认为3—4月夏季风就在中国北方出现,是错误的,时间过早,地点也不对。以往学者们所说的这种"夏季风",

并不是真正的夏季风，只不过是西伯利亚大陆气团里的气旋活动所造成的风向变化，而不是大规模季风的开始。涂长望认为，所谓季风，不只是看一段时间风向的转变，而要看所带来的气团的属性和来源。涂长望提出可否用气团的概念来考虑季风。

在20世纪20到30年代，由于挪威学派[①]提出了著名的极锋学说，气团和锋面的研究成为当时世界气象研究的热点。涂长望根据我国当时不多的飞机探测资料和风筝探测记录对中国气团的变性做了比较全面的研究，不仅对中国的气团进行了分类，而且还分析了各种气团之间的交绥活动——锋面以及由此而引起的变化，而且还以此为基础进行了天气范式的研究。涂长望希望黄士松在自己已有研究的基础上，通过分析气团的属性来确定季风的发生、发展。师生二人讨论如何来追寻气团水平运动的踪迹，最后决定用湿球位温来代表气团的属性。由于湿球位温在蒸发、凝结以及干、湿绝热过程中均是守恒的，因此它是分析气团与锋面的一种很好的指标。在涂长望和黄士松之前，诺曼德（Normand）已把湿球位温应用于焚风等研究；休生（E. W. Hewson）亦曾用它来分析过气团，结果均极好。

下一步要考虑选不同区域的代表站，师生一起反复讨论选择了全国36个气象测候所作为代表站。中国各地记录，除海关原始记录外，均仅有干球温度记录，并无湿球温度的记载。因此要求各地的湿球位温，不得不用干球温度与相对湿度来先求得绝对湿度；用相对湿度与绝对湿度查算表倒求出湿球温度，最后再用绝热变化图表求得湿球位温。如此反复查算，工作量巨大，且由于手工计算、查算难免带来微小误差。幸其误差最多±0.3℃左右，这点误差在分析气团属性时并无多大影响。

自4月至10月共计7个月，而每月中取1—5日、11—15日、21—25日每5日下午2时的平均值以作等湿球位温线。这意味着黄士松要手工计算

[①] 挪威学派也称卑尔根学派。20世纪初到30年代的国际气象学界的主流学派。源出挪威文化名城卑尔根，故亦称卑尔根学派；由于其成员多来自北欧各国，故间或称北欧学派。该学派的创始人是皮叶克尼斯（V. Bjerknes）其主要成员有J. 皮叶克尼斯、索尔贝克（H. Selbefg）、伯杰龙（T. Bergeron）、罗斯贝（G. G. Rossby）、帕尔门（E. Palmen）等人。

查算 3780 个数据，每一个数据的取得都要花费相当的精力。黄士松乐在其中，随着一张张等湿球位温线图的画出，他觉得所有的辛苦都是值得的。

经过数月的辛勤计算，然后填图、分析，黄士松写出《中国夏季风之进退》初稿。文章对季风的研究有迥异于前人研究成果的发现，黄士松欣喜地把初稿拿给涂长望看。涂长望看后也是十分高兴，计算分析结果表明他原来关于中国季风的一些想法是正确的。师生二人又对文章进行了讨论修改后寄给竺可桢阅改。竺可桢收到这样具有重大创新性的文章十分重视，欣喜之余，他两度对文章进行阅改。其时已到了 1944 年的 9 月了。

《中国夏季风之进退》一文于 1944 年在《气象学报》第 18 卷发表了。文章指出，夏季风不只是西南风和东南风，而且它输送的是热带海洋气团和赤道海洋气团。冬季风则是极地大陆气团活动造成的。这些观点，廓清了对季风的模糊认识和表面认识，揭示了季风的本质。这些认识是经典性的，在人们了解世界季风方面的认识价值、对此后季风科学研究中的指导意义，都是无可估量的。文章以湿球位温 20℃为热带海洋气团的平均值，24℃为赤道海洋气团的平均值，根据这两个指标来判断夏季风的开始、进退和结束。通过严格的科学分析和检验，阐明：中国的夏季风只属于热带海洋气团和赤道海洋气团。夏季风出现时间不是在 3 月间，而是在 4 月初；结束时间不是在 9 月，而是在 10 月下旬。夏季风首先出现的地点不是在渤海湾和山东半岛并分别向南北推进，而是首先出现在西南和华南海滨然后向北推进。指出中国夏季风进退的规律是：4 月初出现于华南沿海，中旬前后达到华南各省及云南高原，5 月中旬抵达长江流域一带，6 月中旬越过黄河达到华北，7 月上旬抵达辽宁、吉林东部边缘，8 月份控制东北及内蒙古。7 月上旬到 8 月中旬是夏季风极盛时期。过了 8 月中旬，夏季风就开始撤退，9 月中旬前后撤退到黄河以南，10 月初撤退到长江以南，10 月底则完全退出中国大陆。阐明中国夏季风活动的特点是：季风的北上和南撤都有跳跃的过程；北上从开始到最盛要经历 4 个月时间，进展较慢；撤退从最盛到完全退出只需 2 个多月，速度很快。这与印度夏季风活动的情况相反，印度夏季风来势迅猛，称为季风爆发，撤退则较缓慢。文章还论述了中国夏季风活动与降水的关系，总的来说，夏季风给中国带来雨泽，冬季风给中国带来干旱。但夏季风强弱对雨量的影响，南方和北方情况不一样。夏季风越强，北方雨量越大，而南方雨量越小。涂长望计算夏季风的风力与北京、上海两地降水的相关系数，分别为：+0.583，-0.634，即夏季风强度与北方雨量呈正相关，与南方雨量呈反相关。文章对季风规律、特点、影响的阐述，在理论上经过历史检验被证明是正确的，在实践上已经成为气象预报的可靠依据。当时在世界上没有人揭示过季风进退的规律。涂长望和黄士松师生的这项具有开创性的成果，得到国内外气象界公认，为长期预报提供了重要理论依据。季风雨带的推移，始终都是中国工农业需要重视的问题。季风跳跃现象的发现，对于降水和旱涝的预报实践，具有无可估量的价值。

黄士松是幸运的，他虽然不是竺可桢和涂长望的真正意义上的学生[①]，但在气象研究所期间却得到了两位大师的亲自点拨，并取得了突出的成果。他不但在学术上学到很多，更重要的是学到了大师们的治学思想和方法。尤其是涂长望对黄士松日后的学术思路的形成起到了重要作用。正如黄士松本人所说的："涂先生的治学思想对我影响还是挺大的。他原来搞天气的，他认为应该结合中国情况搞天气、搞气候，这对我影响很大的；另外，他是从全球眼光来看中国的天气、中国的气候，对我影响也很大。"[②]

屈指算来，黄士松已到研究所1年9个月了。此时所里人员变动也比较大，1943年4月，吕炯、程纯枢离开气象研究所到中央气象局工作，但吕炯仍兼代理所长，具体事务则交由郑子政负责。1943年7月，叶笃正也来到研究所工作，就住在黄士松宿舍的对面原来程纯枢所住的房间。1944年2月，郭晓岚[③]也来了。5月1日，赵九章[④]来北碚正式就任代理所长，

[①] 涂长望当时是气象研究所的兼职研究员，指导黄士松的研究工作并共同发表了在气象学界影响深远的学术论文"中国夏季风之进退"，以致黄士松被误认为是涂长望的研究生。

[②] 黄士松访谈，2011年10月31日。资料存于采集工程数据库。

[③] 郭晓岚（Hsiao-Lan Kuo，1912—2006），美籍华人，世界著名气象学家，大气动力学的一代宗师。1937年毕业于清华大学。1942年毕业于浙江大学史地研究所获硕士学位。1945年赴美。1948年获美国芝加哥大学博士学位，1962年以后任该校教授。

[④] 赵九章，浙江吴兴人，中科院院士，著名的气象学家、地球物理学家和空间物理学家。1933年清华大学物理系毕业，1938年获德国柏林大学博士学位。回国后，在西南联大任教，1944年经竺可桢教授推荐，主持中央研究院气象研究所工作。

当时全所人员总计14人。赵九章上任后,很快对所中事务做了部署,在研究方面,将郭晓岚、叶笃正、朱岗昆、黄士松等人的工作排定,每周有一次学术讨论会,每月有一次工作查询报告,从此所中的研究工作有了计划和要求,研究所面貌焕然一新。当时所内人员虽不多,工作却都井井有条。科技人员都要从事日常气象观测工作,黄士松除了观测外还承担天气图绘图工作。除了做好日常业务工作外,还抓紧一切时间在图书馆、资料室刻苦学习钻研,做研究工作。

1944年12月国民政府考试院组织公开考试,招考留美实习生。其时,赵九章由于所里人员偏紧,不太愿意他们去美国留学并承诺今后会陆续派大家出国深造。黄士松思量再三,考虑国内研究资料的缺乏以及对美国先进气象业务科研了解的迫切性,还是决定去参加考试,以获得到美国学习的宝贵机会。黄士松与谢义炳[①]等5人一同考取了留美实习生。根据《中美租借法案》,列在国民政府交通部名下派往美国实习气象1年,实习计划由中国物资供应委员会与美国国际培训局(International Training Administration)共同拟定。

期间,叶笃正收到了美国芝加哥大学的录取通知书,这令大家羡慕不已。芝加哥大学是当时气象学研究的重镇之一,著名气象学、海洋学家罗斯贝[②]任气象系主任。12月,叶笃正启程赴芝加哥大学留学。

1945年2月,黄士松在气象研究所迎来了自己的老同学陶诗言。原来赵九章担任代理所长后,广揽人才,他问涂长望能不能推荐一些优秀的年轻人去气象研究所工作。涂长望当即举荐陶诗言。于是陶诗言在中央大学当了两年助教后,来到了重庆北碚的气象研究所任研究助理员。

赵九章一方面广招人才,同时,加强年轻人培养,严格管理。1944年后,陆续应聘到气象研究所工作的有毛汉礼[③]、顾震潮、陶诗言、

---

① 谢义炳,气象学家。湖南省新田县人。1940年毕业于西南联合大学地质地理气象系,1941—1943在浙江大学研究生院学习,师从竺可桢。1943起在中央气象局工作。

② 卡尔·古斯塔夫·罗斯贝(Carl-Gustaf Rossby),现代气象和海洋学的开拓者。1940年,他应邀担任芝加哥大学气象系主任。在此期间,提出了著名的大气长波理论。

③ 毛汉礼,物理海洋学家。中国科学院院士。浙江诸暨人,20世纪20年代毕业于大东公学,40年代毕业于浙江大学,后赴美留学,获加利福尼亚大学海洋学博士学位。

朱和周[①]、林书闵、高由禧[②]、刘匡南等。短短9个月时间就取得很大进展，由于工作得力，业绩显著，深受竺可桢赞赏。

研究所还经常举行所内的学术讨论会及文献阅读报告讨论会，所中同仁轮流担任主讲。1945年4月5日竺可桢来到气象研究所。下午三点，赵九章召集所内人员举行谈话会暨学术讨论会。首先由宛敏渭报告一年来人事方面状况，所中职员名额核定为19人，但实际只16人。次徐延煦报告账目。其后安排学术报告，黄士松报告了自己所做的气旋生成研究情况，毛汉礼作了台湾气候农林方面的研究报告，朱岗昆也作了报告。竺可桢觉得二人因准备留学考试费去时间不少，能有此成绩也实属不易。陶诗言、朱和周二人因为刚到研究所时间很短，故此次学术交流会上没有报告。杨鉴初及杜靖民亦在会上介绍了各自的工作。会上竺可桢最后做了总结发言，说"九章到所十个月（自去年五月来），对于所中行政大有改进，减省靡费，增加印刷费，在航空协会捐得一百万元，而对于研究指导有方，且物理为气象之基本训练，日后进步非从物理着手不行，故赵代所长主持，将来希望自无限量。对于气象局与所两方合作及对外联络尤可称许。余自知行政工作十年，对于气象研究已脱节，但屡辞所长终不能脱离。现托付得人，院中必可任其辞职。即使离浙大，亦愿在所作一研究员也。"[③]

4月11日七点，黄士松与赵九章、张宝堃、郭晓岚一起送竺可桢到车站。

[①] 朱和周，湖北沙市人。1940年毕业于西南联合大学地理气象系。1948年赴美国加利福尼亚大学留学。新中国成立后，历任中央军委气象局技正，中央气象局气象科学研究所工程师、副所长，南京气象学院教授、气象系主任。

[②] 高由禧，气象学家，中科院院士。福建福清人。1944年毕业于中央大学地理系。1945任中央研究院气象研究所研究助理。

[③] 见《竺可桢日记》，1945年4月5日。《竺可桢全集》，第9卷，第327页。

第四章
赴美深造

芝加哥学派的熏陶

1945年6月25日，黄士松告别恩师涂长望以及赵九章所长和所内各位同仁，赴美国学习。与黄士松一同赴美的气象方面的共有9人。其中5人是通过考试取得资格的，分别是中央大学的助教丘万镇，中央气象局的叶桂馨[①]、程纯枢、谢义炳。另外4个是交通部直接派往美国的，其中有黄士松在中央大学的同学陈其恭，她本来属于中央气象局的，因为她父亲有关系，是直接占用交通部的名额派往美国的，另外三个是中国航空公司的预报员。此次的美国之行是艰难而漫长的。由于抗战尚未结束，我国沿海港口还在日本人控制之下，去往美国要先从重庆乘美军飞机飞越青藏高原前往印度加尔各答，再乘船经印度洋和大西洋，在海上漂流一个多月才能到达。这对于一个人的意志力和体力都是巨大而严峻的考验。幸亏几个

---

① 叶桂馨，女。江苏淮安人。1941年毕业于中央大学地理系。1947年获美国纽约大学气象硕士学位。

人一起做伴，倒也不感到寂寞。他们在加尔各答等待美军运输舰的到来，顺便在加尔各答参观游览一下。这也是他们第一次跨出国门，一切都感到十分新鲜。印度盛产象牙制品，黄士松在一个集市上买了一个有五只小象的象牙工艺品，大象象征平安，从此黄士松把这五只小象一直带在身边，直到现在仍保留着。数日后，一行六人换上美军提供的军服，在加尔各答港跨上一艘万吨级的美军运输舰，开始了横越印度洋、红海、地中海和大西洋的漫长航行。在大西洋遇到风暴，运输舰起伏摇晃不定，大多数人都晕船了，陈其恭和叶桂馨晕得都难以起床。

8月，黄士松一行人终于踏上大洋彼岸的美国国土，美国国际培训局派人直接把他们接到华盛顿，住在乔治·华盛顿大学。美国国际培训局对他们在美国的生活工作都安排得井井有条，到达华盛顿的第二天就帮他们定做法兰绒质地的西服等等，体现了同盟国之间的友好。根据美国方面计划，他们先要在美国国家天气局气象台实习3个星期，后自10月1日至来年3月15日在芝加哥大学读二季学期之课，其中有普通气象学（每周4小时），天气实习（每周20小时），数理复习课（每周4小时）。至冬季学期，此课程改为专业预报员课（每周30小时）。这期间主要了解美国国家天气局的组织机构及各部门工作情况。

1945年10月1日，黄士松他们终于来到了芝加哥大学。

芝加哥大学位于美国第三大城市、五大湖地区的最大工业中心芝加哥南郊，是一所著名的大学。这里是世界第一颗原子弹诞生的地方，有"诺贝尔奖摇篮"的美誉。多位诺贝尔奖获得者，或在这里工作过，或在这里学习过。这里学习条件完备，有世界上最尖端的科学实验室，有藏书丰富的图书馆，还有各类完善的配套设施，有顶级的科研团队和最了不起的科学家，是众多热爱科学的学子们向往的科学殿堂。这里自然环境幽雅，蓝天白云，粼粼波光，点点白帆，空气清新。绵延的湖滨大道上、大大小小的街心公园里，野鸭、松鼠、鸽子如闲庭信步，处处透出人与自然的和谐。芝加哥大学就像一个美丽而沉静的处子，敞开胸怀，欢迎着这些求知若渴的中国学子。对于年轻的黄士松来说，最吸引他的是当时在世界气象界声名鹊起的罗斯贝教授和他的团队"芝加哥学派"。

图4-1 1945年冬芝加哥大学气象系的中国学生（自左至右程纯枢、郭晓岚、丘万镇，左五陈其恭、左七叶桂馨、谢义炳、黄士松、右一叶笃正）

  罗斯贝（Carl-Gustaf Rossby，1898—1957）出生于瑞典斯德哥尔摩的一个中产家庭。当他在家乡的斯德哥尔摩大学进行数学和物理专业的学习时，参加了一次关于大气运动非连续性问题的讲座，由当时刚刚获得气象预报理论突破的威廉·皮叶克尼斯（V. Bjerknes）[①]主讲，他由此被气象学问题深深吸引。1919年，罗斯贝进入著名的卑尔根气象学校，开始跟随威廉·皮叶克尼斯学习气象学和海洋学。那时的挪威学派正在构建极锋和气旋的概念性模型，年轻的罗斯贝亲历了极锋理论和气团学说激动人心的发现，并作为团队的一员提出了一些很好的思想。这时他也预感到大学里学习的物理和数学知识在气象领域不是没有用处，而且还远远不够。1921年他又回到斯德哥尔摩大学，更加深入地学习数学和物理课程。1925年，罗斯贝前往美国学习、工作。1928年他在麻省理工学院（MIT）建立了美国第一个气象系，并一直任教到1939年。1941年他任教芝加哥大学，创立

---

 ① 威廉·皮叶克尼斯（V. Bjerknes），挪威气象学家、物理学家、近代天气学和大气动力学主要创始人之一，气象学"挪威学派"的创始人。

第四章　赴美深造

了气象系也创立了"芝加哥学派"。

罗斯贝很重视气象学基础研究和实际应用的结合。罗斯贝在 MIT 和芝加哥大学建立的气象系以及他协助创建的加州大学洛杉矶分校（UCLA）气象系的最初目的都是为美国军队培训气象预报员。MIT 气象系最初是为海军训练气象预报员而设立的，芝大和 UCLA 的气象系则是为第二次世界大战时期的美国空军训练气象预报员和观测员而建立的。罗斯贝强调学生应参加每天的天气会商，把会商结果和典型天气个例分析装订成册并定期出版。

人们通常会把他的名字和"芝加哥"（大学或学派）联系在一起。这主要是因为在这短短的几年里在他的主导下形成了一个辉煌的学派，这个学派既包括罗斯贝当年的同事，也包括他们培养出的学生。芝加哥学派中英才济济，高足辈出。为什么罗斯贝能够培养和吸引到如此多优秀的人才？一方面得益于当时战争的需求对科技和气象学的促进和发展背景；另一方面是罗斯贝本人的学术造诣和思想境界代表了当时气象学的最高水平，能够为学生建议最前沿的研究方向；此外，与罗斯贝倡导的平等自由的学术氛围和注重激发学生激情和独立思考的执教风格和个性不无关系。

黄士松他们将在这里学习半年，要跨学期上课，到 1946 年的 3 月 15 日结束。天气学的课是由 Olive 讲授，和原来气象系的学生一起上，等于是插班进去上课。此外气象系还为他们特别开课，罗斯贝亲自问他们有什么要求，希望开哪门课。大家当即一致表示希望罗斯贝教授能亲自授课，罗斯贝欣然应允，这令黄士松喜出望外。罗斯贝决定给这几个中国来的特殊学生还有几个其他国家的学生专门开动力气象课。罗斯贝很重视实践，除了上午上课，整个下午都安排他们天气预报实习，画天气图，分析天气图，给他们讲预报的工具，如各种图表的原理及应用，非常有创造性。实习课由助教本顿（Benton，后曾任美国气象局长）带领大家进行。罗斯贝强调大气科学问题的基本物理原理，而不是停留在大气现象本身。因此他还请芝加哥大学物理系的 Ference 副教授来给黄士松他们开设流体力学课，给他们补充基本知识。在这里黄士松又和先期来芝加哥大学气象系留学的叶笃正，还有刚来的公费留学生郭晓岚欢聚在一起。大家在一起诉说着别离后的气象所情况，畅想着中国气象事业的未来。

　　罗斯贝讲课不带任何稿子，开口就娓娓道来，逻辑性很强。黄士松听了罗斯贝的课后一个最为突出的感觉就是罗斯贝在讲台前似乎总是在发现什么新的东西。这种探求的课堂气氛会感染每一位听课人，使他们加入到探索的行列中。他为学生和气象系创造了一个良好的学术和学习氛围。他那具有"磁性"的性格吸引了世界各地的著名学者来芝大任教或访问，如帕尔门和贝吉隆等。这些学者不仅仅是访问，罗斯贝还邀请他们为气象系的学生上课，一起会商天气。

　　罗斯贝性格外向、乐于结交朋友，对学生也是嘻嘻哈哈，不拘小节。罗斯贝给黄士松留下深刻印象：学问深博，脑筋快极，为人热忱。

　　在这样优越的环境中学习，愉快而又获益匪浅。罗斯贝的西风急流和高空长波理论对黄士松日后的研究和教学、学术思考具有十分重要的影响。可惜的是时光短暂，眨眼间半年时间就过去了。黄士松他们按照安排必须结束在芝加哥大学的学习，分配到美国的各个气象台站去实习。有些到了东部，有些去了西部。黄士松、程纯枢、谢义炳

图 4-2　黄士松在美国芝加哥大学 Royce 大楼前

三个人提出要求到美国气象局总部去实习，美方同意了。于是 1946 年 4 月，他们再次来到在美国气象局总部所在地华盛顿，黄士松和谢义炳进入中期天气预报科实习，程纯枢到农业气象业务科实习。当时中期天气预报科负责人是纳曼斯，他是芝加哥学派的，用长波理论的概念来做中期预报。黄士松正好利用了这次机会，学习如何将罗斯贝的理论运用到预报实践中。

　　1946 年 4 月，黄士松的恩师涂长望也由英国来到了纽约。在纽约，

涂长望在美国文化协会的朋友陪伴下，参观了自然史博物馆、大都会博物馆，游览了一些名胜，随后便独自来到了华盛顿。涂长望在华盛顿访问了各个气象、地理研究机构和一些学术团体，见了不少学者。黄士松、谢义炳与涂长望在异国他乡相见，更感到亲切。涂长望详细地询问了他们几个人的学习、生活情况，并告诉他们下个月将去芝加哥。那时美国社会舆论对于中国的国共两党报道都很多，大多数人士倾向于支持共产党，认为国民党太腐败，没有前途。但社会舆论好比是风，会变来变去的，涂长望要求留学生们要深入了解国内实情，提高认识，站在人民的立场，为祖国的和平、民主、富强而努力学习。涂长望向留学生宣传中国科学工作者协会的宗旨和目标，希望大家积极参加活动。他离开锡拉丘兹时，心里想的是此次出国的双重任务：为祖国的气象事业树立国威，为中国科学工作者协会扩大国际协作与影响。眼下要继续完成建立中国科学工作者协会北美分会的任务[①]。

美国气象局的条件、设备好，预报业务规范，这和国内气象研究所不可同日而语。美国的气象观测站多，分布合理，数据资料完整。各个大气层的物理量图表很多，预报工具丰富。三天会商一次，来做今后五天的预报。三天一次，不断修正，不断地改进。黄士松和谢义炳就像他们的员工一样，每天跟班，一起参加业务会商。该局也鼓励他们发表自己的预报意见，对每个人的预报结果都进行评分，最后比较各自的准确度怎么样。这样有竞争性，每个人都要开动脑筋，谁都不愿意在预报准确性上落在后面。

到了8月，根据中美之间的沟通安排，在美国气象局总部的实习也接近了尾声。在美国公费留学一年后，按规定理应回国，黄士松觉得一年的时光是那样的短暂，自己在美国所学到的还是很不够的，他和谢义炳、程纯枢商量是不是应该留下来多学点东西。程纯枢因为年龄比他们大一些且已有家眷，决定回国。黄士松和谢义炳决定留下来继续深造，于是向国民政府中国物资供应委员会申请暂缓回国，自费留美求学。谢义炳和陈其

---

① 温克刚：《涂长望传》。北京：当代中国出版社，1997年，第248-253页。

恭联系了芝加哥大学气象系，黄士松本来也想去芝加哥大学，但考虑到芝加哥大学不可能给中国学生提供这么多工作机会。于是黄士松决定寻找别的机会。当时，美国有三大著名的气象研究中心，除了芝加哥大学气象系以外，还有加州大学洛杉矶分校（UCLA）气象系和纽约大学气象系。黄士松于是把目光投向东西海岸。他首先从华盛顿赴纽约大学，直接到气象系找负责人，一个叫米勒（Miller）的教授接待了他。交谈以后，米勒教授对这个来自遥远东方却说着一口流利英语的年轻人很有好感，但当场并未给他肯定的答复，只是告诉他回去之后等联系。等待总是让人心里不踏实，回去之后黄士松又把自己的相关资料邮寄给 UCLA 的气象系，副系主任 J. Holmboe 教授很快回复了，同意黄士松来校读研究生并提供一个半时研究助理的工作。不久，纽约大学也来信了，也同意提供一个半时研究助理的工作。那时候纽约大学负责人是搞动力气象研究的 Haurwitz，也是当时国际气象界很有名的一个学者，但 UCLA 气象系的系主任更是大名鼎鼎的皮叶克尼斯，著名的极锋学说和挪威学派的创始人之一。最终黄士松还是决定到 UCLA 去。

叶桂馨和丘万镇也想留下来继续学习，但他们两个没有联系好学校，很是着急。黄士松就把丘万镇和叶桂馨的情况告诉米勒，米勒说这两个学生都很好，纽约大学都愿意接收，但他仍希望黄士松也能去。就这样，同去美国实习的 9 个人，有 5 个留下来继续深造。

师从国际气象学大师皮叶克尼斯

在大气科学（气象学）的发展史上，有两个著名的学派：一个是以皮叶克尼斯父子为首的挪威学派，另一个是以罗斯贝为首的芝加哥学派。

挪威学派是由挪威人威廉·皮叶克尼斯（V. Bjerknes）创建和发展起来的，该学派囊括了雅各布·皮叶克尼斯（J. Bjerknes）、索伯格（H. Solberg）和贝吉龙（T.H.P. Bergeron）等人在内的一批优秀的气象学家，在流体动力学、天气学理论，天气分析和天气预报的方法上都做出了卓越的贡献。20世纪20年代前后，他们在挪威沿海等地组建了稠密的地面气象观测网，并仔细分析了由稠密站网所提供的资料绘制而成的天气图，在1917—1918年间发现了暖锋，并得出了包括冷锋、暖锋、锢囚锋、静止锋和低压及其云雨分布的完整的气旋模式。他们还提出了反映气旋生命史的极锋学说，并把上述模式、理论和学说用于日常的天气分析和天气预报。现代天气学理论、天气分析和天气预报方法，基本上是由挪威学派的科学家在20世纪20—30年代期间建立起来的。

威廉·皮叶克尼斯，1862年3月14日出生在挪威的克里斯蒂安尼亚（现在的奥斯陆）。其父卡尔·皮叶克尼斯（Carl Bjerknes）是位流体动力学家。早在少年时代，威廉就协助父亲做实验以验证其流体动力学的理论预测是否正确。1880年威廉进入克里斯蒂安尼亚大学学习数学和物理，1888年获得克里斯蒂安尼亚大学硕士学位。1892年，获得博士学位。

1895年威廉成为斯德哥尔摩大学的应用力学和数学物理学教授。在此期间，他将汤姆逊（William Thomson，又称开尔文勋爵）和赫尔姆霍兹（Hermann von Helmholtz）的涡旋理论推广到大气和海洋运动中。他还计划用流体动力学和热力学方程来描述地球大气的运动状态，这样就可以计算大气未来的状态。这一思路实际上就是今天数值天气预报的基本思想。

1897年11月2日威廉·皮叶克尼斯的儿子雅各布·皮叶克尼斯（Jacob Bjerknes）出生。后来，雅各布子承父业，成了世界著名的气象学家。

1905年威廉访问美国，他向美国同行介绍了他在气团理论研究中取得的重要进展，以及他计划利用数学方法制作天气预报的设想。他的计划深深地打动了卡耐基基金会，他们答应资助他的研究。此后，他一共获得卡耐基基金会36年的研究资助。1907年威廉接受挪威克里斯蒂安尼亚大学应用力学和数学物理学的教授席位。1910年他建议在天气图上绘制流线，并分析辐合、辐散区。1917年挪威卑尔根大学邀请他加盟。除了教学工作，他还受命组建卑尔根地球物理研究所。威廉一生中最重要的工作是在卑尔根做的。他和助手们一起推导出和天气中可测变量有关的方程组。虽然以当时的条件是不太可能迅速求得预报变量的解，不过他们的工作最终创立了解释气旋起源的极锋理论。威廉将1917年发现的大气不连续面改称为锋面，并且发现了各种锋面类型（如冷锋、暖锋、静止锋等），提出了中纬度气旋的极锋理论，创立了气旋的现代模式，形成国际气象界名闻遐迩的"挪威（卑尔根）学派"。1921年根据理论和观测事实，他提出了著名的大气环流图案。

雅各布·皮叶克尼斯子承父业，1918年11月雅各布完成他的论述气旋结构的划时代论文，皮氏父子在挪威学派中无疑是领军人物。在理论还是实践谁更重要的问题上，雅各布没有完全按照父亲的思想走下去，而是率领年轻一代科学家从一开始就紧紧围绕天气预报问题研究气旋理论，他后来围绕这一理论研究的成功无疑起到了至关重要的作用。

雅各布对气象学的主要贡献是创造了科学的预报天气的方法，这源自他对锋面结构的分析以及把锋面同其他天气现象，比如与飑线联系起来进行的研究。自20世纪20年代中期起至30年代，随着高空气象观测站的增多及高空气象观测技术的进步，雅各布首先研究了大规模波动中的三度空间结构，因而首先发现了中纬度西风带的存在，并揭示出控制高层波动与地面低压相关的必要物理机制。20世纪30年代，雅各布进一步发展了他关于气旋和反气旋活动的理论，把上层气流纳入了研究体系，在40年代初与Holmboe提出完整的气旋理论。他除了创导极锋学说以外，还首创了气象热力学中的气片法（Slice Method）。后来，他又在海—气相互作用和大气环流遥相关研究方面做出极大的贡献，如对大规模的和长期性的海气交换作用、海水上涌作用和气团差异所引起的长期海面温度差异、各种不同海流平流作用对盛行风应力的影响、热带环流强度的变化透过高层动量传送作用对西风带的影响等的研究。

后来挪威学派的这些科学家中，有一些人到美国继续大气科学的研究，事实上成为把大气科学研究和教育的中心在20世纪下半叶转移到美国的决定因素。1939年9月雅各布·皮叶克尼斯赴美讲学，这时德国入侵了挪威，致使他无法回到祖国。在罗斯贝的积极推荐下，进入加州大学洛杉矶分校（UCLA）。1940年UCLA聘请他为气象学教授，并以他为主创建美国第四个大学气象系（当时除罗斯贝最早创建的 MIT 气象系外，分别在加州理工学院和纽约大学设有气象系）。UCLA 气象系最早挂靠在物理系，皮叶克尼斯担任物理系气象学组的组长。五年后，他建立了气象学系，亲自担任系主任，并为美国空军气象部门建立气象培训班。

1946 年 9 月，黄士松来到了"天使之城"洛杉矶。坐落在美国西海岸加利福尼亚州南部的洛杉矶（Los Angeles）是仅次于纽约的美国第二大城市，以其旖旎的风光、大都市的气派，集繁华与宁馨于一身，是美国西海岸边一座风景秀丽、璀璨夺目的海滨城市。第二次世界大战后，现代工业的崛起，商业、金融业和旅游业繁荣，移民激增，城区不断向四周扩展，洛杉矶成为美国的特大城市。洛杉矶市区广阔，布局分散，整座城市是以千千万万栋一家一户的小住宅为基础。绿荫丛中，鳞次栉比的庭院式建筑，色彩淡雅，造型精巧，风格各异，遍布于平地山丘上。这里有世界著名的加州理工学院、加利福尼亚大学洛杉矶分校、南加利福尼亚大学，亨廷顿图书馆、格蒂博物馆等。

加利福尼亚大学洛杉矶分校（University of California at Los Angeles，简称 UCLA）位于西木区（Westwood），洛杉矶的西部，日落大道的南部，在比弗利山庄（Beverley Hill）、好莱坞（Hollywood）的附近。UCLA 的地理位置在洛杉矶地区也是最好的，交通方便，学生可以很方便地到达洛杉矶各个角落。黄士松初到校园就被它文艺复兴艺术风格的建筑和优美的风景所吸引。那时，包括中央图书馆在内的四座建筑（Royce Hall，Powell Library，Haines Hall 和 Kinsey Hall）展现了精美的艺术细节；校园的中心迪克森广场橡树环绕，整个校园如公园一般。

UCLA 的气象学系发展迅速，已成最有名的大学气象系之一，是当时世界一流的气象学教学和研究机构。气象学专业的几位教师，如皮叶克尼斯，霍尔姆博（Holmboe）和奈堡格（Neiburger），都是挪威学派的主要成员。还有一位日后成为气象学巨擘的博士生查尼（Charney）[1]，查尼在 1941 年成为 Holmboe 的助教和气象专业博士生，协助皮叶克尼斯在

---

[1] 查尼（Charney），美国气象学家。毕业于美国洛杉矶加利福尼亚大学数学系。1950 年参加数值天气预报试验，成功地作出了第一张数值天气预报图。

UCLA开展气象教学。1946年,查尼获得了博士学位。黄士松将在这里继续他的学业。Holmboe亲自讲授动力气象学和流体力学,此外还有高等微积分和天气学课。下午也是实习及协助做一些计算工作。经过一年的努力,黄士松在1947年7月获得了硕士学位。但黄士松的半时研究助理工作在移民局的干涉下被迫中止,因为拿官员护照的外国人是不允许在美国找工作的。幸好由于学习成绩优异,他又获得2年的奖学金资助以攻读博士学位。1947年夏,黄士松开始加入气象系的研究团队,先后在大气环流角动量输送、加州南部逆温层与层云、水平辐散与气压变化等三个方面进行研究工作。

气象学中的一个重要问题是如何解释对天气预报至关重要的大气环流的形成和维持。其中角动量的作用是一个重要问题。角动量也称动量矩,也就是转动力矩。大气圈整体运动的总角动量,主要受地面的摩擦和山脉作用而发生变化。因摩擦力的方向和风向相反,在东风带里,地面摩擦力给大气一个自西向东的力矩,使地球持续地给予大气正的角动量,因此近地面层的东风逐渐减弱;在西风带里,地面摩擦力给大气一个自东向西的力矩,地球持续地从大气获取正的角动量,因此近地面层的西风也逐渐减弱。山脉作用决定于其两侧气压的差异:如果东侧的气压大于西侧,则山脉给大气一个自西向东的力矩,增强大气自西向东的运动;如果西侧的气压大于东侧,则将减弱大气自西向东的运动。计算表明,摩擦作用比山脉的影响大。因此,总的说来,东风带为产生角动量的区域(即角动量源),西风带为消耗角动量的区域(即角动量汇),为了维持在大气环流中东风带和西风带的定常状态,就必须将东风带取自地球的正角动量输送到西风带去,还给地球。但大气是通过什么样的机制来完成南北向传送角动量的呢?UCLA的研究团队对角动量输送机制的研究,还使黄士松思考着另外一个问题,既然大气中的涡旋运动对角动量的传输具有重要作用,那么涡旋在大气能量的传输中起到什么样的作用呢?

黄士松回国后对此问题做了更深一步的研究,在1952年第23卷的《气象学报》上发表了《论反气旋在大气中的作用》一文。对气旋和反气旋内的动能制造和消耗及彼此之间的关系进行了探讨,指出反气旋系统内动能的来源有三：(1) 由于自己内部低层的水平速度辐散而产生净有动能；(2) 与外界其他系统动能转输的结果；(3) 系统内部因摩擦力而消耗了动能。同理，气旋系统内动能变化的原因也有三：(1) 由于自己的内部低层水平速度辐合而净消耗了动能；(2) 与外界其他系统的动能传输；(3) 系统内因摩擦力而消耗了动能。所以气旋系统本身没有自己产生净有动能，整个是一个净消耗动能的系统，维持它运动的动能必取自其他系统。但是整个大气是一个封闭系统，没有物质与机械动能进入大气里。关于反气旋系统与外界动能的交流及气旋系统与外界之交流，其唯一可能为反气旋系统与气旋系统之间的动能交流。但二者之间只有反气旋系统是有净动能产生者，因此在封闭的大气系统里，在反气旋系统中所产生的动能，必将源源地转输到气旋系统去供它消耗。整个大气里只有反气旋系统中产生出来的动能，除供输气旋系统外，又被整个大气摩擦力消耗，而整个大气运动动能的增加与否，则完全看这反气旋系统产生出来的净有动能是否被摩擦力消耗。假使这净有动能不足以供摩擦力的消耗，那么对于大气原已存在的运行其强度将平均减弱；反之，倘若该净有动能超过摩擦力的消耗，则大气原已存在的运行必将增强；当由反气旋系统产生出来的净有动能与摩擦力消耗量适相等时，则大气运行的平均强度无变化。因此得出结论：反气旋系统对于整个大气运行强度的变异有决定性的作用。他更进一步指出：大气中总位能转变为动能，是由速度场的水平辐散作用完成的。就整个大气说，将位能转变为动能的主要机器乃为反气旋系统，反气旋中所产生的净有动能，一面输送至气旋系统内，一面供给整个大气中摩擦力消耗之用，大气中动能之多少完全由反气旋系统所决定。而反气旋系统中以副热带反气旋所含的总位能最大，因而对于整个大气运行强度变异来说，副热带反气旋占有更重要的地位。

1947 年，高仕功也来到了 UCLA 气象系，随后谢光道[①]、朱和周、吴伯雄、陈其恭等都来了。在 UCLA 气象系形成了一个小团体，大家经常

---

① 谢光道，江西南昌人。1938 年毕业于清华大学气象系。1948 年留学美国。1950 年获加利福尼亚大学气象学硕士学位。同年回国。历任北京气象专科学校教授、教务主任，空军气象专科学校训练部副部长、副校长，空军第七研究所第二所长。

在一起聚会、讨论，结伴出去游玩，给紧张的学习和工作增添不少乐趣。

　　1949年7月黄士松参加博士学位考试，考试分为笔试和口试，主要考察所学基础知识以及老师认为应该掌握的东西。黄士松顺利通过UCLA博士学位初试，获得候补博士资格。气象系成立了黄士松的博士指导小组，皮叶克尼斯亲自任组长。黄士松成为了皮叶克尼斯的入门弟子。博士口试时皮叶克尼斯问了黄士松一个关于决定大气环流的几个因子的问题：假设地球是不转动的，那么受太阳辐射的影响就只产生南北环流，地球一转动呢，就有了东西向环流波动了，但环流波动的情况每年每季都有不同，又是什么原因？这个问题给了黄士松很大启发，他觉得这方面的问题非常值得深入研究，可以作为自己的博士论文方向。

护照风波

　　对黄士松来说，一切都很顺利。唯一的麻烦是学校提供的奖学金到期了，没有了经济来源，由于护照问题不能在学校里工作，家里又没钱供他读博士学位，于是勤工俭学成了他生活的重要组成部分。半工半读的留学生的生活是清苦的。黄士松每月所得不多，生活需要精打细算。当他在洛杉矶的地方报纸上看到一条"分文不取，供人夜宿"的启事，真是喜出望外了。他按报载的地址一路寻去，原来这是一家三个医生联合开业的诊疗所。夜至人去，需要一个人来守夜。何处可供安枕呢？那张查病诊疗用的小木床便是。黄士松对此满不在乎，他看中的是宽敞的办公桌，还有可供他存放书籍的小小地下室。从此，夜深人静时分，诊疗所的窗子依然射出明亮的灯光。住宿暂且解决了，一日三餐还得将就。黄士松真是交上了好运。"二战"后的美国，有不少人对中国的传统文化颇感兴趣。一天，他又在报上读到一则招聘启事，说是可以免费提供食宿，条件则是应聘者会做中国菜，黄士松不太会做菜，但为了生计还是去应聘了。这所华丽楼房的主人是经商的。他为黄士松在楼上准备了一个房间，并交代每天只需他烧一顿晚饭。无奈何,他只得去已成家自炊的中国同学家里请教。当他把生平第一次煮就的红烧肉端上餐桌时,心里还有几分忐忑不安呢!①

黄士松还和吴伯雄结伴到一个华人开办的领带厂去打工,做丝绸领带,另外还到一个华侨饭店去干一些杂活。

有一天,美国移民局来人了,发现黄士松持中国政府官员护照在美国工作过,他受到美国移民局调查并被勒令出境。原来黄士松去美国时是作为国民政府派出到美国去学习的,所持护照为国民政府官员护照。按美国移民法规定,持官员护照的外国公民不能在美国工作。在1946年向国民政府中国物资供应委员会申请暂缓回国获批时,黄士松应该到领事馆把官员护照改为学生护照,但他没有这方面的知识,而领事馆也未提醒他。黄士松没有办法,为了完成学业,只得在别人的建议下,找到了一个帮助解决外侨住留问题的慈善机构,申请加入美国国籍。

1949年10月1日新中国诞生,美国政府为了对新中国进行全面封锁,采取种种措施,阻挠留美学生归国。1950年春,美国政府向中国留学生表示"同情将不被共产党政府所欢迎的留学生",并将其列为"无国籍人"。黄士松出现这样的麻烦正是美国政府所希望的。对黄士松加入美国国籍的申请,美国移民局不准,强迫要求他作为政治避难处理,企图在这件事情上做一些政治文章,将黄士松弄成一个"不被共产党政府所欢迎的留学生"。其实,黄士松在国内时就对政治不感兴趣,他既没有参加过国民党的任何组织也没参加过共产党的任何组织,他心中所想的仅仅是怎么完成学业,科学救国。他在美期间把自己的名字由"黄仕松"改为"黄士松"就是为了表明自己的理想不是在"仕途"而是在"士人"、在"名士",做一个纯粹的科学工作者是他毕生追求的目标。实际上美国政府并不希望黄士松这样的留学生回到中国去。因此,1950年年初,美国国务院对留美的中国学生采取补助救济手段供给生活和学习上的一切费用,以吸引中国学生留在美国。这倒解决了黄士松求学的费用问题。而护照问题也就不了了之了。

---

① 伍幼威:大风起兮云飞扬——记天气动力学家黄士松.《科学家》,1985年,第4期,第2-5页。

从 1947 年开始，到 UCLA 来的中国留学生逐渐增多，黄士松与其他同学在 1948 年 5 月发起成立了 UCLA 中国同学会，并负责该会工作多年。该会主要目的是联络感情，一年聚会若干次。

约在 1950 年初，学校里又成立了留美中国科学工作者协会[①] UCLA 小组，小组长为李家治。黄士松经高仕功介绍加入该会 UCLA 小组。小组成员有高仕功、闻人乾、谢焕章、魏荣爵、陈其恭等十余人[②]。小组活动主要内容是交流信息，介绍国内建设动态，传播爱国思想，动员大家回国，并介绍苏联的学术情形等。

事实上，这个小组正是他的老师涂长望所希望建立的。1946 年 4 月涂长望来到了美国，一是受美国朋友、相关学术机构和大学的邀请来讲学，

图 4-3 在 UCLA 华侨同学家过 1948 年圣诞夜（第一排左一黄士松、左二陈其恭、左三为赵太太华侨梁佩华，第二排左一吴伯雄、右一魏荣爵、右二钱振武、后立者谢光道）

---

① 1949 年 1 月，"留美中国科学工作者协会"在芝加哥正式成立，协会的总目标是为争取团结更多的留学生回国，发展中国的科学技术。在一年的时间里，"留美中国科学工作者协会"在美国各地发展分会 32 个，会员达 700 多人，他们定期举行活动，通报来自国内的消息。

② 留美中国科学工作者协会会员名录.《中国科技史料》，2000 年，第 21 卷第 1 期，第 26-33 页。

介绍中国气象事业的情况,加强交流,为祖国的气象事业树立国威;二是为中国科学工作者协会扩大国际协作与影响,建立中国科学工作者协会北美分会。美国幅员辽阔,中国留学人员十分分散,流动性大,组织全美的中国科学工作者协会分会需要有一个过程。1946年6月上旬,涂长望到了旧金山。他奔走了几个月,到将要回国的时候,仍不能亲自看到中国科学工作者协会北美分会成立起来,没有完成自己的预定的目标,很是遗憾。但他已为中国科学工作者协会在这里播下了火种。留美中国科学工作者协会后来在葛庭燧[①]、丁儆、侯祥麟、丁瓒、计苏华、薛宝鼎、冯平贯、陈立、罗沛霖等学者的发起下建立起来,并做了很多工作。他们出版刊物,开展宣传,组织各种活动,介绍新中国情况,发动回国参加建设,出具回国手续[②]。

应召回国

新中国成立的隆隆礼炮,不仅震惊了全世界,更深深震撼了求学异域的黄士松。他原来并不了解中国共产党,脑海里对共产党的印象还停留在国内时国民党所宣传灌输的那一套。黄士松不断接到的家信和国内朋友的来信,向他展示了共产党所领导的新中国。新中国焕发出来的勃勃生机,新政权的清正廉洁,新中国建设所取得的迅速进步等等无不令黄士松感到新奇。1950年6月25日,朝鲜战争爆发。朝鲜民主主义人民共和国内阁首相金日成下令军队越过三八线,发动了对大韩民国的突然进攻。6月26日,美国总统杜鲁门命令驻日本的美国远东空军协助韩国作战,27日再度命令美国第七舰队驶入基隆、高雄两个港口,在台湾海峡巡逻,阻止解放

[①] 葛庭燧(1913—2000),中国著名金属物理学家,山东蓬莱人。1937年获清华大学理学士学位,1943年获美国伯克利加州大学物理学博士学位。1949年2月,葛庭燧等在芝加哥发起并成立留美中国科学工作者协会,他担任理事会主席。

[②] 温克刚:《涂长望传》。北京:当代中国出版社,1997年,第257页。

军解放台湾。1950年10月19日晚,以彭德怀为司令,中国人民志愿军从安东(今称丹东)、河口(即宽甸县长甸镇河口)、辑安(今称集安)等多处地点秘密渡过中朝边界鸭绿江,10月25日发起抗美援朝第一次战役。中美之间正式对抗。黄士松身在美国,对美国的经济、军队实力比较了解,他觉得抗美援朝简直不可想象,中国必定是要被美国人打败的。1950年12月31日中朝军队发起第三次战役,推进至三八线以南50英里处,汉城(今称首尔)被中国人民志愿军第50军与朝鲜人民军第一军团攻占,美国人被赶到三八线以南去了。这在美国引起很大震动,报纸广播连篇累牍报道战争情况。黄士松再次被震撼了,旧中国都是被帝国主义列强欺负,现在共产党领导的新中国一下把美国给打败了,他觉得"中国共产党太了不起了,连美国都能打败,还是共产党厉害,这说明共产党有办法。"[1]

那段时间,中国科学工作者协会UCLA小组经常活动,讨论国际形势、国内情况、中美关系以及回不回国等等。后来中国科学工作者协会UCLA小组的负责人李家治离开了,黄士松被委任为代理小组长,收到洛杉矶分会转来的文件、材料等,就组织大家一起来讨论。后因美国当局进行干涉,1950年年底该会被迫停止活动,小组遂解散。小组虽然解散了,但黄士松的思想却通过这些讨论有了很大转变。

与此同时,黄士松收到了老师朱炳海的来信,告诉他南京大学的最新情况,气象系紧缺师资,希望他尽快回国到南京大学任教,同时还寄来了潘菽[2]校长亲笔签署的聘书。恩师涂长望也写信来,通过程纯枢转告黄士松:新中国成立伊始百废待兴、人才短缺,"为了气象事业壮大发展,盼你们尽快回国"。朱炳海和涂长望真诚的话语、殷切的希望,深深地打动了黄士松的心。

此时,国内气象界也发生了很大变化。

1949年4月20日,人民解放军百万雄师横渡长江。4月23日,南京解放。5月7日,中国人民解放军南京军事管制委员会主任刘伯承、副主

---

[1] 黄士松访谈,2011年10月31日。资料存于采集工程数据库。

[2] 潘菽:心理学家、教育家。中国现代心理学的奠基人之一。中华人民共和国成立后,接任南京大学(调整后的中央大学)校务委员会主席,1951年被任命为第一任校长。

任宋任穷委派市军管会文教接管委员会大专部部长赵卓为中央大学军代表，并负责该校接管事宜。8月8日，根据南京市军管会文教委员会通知，国立中央大学改名为"国立南京大学"。12日，成立国立南京大学校务委员会，由梁希、潘菽、张江树、涂长望等21人组成。梁希、潘菽、张江树、涂长望、干铎、管致中、傅春台等7人为校务委员会常务委员，梁希为校务委员会主席。是年11月，梁希调任中央人民政府林垦部部长后，由潘菽继任校务委员会主席。涂长望还兼任气象系主任。1949年10月13日，陆定一代表政务院领导找涂长望谈话，委托涂长望筹建中央气象局。中央气象局（筹）暂由政务院管。

1949年的深秋时节，43岁的涂长望去向中央大学的同事们告别，此时中央大学已经改名为南京大学。1949年11月16日，涂长望一家一大早就踏上去北京的旅途。12月17日涂长望被毛泽东任命为中央人民政府人民革命军事委员会气象局局长。今后的岁月里涂长望将为新中国的气象事业开创新的篇章。

黄士松出国前所在的中央研究院气象研究所也在抗战胜利后于1946年

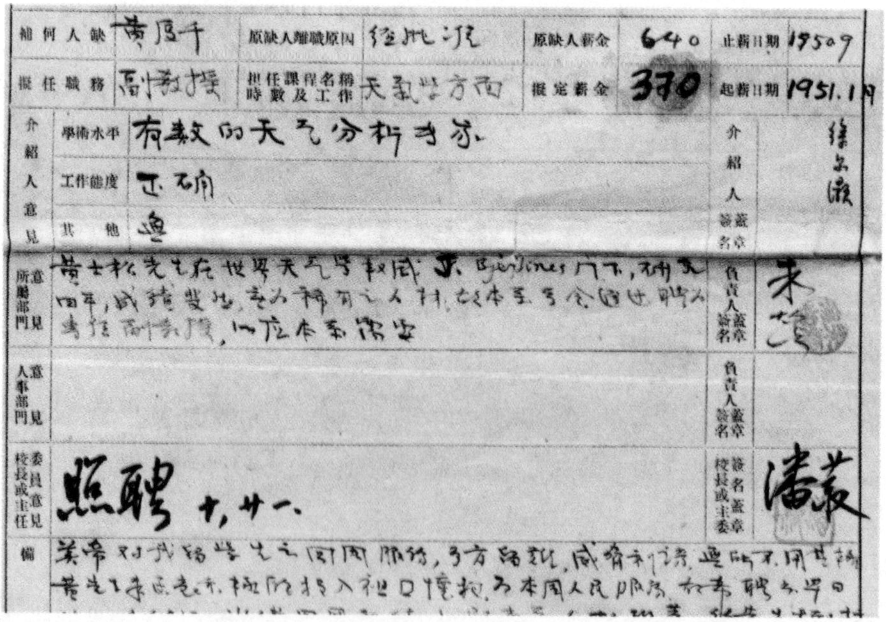

图4-4 南京大学校长潘菽签发的聘任报告

9月回迁南京。1947年1月1日，代理所长赵九章正式就任气象研究所所长。1949年4月南京解放前夕，赵九章顶住国民党当局的胁迫，团结全所同仁，坚决拒绝迁往台湾。1950年5月，顾震潮放弃优厚的学习和工作条件，从瑞典斯德哥尔摩大学回国到研究所工作。1950年6月20—26日，中国科学院在京举行第一次扩大院务会议。会议决定对前中央研究院24个单位接管、合并、调整，决定建立中国科学院13个研究所、一台、一馆。其中气象、地磁、地震等部分合并建成地球物理研究所，对外称地球物理和气象研究所。建所时有四个研究组：天气、物探、地震、地磁组，所址仍在南京北极阁。赵九章任中国科学院地球物理研究所所长。1950年8月27日，叶笃正在美国芝加哥大学取得博士学位后拒绝高薪聘用毅然回国到地球物理研究所工作。

新中国吸引着海外学子的归航。他们满载希望，怀抱建设祖国的理想，纷纷启程，掀起了一股归国潮。黄士松拿着南京大学的聘书，心里自然也难以平静。他不禁想起华罗庚从美国返回中国途经香港时发表的感人肺腑的《致中国全体留美学生的公开信》，想起华罗庚那发自心底的呼唤："朋友们，梁园虽好，非久居之乡。归去来兮，为了抉择真理，我们应当回去；为了国家民族，我们应当回去；为了为人民服务，我们也应当回去；就是为了个人出路，也应当早日回去，建立我们工作的基础，为我们伟大的祖国的建设和发展而奋斗！"面对新中国的需要，亲人、老师的召唤，只要写完论文就可以取得的博士学位的黄士松，义无反顾地踏上了归国之途。

第五章
走上讲台

重返母校

　　1951年3月1日,黄士松与其他三位中国留学生搭威尔逊总统号邮轮离开美国,途经日本,3月23日抵达香港,换船于24日抵达广州。经过近一个月的颠簸终于在广州登岸,回到了祖国的怀抱。在离开广州时,黄士松把行李直接托运到南京,自己抽空回金华老家探望母亲。这是他自1938年离家后第一次踏上故土。经历抗日战争、解放战争和土改,家乡早已物是人非了。抗战胜利后,全家搬回城里,房子里的东西都被洗劫一空。家具都被搬走了,黄士松父亲收藏的很多字画也都没了。土改运动以后,黄家原有的土地已没收分给农民了。黄士松的母亲艰难地支撑着这个家。黄士松回家一看原来住的三个门可以进出的大院子,大多数房间都出租给一个公司了,一家人就靠房子的租金生活。

　　在家小住数日后,黄士松赴南京大学报到。

　　南京,这个风光绮丽的六朝古都,对于黄士松意味着一种新生活的开始。这年他 31 岁，应该也可以"而立"了。

抗战胜利后，中央大学一万二千多名师生于 1946 年初开始分八批返回南京，最后一批师生回到南京，已是 7 月底了。复员后的中央大学规模是战前的三四倍，原四牌楼校舍已不敷使用了，于是决定将学校分为一部和二部，也称为本部和分部。四牌楼为校本部，学校的行政机关和文、理、法、师、工及农学院的一部分设于此；分部设于丁家桥地区，医学院和畜牧兽医系以及一年级新生、先修班学生集中于此，习惯上又称分部为新生院。

图 5-1　1951 年 3 月 1 日搭威尔逊总统号邮轮离开美国回国

复员后，中央大学的教学设置又有了较大的发展。全校设 7 个学院，43 个系（含专修科），26 个研究所，是全国国立大学系科设置最齐全的大学。此时的理学院设数学、物理、化学、生物、地理、地质、心理、气象 8 系。并设有数学研究所、物理研究所、化学研究所、生物研究所、地理研究所、心理研究所，是系、所设置最齐全的。

1944 年气象组从地理学系分出，成立了我国第一个气象学系，黄厦千任首任系主任。先后有黄厦千、涂长望、朱炳海等任气象学系专任教授，赵九章、吕炯任兼职教授。他们都是国内气象界著名的学者，是中国近、现代气象科学的开创人。另外，还有讲师吴和赓、牛天任二人，分别开设气象学、气象观测、天文地理等课。1948 年徐尔灏[①]自英返国受聘来中大气象学系任副教授，曾先后开设动力气象学、气象统计等课。同时又曾聘请当时在国民党空军气象部门工作的薛继勋（1948—1949）担任天气图分

[①] 徐尔灏，江苏江阴人。1939 年毕业于中央大学地理系。1948 年获英国伦敦大学帝国理工学院理学硕士学位。同年回国。曾任中央大学副教授。新中国成立后，历任南京大学教授、气象系主任。

析的教学工作，1949年又聘请了卢鋈、陶诗言开设中国天气、天气学课。在那时，中大气象学系师资阵容强大，开出的课程有普通气象学、天气预报、气候学、长期天气预报、中国气候、世界气候、大气动力学、理论气象、海洋气象等，甚是齐全，国内无匹，国际上也少见。1949年国立中央大学更名为国立南京大学后，涂长望被任命为气象系主任，同年12月涂长望调任中央人民政府军事委员会气象局局长（1953年改为中央气象局，隶属于国务院）。南京大学气象学系主任一职由朱炳海接任。1949年上半年气象学系在校学生有32人。虽然气象系建系较迟，但在黄厦千、涂长望、朱炳海等教授的主持下，已取得长足的发展。

黄士松坐着气象系派来迎接的马车，来到了原中央大学的四牌楼老校区，即新的国立南京大学校本部。只见大门上写着大而劲秀的"国立南京大学"六个大字。走进大门是条宽阔深长的大道，直通到气派而兼具灵秀的圆顶大礼堂，大路两旁排列着粗壮的法国梧桐。道路两旁有许多道路纵横通向各个科学殿堂和活动场所。礼堂左后方是数学系、地理系、土木系、水利系等系科所在之处；左前方致知堂是理学院的科学馆，物理系、化学系、科学报告厅。科学馆前方是生物馆及工学院、文学院等建筑。工学院与文学院之间开有东边门，出门穿过成贤街便是文昌桥宿舍区。礼堂的西侧是大操场，操场西南是南高院即师范学院所在地。大礼堂右前方是图书馆，图书馆右侧是报廊，前面是一片草坪花圃，一年四季鲜花常开。沿着南高师与图书馆后背之间的路往西走，到西平院，气象系与机械系就在那里。西平院后面还有个小气象站，供学生观测实习用。西平院北面是体育馆，再往北便是六朝松、梅庵所在地。西平院与体育馆之间，开有西边门，走西门出去便是进香河，对面是南京地质学校。黄士松受到气象系的热烈欢迎，许多师友闻讯赶来，叙旧话新。此时的气象系师资缺乏，但教学任务却日益繁重。黄厦千已远去香港，涂长望也已去北京。系里只有朱炳海教授、徐尔灏副教授及吴和赓、牛天任两位讲师。天气学课由于没有人教，是请中国科学院地球物理研究所（即原气象研究所）的高由禧来代课的。黄士松的到来正好解了燃眉之急，接任天气学课程。由此黄士松开始了他长达40余年的教学生涯。

1952年，国家对全国高等院校进行院系调整。以南京大学文、理、法三学院和金陵大学文、理两学院为主体，并入复旦大学外文系德文组、震旦大学外文系法文组、同济大学外文组、齐鲁大学天文系及中山大学天文系、浙江大学地理学系气象组，以及四川大学地理学系（1953年10月并入）等，成为一所文理学科型的综合性大学，仍名南京大学。校园自四牌楼迁至天津路原金陵大学校址。南京大学的工、农、林、水、师范学院，与相关高校的有关系科合并，分别独立成为学院，如：南京工学院、南京农学院、南京林学院、华东水利学院、南京师范学院等。另外有些学科如医科、商科、航空等则在此前后独立建院或迁离江苏并入有关高校。自8月21日起，各院校按南京师范学院、南京农学院、南京大学、南京工学院的顺序依次搬迁，有条不紊，至9月中旬顺利结束。10月1日，举行了"南京大学"校门横匾揭幕典礼。10月10日，1952—1953学年的第一学期正式开学。

院系调整以后的南京大学，以人文科学和自然科学为主，设有13个系，即：中国语言文学系、俄罗斯语言文学系、西方语言文学系、历史学系、数学系、物理学系、化学系、天文学系、生物学系、心理学系、地质学系、地理学系和气象学系，另设有工程地质和水文地质、金属非金属矿产地质、矿物分析、气象等4个专修科。专任教师253人（教授86人，副教授26人），在校学生1746人（其中研究生2人，本科生1296人，专科生482人）校园占地面积635亩，校舍面积约3万平方米。

院系调整一定程度上削弱了南京大学的综合性。但气象系却得益于院系调整，在师资力量上得到了加强。通过调整，浙江大学么枕生教授、石延汉教授（曾任台湾气象局局长兼基隆市市长，后到浙江大学任教），齐鲁大学吴伯雄教授等气象方面的教师和学生并入南京大学气象系。除气象学专业外，还设立我国最早的气候学专业。气象学专业由徐尔灏教授为教研室主任、黄士松为副主任，气候学专业由么枕生教授主持教研室。此时的南京大学气象系可谓是兵强马壮。

然而院系调整后，当黄士松跨上讲坛，望着那一张张朝气蓬勃的红润脸庞时，在压抑不住的欢欣中也掺杂着几分疑惑。历史，竟有如此惊人的相似之处。1952年刚开学后的南京大学气象系，通过全国统一招生和考试的办法，录取了第一批新生。教师们看到这百多个英姿勃发的青年人，不由得笑逐颜开；而他们对于教师，却似乎有所抱怨。热心肠换来的是冷面孔，黄士松好生奇怪。

原来，这些学生大都是以报考航空工程系为第一志愿的。苏联"无脚飞将军"的传奇故事在当时的中学生中广为流传，勾起了青年们对蓝天的向往。谁料到，一枕美梦犹酣，希望就被一纸通知书击得粉碎。报考航空工程系，录取的竟是气象系，堂堂高等学府里一个最不起眼的小系！几个调皮的学生还援引当时社会生活中的新名词，说是要抗议"包办婚姻"呢！

也许是因为有过相似经历的缘故，黄士松颇能理解这些学生的心境。祖国的第一个五年计划即将开始，哪个青年不在给自己的未来涂上幻想的色彩呢？但是，新中国也急需一大批高级气象技术人才。黄士松向学生们讲述了竺可桢等前辈气象学家为从帝国主义国家手中夺回我国气象事业自主权而斗争的艰辛，讲述了自己在气象研究道路上经历的曲折和坎坷。他还给同学们讲自己大学转专业的故事。"科学的道路是不平坦的，科学的进步是无止境的。中国的科学家应当一代胜过一代。否则，社会就会倒退，国家也不可能富强！"这些语重心长的话语令学生动容！

涂长望就任中央军委气象局局长后，大力推进气象事业发展，对气象专业人才的需求很大。涂长望除了在气象局内部举办各种训练班来满足人才需求外，还十分倚重高教系统在培养气象人才方面的作用。为快出人才、多出人才，他与北京大学和南京大学商议一方面扩大本科生招生名额，另一方面增设专科班，培养2年制、3年制的专科生，尽快毕业参加气象部门的建设工作。这样，南京大学气象系培养气象专业人才的任务也加重了。专科、本科加起来一年要招几百个学生。

黄士松的工作任务也十分繁重，经常晚上都在上课。不但要讲课并且还要把实习预报台建立起来。当时学生实习用的天气图印刷很困难，上百个同学的实习问题怎么解决呢？黄士松找到UCLA同学谢光道。此时谢光道已回国，在中央军委气象局工作。他主持中央军委气象局一个气象预报员训练班的培训工作，他们的条件好一些，有专门的印刷机印制天气图，谢光道帮助黄士松解决了学生实习用的天气图。黄士松白天讲课，晚上赶着分析一套一套的天气图，分析好之后交给助教，再和助教分别去辅导学生。

图 5-2 黄士松指导学生画天气图

黄士松的学生，曾任南京大学党委书记的陆渝蓉回忆道："黄士松先生连博士论文答辩都等不及，就不顾一切漂洋过海回到祖国来母校任教'天气学'。天气学是气象系的重头课，是大三下学期上的，一周有两个上午（每次两节课）讲天气变化和分析预报原理，四个下午和盛承禹先生一道指导天气预报实习。黄先生讲课特别认真热情，恨不得把自己所有知识都掏出来传授给学生。他总是早到迟退，前面一下课他就进教室，该下课了还要拖堂，常常使同学赶到食堂已买不到荤菜，因而有同学开玩笑地对教务员建议能否将黄先生的课排在第一、二节，以免同学午饭吃不到荤菜没有油水。50 年前还没有计算机和电脑，天气分析预报要靠逐个时间绘制出的天气图内插外推。一张天气图有两三百个站点，每个站点要填八九个气象要素观测值，填图时首先要查看资料的真伪，画等值线时除了气象数据，还必须考虑气候背景和地形条件，一张天气图画好了，还得根据前几个时间的天气图进行对比分析，才能作出预报。没有扎实的知识和丰富的经验是准确不了的。开始实习时同学们常出现等值线交叉，高低气压区与风向风力不一致等可笑的错误，是黄先生和盛先生不厌其烦，耐心仔细地为我们逐一指出修正，才使我们能够较好地胜任天气分析预报工作。"[1]

---

[1] 陆渝蓉：半个世纪的情和爱——回忆我在南大的学习生活。http://www.nju.org.cn/html/ndxywtx/2002ncjh/dxcq/1.html。

1956年，气象系院系调整后的第一批学生毕业了。留在系里当助教的有12人，其中伍荣生、包澄澜、金汉良、蔡则怡、余志豪、林元弼等到了黄士松主持的天气动力教研室。他们个个跃跃欲试，急待在科研和教学中一试身手。黄士松却为他们安排了一项意想不到的任务——补课，补数理基础。他说，如果你们有志气，想在某个专业领域中超过前人，一个必要的条件就是在掌握基础知识的广度和深度上超过前人，站在巨人的肩上，不是更容易登攀高峰？"一个坏的教师奉送真理，一个好的教师则教人发现真理。"黄士松身为师长，自然以传道授业解惑为己任，但他不仅传授知识，还倾注全力传授做学问的学问①。黄士松认为要在气象这个专业做出成绩，有两点最为重要，一个是坚实的数理基础，一个是天气学实习的经验，也就是理论和实践的结合。黄士松把伍荣生派到武汉气象台，把包澄澜派到广州气象台去实习，希望他们首先在气象业务第一线去磨炼自己。

思想改造与反右

1951年11月30日，中共中央发出"关于在学校中进行思想改造和组织清理工作的指示"，明确了思想改造运动的目的、作用、步骤。第一次知识分子思想改造运动在中共中央的部署下，广泛地开展了起来。大多数教师属于朴素的爱国主义者，他们厌恶国民党腐败政权下的生活，希望落后的祖国获得新生，将自己的命运交给共产党。大学所有教员都要面对这场"思想蜕变"运动，彻底检讨批判自己思想中的"三美"（亲美、崇美、恐美）主义。1952年3月，按照华东教育部的部署，南京大学知识分子思想改造运动轰轰烈烈地开始了，全校停课，师生员工3700余人参加了思想改造运动。教职人员人人"洗澡"，一一"过关"。"洗澡"即思想改造的形象说法。当时的指示是："尽量用热水烫这些人，只要烫不死就成。"学

---

① 伍幼威：大风起兮云飞扬——记天气动力学家黄士松．《科学家》，1985年第4期，第5页。

习运动分为三个阶段，第一阶段学习文件，划清资本主义与共产主义的界限；第二阶段采用批评与自我批评的方法，进行个人检查对照；第三阶段为思想总结。

黄士松这样的从海外美帝国主义国家留学回来的显然在要用"热水烫"的人之列。要"过关"也自然没有那么容易。在普遍"洗澡"之前，党组织、学习委员会先要把教师们排队，根据他们问题的多少与严重程度，确定洗"大盆"、"中盆"或者"小盆"：洗"大盆"的在全校大会上作检讨；洗"中盆"的在全系大会上作检讨；洗"小盆"的则在小组会上做检讨。初步确定之后，要先开"控诉酝酿会"，背着要检讨的教师，在群众中收集他的材料，看他如何宣扬所谓的资产阶级思想、有什么资产阶级生活方式等，然后向他本人转达，要求他写出检讨报告或者发言提纲，先作启发报告或典型示范报告。在检讨大会上，个人检讨之后，群众提出批评，然后决定是否过关。问题轻、态度好的，一次通过；问题重、检查不够深刻的，要再三检讨，或"澡盆"升级。对那些有抵触情绪或"顽固不化"的人，要开展群众性的反复批斗，直到认罪为止。"过关"检查一般都要将"恶习不改"、"厚颜无耻"、"下流卑鄙"等所有最恶劣的词像一桶垃圾一样，倒在自己头上，方能表明自己态度之诚恳。检查完毕一般还要泪雨滂沱，最好能失声痛哭，这样一次"过关"的成功率会大大提高。

大诗人聂绀弩有两句名诗："文章信口雌黄易，思想锥心坦白难"，说的就是检讨时内心巨大的痛苦。政治高压下的群众性运动如同一张不可逃遁之网，限制着人们的抉择和出路。在这种高压的环境中，绝大部分的教师对自己或自己过去所受的教育、所从事的工作进行了千篇一律的清算。他们"否定过去"，"从头学起"，"检讨自己"，批判自己的"崇美思想"、"为反动统治阶级服务的教育思想"、"反动买办思想"、"剥削思想"，检查自己的"清高思想"、"追求教授名位的思想"等等。他们按照所学文件的精神检讨反省自己，大量地重复使用着政治性色彩很强的官方语言[①]。

---

① 李杨：新中国成立后第一次思想改造运动的前前后后。《中国社会导刊》2004 年第 11 期。

黄士松在自己的"思想总结"中写道：①

过去二十余年来，在自己出身阶级和立场的基础上，接受了国民党的党化教育和资本主义、美帝国主义的奴化教育。结果，使我从未正确地看清楚过任何一件事情，一直混淆是非、颠倒黑白而不自知。三反和思想改造运动终于把我的眼睛打开了，使我明确了阶级立场，划清了敌我，明辨了是非。使我认识到自己过去的一切，无论是政治思想上及工作作风和态度上的愚昧、错误和它的危害。使我认识到自己今后应该怎样努力做人，为祖国人民的革命事业而奋斗。

经过这次思想改造，我深切地痛恨自己过去思想言行的错误、丑恶和它的罪过。同时我也深深地遗憾自己为什么不早早能接触到并接受了一些正确的进步的思想，使自己不致于有这般多的错误、丑恶。因此，我异常地痛恨自己所出身的阶级，痛恨自己为什么偏偏出身于一个可诅咒的地主阶级。

通过这一次思想改造学习，我深切地感谢共产党对于旧知识分子的爱护。他们完全抱着大公无私的精神，代表中国民族及中国人民的整个利益，以治病救人的态度，苦口婆心，诚恳地不断启发、鼓励和说服。要旧知识分子丢掉污臭包袱，重新做人，为新中国的建设而努力。这一切使我感激，使我感动，并终使我感到共产党是我们自己每一个人的党。我感到共产党最友爱最热烈的温暖，任何一个有良心的人绝不可能再自暴自弃的了。

这一次运动，使我体会到共产党政策的正确伟大。在自觉的基础上，思想是可以改造的，新的崇高的人生观是可以建立起来的。因此，我体会到只有在共产党的教育下、领导下人心才能由丑恶变成美丽，社会才能由黑暗奔向光明。

这次思想改造学习，使我彻底认识到了真理。然而，没有行动，真理只是美丽的谎言，我一定要把认识变成自己的思想而发挥为行

---

① 黄士松思想改造学习总结。现存南京大学档案馆。

动，真正做到脱胎换骨，重新做人。只有这样，才能全心全意为人民服务，为共产主义社会的建设而奋斗；只有这样，自己也才能获得人生崇高的意义。因此，在这次思想改造的胜利基础上，为了逐步提高自己，第一，我一定要无条件信任组织，服从组织分配。组织上分配我到哪里我就到哪里，组织要我做什么我就做什么。我要把最大多数人民的最大利益放在第一位，我决不斤斤计较自己个人的利益和地位。我体会到优越地做好组织分配我做的任何工作，不论是高是低，不问是大是小，只要是人民所需要，只要对革命建设事业有一定的利益，自己的工作就有意义有价值，也就是光荣的伟大的。第二，我一定要靠拢组织，努力学习马列主义和毛泽东思想。在我回国后的十六个月中，从所见所闻、阅读文件、学习运动的经验里，我体会到只有马列主义毛泽东思想才能告诉我们正确的立场观点和方法，才能使我们克服一切困难完成任务。因此，为了积极继续改造自己，站稳立场，建立起革命的人生观，我一定要靠拢组织，在伟大的共产党领导下、教育下，努力学习。第三，我一定要依靠群众，结合实际，运用批评与自我批评在一切政治运动、教学工作及生活实践中锻炼自己，提高自己，贡献出所有力量，为共产主义建设而努力。我深深体会到群众的眼睛是雪亮的，群众的力量是伟大的，脱离群众，个人只是无力的弱者。任何事情，一定要结合实际，依靠群众，发挥批评与自我批评，才能发掘出错误，才能看清真理，才能做到为人民服务，而不至于危害了人民的利益。

尽管当时的思想改造运动不可避免地带有左的倾向和做法，但通过黄士松的思想改造总结我们可以看到，黄士松，一个为了祖国建设而放弃获得博士学位机会的爱国知识分子，向党向祖国献上的是一颗赤诚的红心。

这次学习运动旨在帮助知识分子在政治上划清敌我界限，在思想上肃清资本主义和封建买办思想的影响，在思想方法上克服唯心主义和形而上学，扭转脱离实际、学用脱节的倾向，树立为人民服务的新的世界观。虽然这次思想改造学习总体上还是健康、稳妥、有成效的，但与 1950 年至 1951 年的政治学习相比，却显然存在某些简单、粗暴、过头、过火的地方，比如搞人人“洗澡”，个个过关；搞“思想改造展览”；在某些系科中对一些教授的个人研究选题，如生物系某教授对蚯蚓的研究、园艺系教授对《红楼梦》中大观园园林艺术的研究，未加科学的实事求是的分析，就扣以“资产阶级”的帽子，并大张旗鼓地组织批判。这些做法，挫伤了部分知识分子的积极性，也开启了那种把阶级斗争扩大化的“左”的倾向。

1952 年秋，思想改造运动基本结束，全国高校教职员工的 91%、大学生的 80% 接受了“思想洗澡”。这次运动，是新中国成立以来规模最大的一次马列主义普及运动，从此，马克思主义作为一种意识形态，逐渐实现了对中国社会意识的整合，成为国家的主流意识形态。这就为随即在全国推行的院系调整打下了思想基础。1952 年 9 月 24 日的《人民日报》社论指出：“两年以前，在全国高等教育会议上即曾提出院系调整的问题，但是两年来这一工作很少进展。这主要是因为许多教师在思想上还严重地存在着崇拜英美资产阶级、宗派主义、本位主义、个人主义的观点”，“思想

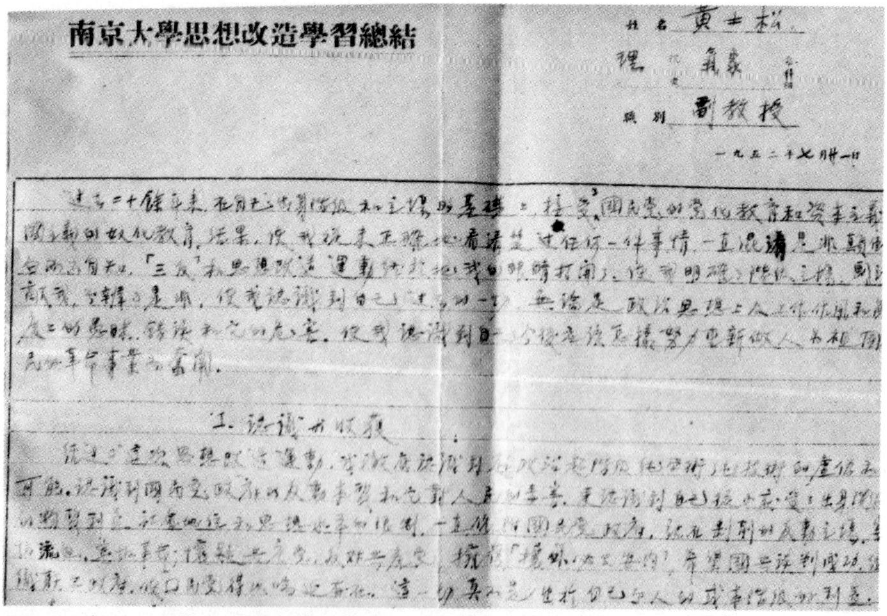
南京大學思想改造學習總結

姓名 黄士松

職别 副教授

一九五二年七月卅一日

图 5-3　黄士松的思想改造总结报告

改造运动以后","就有条件和可能把院系调整工作做好了"。历经一年的思想改造运动接近尾声时,即1952年的夏秋之间,中央人民政府教育部的大学改革宏图开始付诸实践,全国性的院系调整轰轰烈烈地开始了。

组织对黄士松在思想改造运动中的结论是"思想改造时暴露比较大胆,表现比较好。对美式生活很留恋,崇美思想很重。"黄士松就这样还算比较平稳地度过了人生中第一个政治关。然而令黄士松没有料到的是,其后的政治运动会一个一个接踵而来。

1957年4月27日,中共中央发布了《关于整风运动的指示》,决定在全党进行一次普遍的、深入的、以正确处理人民内部矛盾为主题的反官僚主义、反宗派主义、反主观主义的整风运动,以提高全党的马列主义水平。南京大学从5月13日起,校党委和校行政先后14次召开帮助整风的鸣放座谈会,共邀请全校207名教授、副教授,100名讲师、助教参加座谈。与会者响应党的号召,本着知无不言地鸣和放的精神,揭露了学校和教育主管部门的官僚主义、宗派主义和主观主义等方面的问题,诸如学习苏联生搬硬套,不结合实际;党政不分,学校各级行政领导有职无权;师资培养工作上的宗派主义倾向;党群关系、领导与被领导之间关系的矛盾与隔阂;学校某些领导人严重脱离群众的作风问题等。当时党外的一些著名教授陈中凡、韩儒林、范存忠、何如、蒋孟引、郑集、耿以礼、陈义、李学清、李海晨、戴文赛、莫绍揆、曾远荣、戴安邦、朱炳海等都应邀在座谈会上发言。与此同时,党委还号召全校教职员工都来帮助党整风。5月18日,南京大学校刊以"春风已吹到南京大学"为题,报道了北方学校鸣放情况。下旬,所谓"北方初夏的暖流"频频南下,传来了北方高校鸣放的消息。于是学生们鸣放的积极性被调动起来。5月30日,中文系两名学生率先在北园校门口贴出大字报。这样继北京大学之后,出现了南京大学的"民主墙"。这一天就贴出大字报500多张,有论文、杂文、漫画、诗歌等,开始出现群众性的自发的鸣放热潮。以后几天,大字报越贴越多,从北园到南园以至校门外的大路两旁,满墙皆是,看大字报的人川流不息。许多大字报的鸣放内容是善意的。但也出现了一些并无事实根据、无中生有、乱扣帽子、不符合社会主义利益的大字报。

然而，整风运动很快转变为反右运动。1957年5月15日，毛泽东就在《事情正在起变化》一文中提出，"党外知识分子中，中间派占70%左右；左派占20%左右；右派占10%"。6月6日，中共中央发出"关于组织力量反击右派分子"的指示，同日《人民日报》发表了题为《这是为什么》的社论。于是全国范围内开始了反击右派的斗争。6月19日，南京大学工会发布告全体会员书，号召会员积极行动起来，打击右派分子的猖狂进攻。26日，学生会作出决定，要求同学们积极参加驳斥右派言论的斗争，学校各民主党派也纷纷集会，表示决心投入反击右派的斗争。全校师生员工于20日开始，重新学习《关于正确处理人民内部矛盾问题》一文，强调要明辨是非，划清界限。6月24日，召开全校大会，由孙叔平副校长代表党委作反击右派的动员报告。其后，全校师生展开了对鸣放中错误言论的批判。这些错误言论，许多是同当时全国出现的错误思潮相联系的。如认为产生"三大主义"（即官僚主义、宗派主义、主观主义）不单是个人思想作风问题，而与制度的缺陷有关；"学校以教师为长"，应实行"教授治校"，历次政治运动是侵犯人权，应予澄清；马列主义课程应当列为选修课等。此外，也有南京大学自己的特殊问题，如认为院系调整害了南京大学，"把一个好端端的南京大学，打得五老七伤，断腿残足，人走楼空"。7月上旬，全校掀起反右斗争高潮，至7月14日，斗争暂告一段落。暑假进行休整。从10月10日开始，又分"两路（校、系）进军"，继续斗争；至11月14日，宣告反右斗争结束。

南京大学在反右斗争中，也错误地将一批由于对个别党员不满、提的意见比较尖锐激烈的人以及对某些重大政治问题发表了某些不同看法的人，都视为是反对党的领导和社会主义制度，把他们错划为右派分子。黄士松的恩师朱炳海在这次反右斗争中作为九三学社的代表被邀在座谈会上发言，由于心直口快对当时党内及社会上和学校里存在的一些问题进行了尖锐揭露，差点被划为右派分子。到1959年"大跃进"期间，他又针对当时甚嚣尘上的所谓"一天等于20年"提出了严厉的批评，"一天就是一天，等于20年那还了得？！"遂被认为是同党唱反调，还被撤销了系主任职务。

朱炳海是竺可桢先生的高足，1931年毕业于中大地理系。他秉性耿直、勤奋，又十分热爱气象科学。毕业后，至中央研究院气象研究所工作，主要从事气象观测与天气预报业务，并发表了一系列科学论文，如："霜之研究"，"海洋与天气"，"寒潮"，"气团分析热力学"，"洛氏曲线之缺点及其补充"等。

1936年，应胡焕庸先生邀请，朱炳海回中大地理系任教。讲授气象学、气候学、天气预告、理论气象等课程。抗日战争爆发，中大迁至重庆。在硝烟弥漫、生活艰苦的条件下，朱炳海仍严谨治学，坚持科学研究；教书育人，孜孜不倦；支持气象学科独立建系，不遗余力。他的讲课特点是：理论联系实际，旁征博引；课堂上经常使用气象地理挂图，看图释义，分析透彻。黄士松还记得他在解释气候的定义时说："气候是天气的综合，而不应是天气的平均。举一个简单的例子，便可明白。上海与昆明多年平均近地面气温皆为14度（摄氏），而两地的气候却迥然不同：前者（上海）冬季寒冷，盛行偏北风，夏季温高湿重，多西南风或东南风，受台风袭击，属北温带湿润季风气候；后者（昆明）四季如春，终年不见冰雪，属亚热带高原气候"。同学们常说："听朱师的课，受益匪浅，沐惠教泽，如坐春风……"

他根据多年来的教学实践，编写成三十余万字的《普通气象学》一书，是国内出版的第一部气象学教材（由上海商务印书馆，1946年出版），在当时气象界交口称赞。朱炳海在40年代就发表重要论文（1）中国冬季长江类气旋的几点特性[《气象学报》，18（1-4），1944]；（2）本国锋之消长与气旋[《中央气象局丛刊》，2（2），1945]。后者获1944年国家科研二等奖。当时竺可桢先生批语为："此文乃划时代之作，应予奖励。"[1]

朱炳海一贯热爱气象教育事业，为人真诚耿直，尊师重道，关爱学子。任气象系系主任后，他积极延聘名师赵九章（兼职）、叶笃正（兼职）、陶诗言（兼职）、朱岗昆（兼职）以及从国外归来的知名学者，如：黄士松、陈其恭等；加上原来在校教授徐尔灏、浙大来校教授么枕生、石延汉，齐

---

[1] 邹进上：缅怀朱炳海教授。http://blog.sina.com.cn/s/blog_4b0a1d1d0100cq1m.html。

鲁大学来校教授吴伯雄，全系共有 11 位教授，3 位讲师。当时，气象系隽彦荟萃，极一时之盛。继而购置仪器图书，恢复观测场，一派活跃发展态势。涂长望教授从北京写给朱先生的信说："君在大学任教多年，情况熟悉，经验丰富，学识渊博，德高望重，系主任之职，非君莫属。"①

朱炳海在担任系领导的同时，还亲自为学生讲授气象学、气候学。

朱炳海热爱党、热爱社会主义祖国。1952 年，朱炳海参加九三学社。他说：参加的目的在于弘扬自然科学，让气象更好地为国家建设服务。并介绍自己心爱的学生黄士松参加九三学社。他十分热心气象教育，勤俭办学，公私分明，不以权谋私。他常说："一粥一饭，当思来处不易，半丝半缕，恒念物力维艰（《朱子治家格言》）。"又常对学生说："竺可桢先生私人写信，从不使用公家的信纸信封。"他家中生活简朴，却关怀困难学子与同事。他襟怀坦白，光明磊落，始终不讲半句假话。现在却因为说了真话，受到了极大的冲击与污辱，险被打为"右派分子"，黄士松自然是十分不解。在他眼里朱炳海既是可敬的老师，又像是一个慈祥的兄长，处处关怀着自己的成长。

黄士松在整风初期也是一如既往地响应党的号召，诚心诚意地提意见，改进工作，促进发展，大家都是这样。"哪晓得一下子变成钓鱼了。我还好，转变得快。比较快地不放了。有许多不断放的人就出问题了，很多被打成右派了。"

黄士松又躲过一劫。组织对他的结论是"整风鸣放时曾发表一般不满言论，无严重政治问题。""整风中划为中间。""反右一般能参加。"②

紧接其后，1958 年初，根据上级指示，南京大学又开展了以勤工俭学为主题，从反浪费入手的竞赛活动，后来逐步发展为办好社会主义大学，支援工农业生产，提前实现农业发展纲要的社会主义竞赛活动。同年 3 月，中央号召开展以反浪费、反保守为内容的"双反"运动，猛轰"三风"（官僚主义、宗派主义、主观主义）、"五气"（官气、阔气、暮气、娇气、骄气），全校再次掀起鸣放高潮，贴出大字报 145 万张，全面揭发学

---

① 邹进上：缅怀朱炳海教授。http://blog.sina.com.cn/s/blog_4b0a1d1d0100cq1m.html。
② 黄士松访谈，2011 年 10 月 31 日。资料存于采集工程数据库。

校的浪费现象。其后,便又在"兴无灭资"的口号下,开展了"搞臭资产阶级个人主义"、"向党交心"和"拔白旗、插红旗"的运动,把教师埋头钻研业务也错误地当作走"白专"道路来批判。最后,在对所谓资产阶级个人主义批深批透的基础上,落实到人人制订红专规划。这场运动在当时被看作是"知识分子的一次深刻的自我革命"。朱炳海在这次"拔白旗、插红旗"的运动中又不幸被定为"白旗",动员系里揭发批判。黄士松不得不参加对恩师的批判,然而内心却十分矛盾和痛苦。组织对他的评价是"系里拔白旗朱炳海斗争,尚能参加。"[1]

多年后,黄士松回忆说道:"我后来想想,过去我受冲击不大,与我宿怨不多有关。好比讲待人,我首先想象别人都是好人,一起相处发现人家不好时,再同他疏远一些。另外有些同志呢相反,说一开始就要把人看成坏人,要防人家,这样子自己才不会吃亏。这也蛮有道理的,但是我做不来,宁人负我,我不负人。这样我在社会上,树敌不多,很少关系搞不好的,在学校也如此,对老师对同学比较好,所以人家一直对我也是这样。另外,我也比较"识时务",及时改变,避开陷阱,这一点和我少受冲击可能更有关系。"[2]

师　生　情

朱炳海对自己从美国召回的黄士松很满意,同时在工作中尽可能地帮助他,为他创造条件。朱炳海虽然对黄士松很爱护,但另一方面,对黄士松的要求也比较高,许多新课开课时都让黄士松去打头阵,这也是对他的信任。继天气学之后,又相继让黄士松开了中长期预报、大气环流。黄士松是在全国最先开出大气环流课程的,并且编写了全国第一本《大气环流》讲义。朱炳海还给黄士松配了研究助理、填图员、统计员,让他有更

---

[1] 黄士松小传。现存南京大学档案馆
[2] 黄士松访谈,2011 年 10 月 31 日。资料存于采集工程数据库。

多的时间腾出来做更重要的工作。

此时,远在北京的另一位恩师涂长望也一直惦记着自己的这位得意门生。黄士松还在美国时,涂长望就通过程纯枢转达,希望黄士松到中央气象局去工作。涂长望捎信给黄士松,要他到北京去看他。

1951年的暑假,黄士松带学生到中央气象台实习。军委气象局中央气象台于1950年3月1日成立。刚成立的中央气象台,坐落在北京西郊北京动物园旁的畅观园,是原国民党政府华北观象总台,1949年3月由人民解放军华北军区航空处接管,改称华北气象台,后于1950年2月移交军委气象局,中央气象台就是在华北气象台的基础上扩建而成的,这也是新中国的第一个气象台,冯秀藻[①]为第一任台长。建台初期,下设机构有预报组、电信组、观测组和机要组,全体工作人员只有40多人。

中央气象台建立初期,解放战争虽已结束,但东南沿海一带的岛屿尚未全部解放,还有西南剿匪、进军西藏和之后的抗美援朝,都要求有准确的天气预报为军事需要服务,特别是为空军提供服务。加上中央气象台除

图5-4 黄士松(前排左一)与顾震潮(左二)、陶诗言(后排右三)等合影

---

① 冯秀藻,教授。湖南长沙人。1941年毕业于中央大学地理系。1946—1947年赴美国进修。中华人民共和国成立后,历任中央人民政府人民军事委员会气象局技正、中央气象台负责人、中国科学院地球物理所与军事委员会气象局合组的联合天气分析预报中心主任等职。1960年参加筹建南京气象学院,任农业气象学系主任等职。

了预报全国天气外，还要担负为全国各级气象预报员提供天气分析任务，这就迫切需要有足够数量的高水平的气象预报人员。为此，气象局涂长望局长和中国科学院地球物理研究所赵九章所长磋商，决定在军委气象局建立"联合天气分析预报中心"（简称"联心"）和"联合资料室"（简称"联资"）。1950年11月27日，"联心"正式成立，冯秀藻任主任，顾震潮、曹恩爵任副主任。"联心"的成立，使中央气象台的科技人员的阵容变得相当强大，当时参加"联心"工作的有来自中国科学院地球物理研究所的杨鉴初、刘匡南、章震越、朱抱真等以及来自清华大学气象系的谢义炳、张丙辰，以及原来就在中央气象台工作的章淹、陈玉樵、李明熙、牟惟丰等。可以说，这时的中央气象台已聚集了全国一批第一流的天气学家和预报专家。涂长望局长给予了很高的评价："它每天所绘出来的图，在种类和数量上，都可以和任何国家中央预报机构相比。"黄士松带学生到中央气象台实习，对学生的帮助很大，使他们熟悉预报业务，毕业后能尽快投入到业务第一线。"联心"的专家们亲自指导前来实习的学生，以带徒弟的方式使实习人员尽快熟练掌握各项天气预报的基本技能[①]。

黄士松借此次进京机会，来到了中央军委气象局看望自己的恩师涂长望。师生再度相见，自是十分高兴。涂长望和张乃召一起招待了黄士松，黄士松介绍了南京大学的近况以及自己在南京大学的工作和生活情况。涂长望勉励他教学研究两不误，好好为新中国的教育事业和气象事业努力工作。

1953年11月至1954年2月初，应中国科学院地球物理研究所所长赵九章的邀请，黄士松再次来到北京参加该所的中期预报研究，同时到中央气象台工作一段时间，搞协作研究。此时，为了使气象工作更好地为国民经济建设服务，全国各级气象部门从军队建制转入政府系统建制，军委气象局改称"中央气象局"，中央气象台也已从动物园的畅观园迁至现中国气象局大院的一栋新落成的"红楼"[②]（后为中国气象科学研究院所在，现已拆除）。"联心"也由顾震潮任主任，陶诗言任副主任。

[①] 裘国庆：《国家气象中心50年》。北京：气象出版社，2000年。

[②] 同①。

第五章　走上讲台

黄士松正准备开中长期预报、大气环流课，他想正好一边参与研究，一边在研究所里收集一些参考资料，为开设中长期预报课做资料积累。在中央气象台期间黄士松和杨鉴初同住一屋，白天杨鉴初去上班，黄士松就在房间看书做一些研究工作。有时候黄士松也去参加天气预报会商，涂长望也叫黄士松发表发表意见。也就在这个时候，黄士松开始再考虑大气环流与天气变化的问题。

1954年的春节黄士松是在北京度过的。除夕，陶诗言在家里招待了黄士松，顾震潮还拿来了年糕。三个老同学聚在一起把酒言欢，畅谈工作和一些待研究的问题。

协作研究即将结束，黄士松来和涂长望告别。涂长望问黄士松对中央气象台的工作有什么看法，黄士松提了两个建议，一是在做天气预报时应该考虑一些统计结果，这样在具体的要素预报时就比较有根据；二是建议中央气象局要有自己的研究所，他认为气象局的研究所和中国科学院地球物理研究所的定位不一样。气象局的研究所要研究和业务紧密相关的问题，而中国科学院地球物理研究所的研究内容则应以基础研究为主，侧重点不一样。这样有利于气象局的业务发展和预报水平的提高。涂长望觉得黄士松的两条意见很有道理，他也希望高校的老师能参加中央气象局的科研工作，他特别指出希望黄士松在寒潮和梅雨的研究方面做一些工作。

1955年2月21日，中央气象局和中国科学院地球物理研究所洽商，撤销"联心"、"联资"，拟在今后重新合作，合作重点转向对中国天气、气候及中长期预报的研究。

1956年8月1日，在中央气象台的基础上成立了"中央气象科学研究所"，对外仍称"中央气象台"。增设"天气预报研究室"，主要是加强天气预报方法的总结、研究和技术交流，以提高天气预报的准确性和延长预报时效。1960年9月15日，正式成立中央气象科学研究所，与中央气象台分开。中央气象台承担短期和中长期天气预报业务，所有预报方法的研究及其他科研任务都划归中央气象科学研究所。中央气象科学研究所即是现在的中国气象科学研究院的前身[1]。

涂长望希望利用高校的研究力量来解决气象业务上的一些科学问题。因此他主张中央气象局要与北京大学、南京大学、北京农业大学在气象科学研究上展开合作。1955—1957年间，南京大学气象系与中央气象局合作，进行"中国雨量的长期预告"及"中国的寒潮"两项研究。黄士松重点研究长期预报的问题。

1959年12月8—12日，黄士松再次来到北京参加中国气象学会和地球物理研究所联合召开的全国大气环流学术会议，会议着重讨论长期天气预报的途径和方法。这是气象科学的一次重要的学术会议，会议分两个会场，一个会场交流讨论长期天气预报问题，一个会场交流讨论大气环流问题。黄士松在长期天气预报和大气环流方面各有一篇文章提交交流，但分身乏术，他只能在大气环流分会场作学术报告。他报告的主题是副热带高压南北移动某些特征的初步探讨。竺可桢也来参加会议，令黄士松十分遗憾的是自己的恩师涂长望因病未能来参加这次学术盛会，不能亲耳聆听到自己在副热带高压研究方面开创性的工作介绍。

原来，从1958年4、5月间涂长望就发现自己的健康状况已不如前了。在全局干部到南口植树时，他走山路就觉得不稳，有些摇晃。但涂长望对自己的身体没有在意，也没去检查和治疗。

1958年9月22日涂长望一行离开北京，到内蒙古、山西考察、检查工作，历时38天，于1958年10月28日回到北京。回到家里他就病倒了。医院检查的结果，脑子里有瘤，是良性的。但病变部位在脑干。脑干，包括中脑、脑桥和延髓。脑的这一部分不很大，是被大脑和小脑包围着的。中脑的主要部分是视叶，它是视觉冲动的传递中枢。脑桥和延髓是连成一体的，内部有大量横走的神经纤维连接着小脑的两个半球，还有许多纵走的神经束联系端脑、间脑、中脑、延髓和脊髓。延髓是后脑的小部分，后脑的大部分是小脑。延髓在脊髓和脑的其他部分之间传递信息，支配自律功能，如心搏等。小脑控制平衡和协调随意运动。涂长望的病征表现为视

---

[1] 裘国庆：《国家气象中心50年》。北京：气象出版社，2000年。

力变坏和行动不稳，当是肿瘤压迫到了中脑及小脑。协和医院诊断出的病变部位准确。九三学社有不少医道高明的医生，涂长望的大哥涂登榜也是有名的大夫，他们都来看望和诊视，对涂长望的病情认识准确。但当时国内、国外对这种病都没有有效的治疗方法。领导上曾联系去苏联治疗，鉴于当时的医学水平，认为出国治疗不一定比在国内好，也就作罢。

涂长望的病与精神压力和过度劳累不无关系。为了让涂长望局长更好地养病，同志们又联系好杭州的空军疗养院，准备过完春节就去。1959年夏，涂长望结束在杭州的疗养，回到家里稍作安顿之后，就去了办公室。他又坐到了那久违的写字台边。一年没工作，他难受极了，他想把失去的时间补回来，他忘了自己的身体，也忘了医生的告诫。

涂长望病痛在身，走路摇摇晃晃，仍是每天坚持上班。头痛得厉害，就靠在沙发上歇一歇。视力不行，就让秘书念文件，他听完后作口头指示，由秘书记录传达。

涂长望的病为渐进性疾病，身体状况越来越差。

会议期间，黄士松抽一个下午的时间去涂长望家探望病休在家的他。此时涂长望病情已经比较严重，他的右眼已经不能聚焦，只能靠左眼吃力地看书看报。走路已不自如，他的手行动起来也不协调，颤颤抖抖，运笔写字也是歪歪斜斜的。但涂长望的脑子依然十分清楚。涂长望告诉黄士松自己的病情以及治疗的情况。黄士松简要汇报了学术会议的情况，重点讲了自己在探索长期天气预报方法方面的一些发现和成果以及在副热带高压研究方面的一些新发现等。涂长望听了十分高兴，他认为探索长期预报的各种方法有助于提高预报的准确性，而对副热带高压活动规律的研究对搞清楚我国夏季降水规律具有十分重要的意义。涂长望很赞赏黄士松的研究工作，希望他在副热带高压研究方面做更多、更深入的研究。

黄士松心中有许多话要和恩师诉说，也有许多科学问题要和恩师一起探讨。但看到涂长望被疾病折磨成这样，不忍过多打扰他休息，心中依依不舍地起身告别。黄士松多么希望恩师能尽快好转起来，然而令黄士松意想不到的是自此一别竟成永诀。

1962年6月9日早晨5点53分，涂长望与世长辞，终年仅56岁。

竺可桢在《追念涂长望先生》[1]一文中写道："人生上寿不过百年，英国诗人莎士比亚说：'有生必有死'，人之归结终是死。独长望本体矫健，他对于爬山、游泳和打网球统可称能手，死时，春秋才五十六，正值大有可为之时，而生此不起之症，名之为良性脑瘤，实则不良之至，所可悲痛者以此。"

郭沫若写了一首七律《挽涂长望同志》：

同君屡次赋欧游，才干堪推第一流。
肝胆照人风洒脱，心胸涵物韵容休。
戡天志在争民主，返日戈挥夺自由。
努力一生无懈怠，令人长忆旧渝洲。

此诗当为涂长望一身的写照[2]。

从此，黄士松再也聆听不到恩师的谆谆教导，但恩师的思想和品格、治学的态度与坚韧永远激励着他。

《决定大气环流的基本因子》——奠定学术地位的文章

黄士松回国后，主要精力放在教学上，忙于备课、编写讲义。但他还是尽可能抽出时间来考虑一些科学问题。继1952年在《气象学报》上发表了《论反气旋在大气中的作用》一文后，另一个问题一直在他脑海里思考着，那就是在UCLA博士口试时皮叶克尼斯问他的关于决定大气环流的几个因子的问题。1954年初在北京与地球物理研究所及中央气象台搞协作研究时，使他更觉得这个问题非常值得研究，回来后他就集中精力潜心研究。

---

[1] 秦大河：《百年长望：纪念涂长望同志百年诞辰》。北京：气象出版社，2006年，第196—199页。

[2] 温克刚：《涂长望传》。北京：当代中国出版社，1997年。

大家都知道，地球大气之所以产生运动，其根本原因是地面吸收的太阳辐射也即热量分布的不均匀以及地球本身的自转造成的。但太阳辐射到底是怎样决定大气环流的基本特征的呢？黄士松考虑从分析大气环流的基本特征开始，然后再考虑这些特征背后太阳辐射扮演着什么样的角色，采用抽丝剥茧的方式层层揭开。

在此之前，所有的研究通常均认为西风急流位置以冬季最南，之后，渐向北移，至夏季到达最北。此后又渐南移，至冬季而回复到最南位置。事实上，西风急流的南北移动并不如此单纯。黄士松分析 500hPa 西风急流发现，位置变异一年中有两次最北，一次在 5 月左右，一次在 8—9 月；两次最南，一次在 6 月左右，一次在 1 月间。虽然第一次振荡很小，但显然与通常的概念有很大的不同。这一发现的背后究竟隐藏着什么呢？

风是温压场结构的表现。根据热成风的公式，西风随高度增加，必存在相应的自南至北的水平温度梯度。急流所在纬度，因西风随高度增加最快，各高度必具有最大的水平温度梯度。黄士松进一步分析水平温度梯度，发现急流强度及位置的年变化与各月最大水平温度梯度强度及发生位置的变化基本上一致。说明确实存在一个与之相应的温压场。然而，怎样造成如此的温压场的呢？长时期的空气柱平均温度主要决定于地面长波辐射，而地面长波辐射最终又与太阳辐射有直接的关系。这之间究竟是什么样一种关系呢？蒙着的神秘面纱正在一步步揭开。

黄士松进一步求出了平均太阳有效辐射强度的南北梯度，对比发现各月西风急流位置的纬度变异与各月太阳辐射强度梯度最大处位置的变异差不多完全相同。这说明对于西风环流强度与位置的变异，太阳辐射的南北梯度起着决定性作用。

这是分析的多年平均环流情形，在个别年份是否也存在这种明显的对应关系呢？黄士松又分析了 1947 年 7 月至 1948 年 8 月间各月纬圈环流的变异情形，急流强度不但亦以 1 月最大，7、8 月最小，而位置的年变亦呈现出两次最北，两次最南，虽然出现的时间与平均情形略有不同，但个别年份中太阳有效辐射本身亦是有些变化的。这说明太阳辐射年变与环流年变的直接性的密切联系绝不是偶然的，其间必然存在一种基本的因果关系。

黄士松还发现中纬度西风及平均温度梯度均以春季较秋季为大，按理说两者应该大致相当。黄士松注意到这是由于下垫面情况不一样引起的，具体来说，空气柱月平均气温基本上由地面长波辐射所决定，亦即由地面温度决定。地面温度虽然与太阳有效辐射成比例，但对于不同情况地面其比例常数是不同的。例如冰雪覆盖的地面，反射率大，而且所吸收的太阳热量用于融解冰雪，地面温度很少升高，其上气温遂亦不能升高。春季时北方地面尚有冰雪覆盖，空气柱平均温度增加很小，而南方地面已无冰雪覆盖，空气柱平均温度很快升高。秋季里南北地面并无此差别，或至少没有这样显著，因此秋季的太阳辐射强度梯度虽较春季为大，南北空气平均温度梯度以及相应的西风强度在春季反较秋季为大。这里显示出地面情况对大气环流的重要性，且春季较秋季大。

在这里黄士松还注意到了日后引起他浓厚兴趣的另一个问题——副热带高压问题。中低纬度的东西向风速为零的等值线，可以视为各月500hPa面上副热带高压脊线全半球平均位置的纬度变化。平均温度梯度为正时，西风盛行；当温度梯度方向相反时，则出现了东风。中纬度西风急流位置，一年之中向北移动振荡二次，但副热带高压脊线平均位置向北移动仅有一次。而且两者位移的位相并没有任何一致性，副热带高压脊到达最北时间为7—8月，是在西风急流两次到达最北时的中间，较急流第二次到达最北早一个月左右。这和通常副热带高压与西风急流位移同位相的概念全然不同的。是什么原因呢？黄士松日后对这个问题的研究令人瞩目。

至此，黄士松的一系列研究和阐述很明确地表示出：对流圈中的西风急流的强度位移，副热带高压的位移，东风带的强度位移，无不直接与太阳辐射强度的南北梯度密切联系，这种联系显示出真正本质上的因果关系：大气环流的变异基本上是太阳辐射直接性的作用的结果。当然，大气环流与太阳辐射虽然有着很大程度上直接性的联系，但并不意味着单是太阳辐射就完全决定了整个环流形势。环流形势基本上受太阳辐射作用所支配，同时再加上海陆地形的作用所共同决定的。

黄士松的这一研究成果与此前一些著名学者的研究结果是有不同的。西风急流位在力管场最强的地方，正是平均温度梯度最大的地带。因此，极为明显，大气中的最强力管场是与西风急流相伴存在的，基本上都是太阳辐射的热力作用的同时产物。而罗斯贝（1948）视西风急流的形成净旋度自北纬南下时大规模侧面混合的动力作用产物，力管场伴随之而生。显然罗斯贝并没有抓住问题的本质。Namias 与 Clapp（1949）视急流的形成是由于南北气流汇合的结果，这也只是片面看问题，而没有探得问题的本质，因此他们就无法解释北非的急流。而黄士松很好地解释了北非急流的存在：无论冬夏季节，尤其是冬季，急流位置与太阳辐射强度梯度最大地方完全一致。黄士松的成果一方面很好地解释了大气环流的根本成因，也厘清了学界对大气环流问题的模糊认识，包括像罗斯贝和纳曼斯这样的著名学者的片面认识。

在《决定大气环流的基本因子》这篇著名的文章中，黄士松还进一步讨论了海陆地形对大气环流的影响，以及大气中扰动的根本原因。他指出：由于太阳辐射强度梯度纬向的不均匀分布，造成了大气中纬圈向环流强度的不均匀分布，并在中纬度产生了西风急流。然而急流环绕着地球并不成均匀地分布而出现了三个强度较大的部分，其原因主要为海陆热力性质的不同所引起的，而地形的动力影响并不太大。地形的动力作用以冬季较大，而在东亚最为显著（如青藏高原的动力作用）。

对某些大规模环流形势的循环变化，如强大的西风环流与强大的南北环流相继循环出现，过去认为是由于满足南北热量传输的需要所引起（Namias，1950）。黄士松指出这显然是表面看问题。他认为南北热量传输恰为大气环流的结果，南北角动量传输更是大气环流的附带产物，他们非产生大气环流的原因。黄士松提出了完整的理论解释。

这篇 1955 年 6 月发表于《气象学报》第 26 卷的《决定大气环流的基本因子》对大气环流形成的原因做了全景性的描述，震动了学术界。

朱炳海评价说："他找出太阳辐射强度梯度的变化是决定大气环流的基本因子，解释了大气准定常平均状态及其变异的原因，同时也解释了较短时间内大气中大型天气形势周期性变异的条件与原因。因此，此文不但把目前气象学术上对大气环流问题的两个不同理解联系起来、统一起来，说明大气平均准定常状态及其变异和某一时段中大气大型变化过程正是大气环流问题在同一个基本因子所控制发生的同一现象的两种表现；并且从本质上的因果关系提供了一个较长时间内环流形势变异预告方法的物理根据与可能性，也就是指出了中长期天气预告上的一个研究方向。这都是前人没有做的。所以对于大气环流问题，具有创造性的学术理论价值。倘能从此方法进一步探索中长期预告的工作方法，对于国民经济建设事业必然会产生更大的实用价值。"[1]

着眼于解决长期预报难题

1958年下半年，为强调教育与生产劳动的结合，南京大学开展了以修订教学计划和教学大纲、编写教材为重点的教学改革活动。在教学改革中，强调要"政治挂帅，理论与实际结合，厚今薄古，古为今用"。气象系也加强了"天气预报实习"课，强调与具体的预报业务相结合，并与江苏省气象局进行协作，共同来做天气预报。

黄士松通过和气象局业务部门的接触，更深地了解了业务上的需求，以及存在的难点。他想通过自己的研究来解决一些科学上的问题。长期天气预报对于工农业生产甚为重要。他发现外国中长期预报的一些方法，很难用到中国实际中来，那时候国内搞中长期预报比较有成绩的就是杨鉴初了，他有他的一套方法。外国方法不见得有效，国内专家研究又少，因此黄士松觉得要在这方面做一些探索性的研究。

天气过程与天气现象是处在不断地变化之中的，但是未来的一段时间的天气必然与过去的天气存在一定的内在的实质上的联系，因为未来的总是从过去的发展而来。而且，事实是，这个月份的天气不但和上个月天气有关，并且也和过去许多月份的天气有关。这就是黄士松的主要思想。然而，这种联系不是一种简单的联系，而是非常错综复杂的，可以是显性

---

[1] 南京大学教师提升教授、副教授学术呈报表。见黄士松采集成果，档案类，DA-001-036。

的、也可以是比较隐性的。黄士松具体从大气环流的演变及其同天气要素的关系来考虑。他考虑的气象要素有，月降水量、雨天日数，阴天日数、晴天日数、平均温度、平均最高和最低温度、绝对最高和最低温度、降水强度、大风日数、日照情况等等，这些要素的变化都是大气环流演变的结果，当然气象要素对大气环流也有反作用，如降水热力学反作用，但主要还是以大气环流为主，是主因。大气环流形势变化导致天气过程产生，天气过程又导致产生一定的天气现象，具体表现在气象要素方面。他从这个思路来考虑，直接用气象要素来预报气象要素。问题是利用怎样的工具方法来表示出这种联系呢？找这种联系需要做大量的统计计算，那时候计算机也没有，用统计方法来做就不现实。黄士松想到用图表的方法，用前后气象要素的相关散布图。即便是这样，工作量也很大，要绘出许多图表来。黄士松与江苏省气象局进行合作，由江苏省气象局提供资料。

这么大的工作量靠个人是难以完成的，黄士松发动老师们来参加绘图，晚上也加班加点绘制气象要素的相关散布图。利用这种工具，辅以简单统计，就可以预报出一个月的各种天气要素，例如月降水量、雨天日数，阴天日数、晴天日数、平均温度、平均最高和最低温度、绝对最高和最低温度、降水强度、大风日数、日照情况等。而且，这种月份天气要素的预报不一定在前一个邻月做出，可以在许多月之前就做出。因此，应用这个方法不但可以做出一个月的预报，并且可以做出一季（3个月）或半年（6个月）甚或更长时间的预报。同时，应用这个方法也可以推广制作旬的预报。

天气演变前后相关是一个合乎发展规律的科学事实，他把上述的预报方法简称为"前后相关预报法"。这个方法，预报项目多而具体，预报时间早而长，预报准确率高，但工具与技术甚为简单，和现行其他预报方法比较实具有极大的优越性。

黄士松把这一方法运用于江苏省气象局的预报业务中，取得了十分好的预报效果：假若规定温度实况距预报值间隔的上下限不超过0.5℃者为准确，则平均温度预报准确率为100%；绝对最高温度预报准确率75%；绝对最低温度预报准确率50%。倘规定降水量实况数值距预报值间隔上下限不超过 5mm 者为准确，则降水量预报的准确率为 75%。对于雨天、阴天、晴天日数预报，倘规定实况日数与预报日数差异不超过一天者为准确，则准确率各为 100%、25% 及 100%。根据七项要素的预报准确率求平均，乃得平均准确率为 74.3%。这样的准确率即便在今天也是很高的了。

黄士松把这个方法进行进一步总结提炼，形成一篇论文《一个制作长期天气预报的前后相关图解方法》发表在 1959 年第四期的《气象学报》上。产生较大反响，很多气象业务单位运用这一方法来做单站气象要素的长期预报，效果很好。缺点是不能预报出极端的异常情况。

就在黄士松运用前后相关图解方法做南京地区的预报时，面对工作室里满墙的各种图表，他天天看，天天琢磨分析。突然他又有了一个新的有趣的发现：月天气过程会发生连续相似两年的现象。所谓"连续相似"的现象，就是说，倘某年 A 某月的日平均温度、最高温度、最低温度及平均气压的变化曲线与过去另一年 A' 同一个月的变化曲线相似，则 A 年次年的该月和 A' 次年同月的变化曲线再相似一次。这个现象主要是根据南京 1929—1938 年与 1950—1958 年 19 年的 3 月份温度曲线仔细分析得到的。黄士松马上意识到这个有趣的发现对做长期预报具有重要的价值。然而这是否是一种偶然的现象呢？黄士松决定用新的发现来做 1959 年 3、4 月份的预报，通过实践来验证一下这个有趣的发现是否有实际应用价值。结果仔细分析，他发现 1958 年 3 月与 1929 年 3 月甚相似，1958 年 4 月与 1930 年 4 月甚相似。继续查对 1958 年 3、4 月份地面天气图和 1929 年 3 月份及 1930 年 4 月份地面天气图，发现其间天气过程一一相应地相似。于是就预报了 1959 年 3 月的过程及天气将与 1930 年 3 月的过程及天气相似，1959 年 4 月将与 1931 年 4 月相似。预报结果怎样呢？事后检验结果除绝对最低温度与阴天日数两项的预报值与实况相差较大之外，其他各项的预报值与实况极为一致。这一预报结果实在是令人鼓舞。再进一步查对天气图，根据 1959 年 3、4 月份天气图以及 1930 年 3 月与 1931 年 4 月天气图，可清楚地看到两个不同年份同月中出现的天气过程类型及其出现次序均极为一致，只是有时过程虽为同一类型，但其持续时间可有长短不同。

江苏省气象台把黄士松的这一方法运用于预报业务，实践证明了这一规律的客观存在，也得到了同行的认同。

在 20 世纪 50 年代，要具体预报出未来长时期内可能出现的天气过程与天气状况及其变化，要靠流体力学的数值方法（也就是现在的气候数值模拟）求得彻底解决是不可能的。然而，国民经济建设的需要是迫不及待的。在这种情况下，从各个角度探求一切可能存在的现象和规律，利用一切可能应用的预报指标，来很好地满足这种迫切的需要显得十分必要。黄士松发现的月天气过程会发生连续相似两年的规律具有重要的现实意义。总结报告发表在 1960 年第二期《气象学报》上。

机会青睐那些时刻有准备的人，正是因为黄士松的勤奋和永不满足的探索精神，使得他在计算技术不发达的 50 年代，对我国的长期天气预报做出了重要的贡献。

科学研究的伴侣

"组织"批评黄士松"在思想上存在资产阶级恋爱观"，认为恋爱问题在他今日很少与异性接触这种情况下，不易解决。

黄士松的个人问题确实是一个问题。他母亲也很是着急，儿子都三十好几还没结婚总是老人的心病，街坊邻居也是议论纷纷。黄士松心想，这个是要缘分的，也许哪天自己的那一半就出现了呢。

1951 年，汤明敏考取了南京大学气象系，从上海来到南京。不过，黄士松并不认识汤明敏。黄士松因要给 1952 级开天气学课，想要了解先行课动力气象学的进度，黄士松找汤明敏的同学唐淑娟，借她的听课笔记看看。唐淑娟并没有把自己的听课笔记给黄士松，而是把休学在家的汤明敏托她保管的笔记交给了黄士松。姻缘就此产生。

黄士松拿到汤明敏的听课笔记，翻开一看，记录规整，字迹娟秀，顿生好感，于是心中悄悄记下了汤明敏的名字。但由于汤明敏因病休学，黄士松一直未能和汤明敏在课堂上相见。

1957年年初，汤明敏和陈联寿[①]、唐淑娟等在上海气象局实习，恰好朱炳海和黄士松到上海参加一个会议，并顺便到上海气象局检查学生在这儿的实习情况，这时黄士松始见汤明敏。只见眼前的汤明敏亭亭玉立，气质高雅，给黄士松留下美好的印象。

汤明敏实习结束，回到学校开始准备做毕业论文，她的导师是陈其恭。因为做毕业论文，汤明敏要经常去办公室找陈其恭，但陈其恭经常不在，朱炳海告诉汤明敏去找黄士松也可以，于是她和黄士松多次碰面。也就这样，两人心中暗生情愫，渐渐交往起来。

1957年汤明敏毕业留校，就分配在气象系天气教研室当助教。一切都是朝着正确的方向在发展。黄士松把汤明敏和同时留系的另一同学葛文忠安排在自己一手创建的预报实习台，在黄士松的想法里，气象是必须要和实际相结合的，光有理论知识是不行的。但当时的留校毕业生都希望尽快走上讲台当真正的老师，汤明敏心中对此安排也颇为不解。但她想黄士松如此安排自然有他的道理，自己只管做好工作就是。

1958年2月，黄士松和汤明敏终于走进婚姻的殿堂。

汤明敏不但在生活上是黄士松的贤内助，在科研上也是黄士松的好助手。1958年"大跃进"，学校强调教育与生产劳动的结合，强调要"政治挂帅，理论与实际结合，厚今薄古，古为今用"。气象系也加强了"天气学生产实习"课，强调与具体的预报业务相结合。气象系与江苏省气象局进行协作，共同来做天气预报。汤明敏在气象系实习台工作，

图5-5　黄士松、汤明敏结婚照

[①] 陈联寿（1934—　），气象学家，中国工程院院士。1957年毕业于南京大学气象学系。同年分配到中央气象科学研究所、中央气象台工作。

经常要去江苏省气象局气象台联系实际。

黄士松当时正在思考怎么有效地做对工农业生产十分重要的长期天气预报，帮助江苏省气象局解决一些预报中的难题。他需要做大量的统计计算，绘制大量的图表，工作量非常大。汤明敏成了他最得力的助手，她除了帮助黄士松计算、绘图外，还认真核对每一个数据，经常跑江苏省气象局气象台联系。办公室的墙上贴满了绘制的图表，黄士松非常仔细地分析这些图表，以发现某些规律。汤明敏也陪着他一起看。两人通力合作，终于研究出了一套制作长期天气预报的方法。很多气象业务单位运用这一方法来做单站气象要素的长期预报，效果很好。这是夫妇二人的首次合作，互相完美配合。他们不但是人生伴侣，也成了科学研究伴侣。

1959年，黄士松开始副热带高压的研究，需要大量资料。那时气象部门所有的观测资料都汇总在中央气象局的资料室，要想用资料就得到北京抄。数据都是记录在报表上的，就得一个一个数据抄写下来，还不能出错。这样的工作需要仔细耐心的人去做。汤明敏和余志豪承当了这个任务。后来他们还承担了大量的计算工作。在抄资料过程中一个重要的工作就是要在每天的天气图上把副热带高压的脊线位置标注出来，然而人家是不允许在原始天气图上做任何的标记的。汤明敏只能想办法找来透明纸覆盖在天气图上，在透明纸上做标记，十分繁琐。通过他们的努力，最后得到了一套完整的西太平洋副热带高压脊线的资料，为黄士松的研究打好基础。这套资料后来许多同行都借用去做研究工作。

自1959年起，黄士松和汤明敏夫唱妇随，琴瑟和鸣，收集资料，上机计算，分析讨论，共同完成了很多研究项目，合作发表了20余篇论文。

第六章
副热带高压的研究

两支西风急流——并非青藏高原强迫分支的结果

黄士松在研究决定大气环流的基本因子时注意到中纬度西风急流位置,一年之中向北移动振荡二次,但副热带高压脊线平均位置向北移动仅有一次。而且两者位移的位相并没有任何一致性,副热带高压脊到达最北时间为7—8月间,介于西风急流两次到达最北时之间,较急流第二次到达最北早一个月左右。这和通常副热带高压与西风急流位移同位相的概念是全然不同的。西风急流和副热带高压之间到底是什么样的关系呢?要弄清这个问题,就必须全面分析副热带高压的结构及其与周围大气环流之间的关系。

那时学术界对副热带高压的研究并不多,对副热带高压的认识不清楚。黄士松带着他的第一个研究生余志豪在这方面开展研究。

机会终于降临了。1959年8月15日至23日,一个强大的副热带高压罕见地、长时间地位于大陆上空,这给全面研究它提供了一个绝佳的机会

（因为陆地上气象观测站比海洋上多得多，获取的资料也就多，就像医生给病人看病一样，此时容易给副热带高压做出准确的诊断）。

　　黄士松首先分析了副热带高压脊线的纬度位置随高度的变化情况，发现：副热带高压脊线的纬度位置随高度的变化情况在大陆上与海洋上有很大差别，位于海洋上的高压脊轴首先随高度向南倾斜，之后往北倾斜；在大陆上则截然不同，高压脊轴基本上首先都随高度呈垂直上伸，抵850hPa高度后向北倾斜，之后约呈垂直，最后又稍呈向南倾斜的形状。这种高压脊轴的变化特征不但在个别时间如此，在平均情况亦如此。原因是什么呢？黄士松分析了北半球7月份对流圈下半部的热源和热汇的分布和海平面平均气温分布的情况，发现在大洋上热源或最暖区位于副热带高压的南方，而在亚非大陆上热源或最暖区却位于副热带高压的北方。在低空大陆上副热带高压位置随高度往北偏移，而海洋上副热带高压的位置随高度往南偏移者，概系热源高温作用使该区等压面上凸，导致副热带高压在对流圈下半部随高度向热源或高温区移动之故，这显示了热力因子对副热带高压结构的影响。

　　黄士松对副热带高压详细结构的分析中最激动人心的发现，当在于青藏高原对西风急流的分支作用问题。他的发现一举推翻了"冬季西藏高原南北侧各出现一支西风急流是完全由于山脉动力作用使某一西风急流分支的结果"的结论。

　　他发现在副热带高压脊轴南北两侧各存在一个强风区，北侧的西风最大风速区出现在200hPa左右的高度，位于热带对流圈顶与温带对流圈顶间的断裂处，是为副热带西风急流，不同于极锋急流。这支副热带急流在北半球平均图上表现得非常明显。而位于高压脊轴南侧出现在130hPa左右高度的强东风，通常称为东风急流。这种强东风在夏季普遍存在于亚非大陆南部，亦见于北美，但出现的高度各地有不同。

　　但值得注意的是在副热带西风急流中心以下各高度上均存在两支强西风气流，它们均位于青藏高原所在纬度的北方。同时，南支强西风自低层上达急流中心的连线自南向北随高度倾斜，约与高压脊轴平行，乃纯粹是副热带急流；北支强西风乃是与低层南移弱锋相结合的强西风。副热带急流有一明显的急流中心，而与锋系结合的强西风，因在夏季锋的强度弱，并不一定有急流中心，但是，两支强西风在200hPa左右高度会合，亦可增强副热带急流中心的强度。因此，乃可以认为两支强西风的出现，并不一定是由于什么山脉对某一西风气流的强迫分支的结果。夏季副热带高压北面强西风的这种分布形状不但出现在一些个别时间的南北剖面图上，而且在平均图上也可同样明显地见到。这一现象陶诗言和陈隆勋也有所发现。

青藏高原北侧为什么会有两支西风急流呢？黄士松觉得这一现象不是偶然的，难道本来就存两支西风急流，和青藏高原对急流的分支没有关系？经过进一步分析，他认为冬季西藏高原南侧的西风急流为副热带急流；北侧的西风急流主要为极锋急流或者为槽涡南缘的强西风，两者属于根本不同的性质。夏季极锋弱，与之结合的强西风多不具有显著的急流中心，而副热带西风急流中心则极为明显。冬季极锋强，极锋急流和副热带急流一样亦具有明显的急流中心，故南北剖面上常反映出两个或两个以上的急流中心。因冬季时东亚大陆上副热带高压脊（500hPa面上）平均位于北纬12—15度。副热带西风急流乃位于高原之南侧，强而稳定；极锋急流多活动于高原之北，变动较大，两支急流恒为高原所隔，故冬季西藏高原南北两侧各出现强风急流中心的现象最为显著突出。至于分支作用，只是当极锋急流南移至较低纬度或副热带急流摆动到较高纬度时，则高原可对急流的下部分起分支作用。但是，分支作用亦主要限于低层，高原对急流中心的分支作用是值得怀疑的。

黄士松还根据对多年的副热带高压南北移动特征的研究指出，冬季在东经130—160°间的副热带高压脊平均纬度位置要较东经70—100°间高压脊纬度位置偏北，而且在自冬至夏向北移动过程中在6月中有跃进阶段，这一个跃进阶段开始时间在海洋上较在陆上要早一些或者同时发生。此外，他又指出：高压脊位置南北变动的位相在夏季中显著地要较同区域内的西风急流的南北变动位相为早。这一切都足以说明冬季东亚上空的南支急流为副热带急流，6月间其向北移动时在西部的要较在东部的稍迟，所谓南支急流的突然消失并非是因为某一西风急流北撤到高原之北，脱离了山脉分支影响，而显然是副热带高压的急速向北推进的结果。总之，南支急流的出现与消失,并不是西藏高原分支作用的表现。

虽经理论探讨指出地形对西风气流有分支作用,但对冬季西藏高原南北侧各出现一支西风急流,就认为是完全由于山脉动力作用使某一西风急流分支的结果,显然是不很恰当的。黄士松的这一发现引起了学术界的争论,他再一次震惊了气象界。

寻找夏季风跳跃式进退的真正原因

黄士松在分析副热带高压结构的同时,就关注到副热带高压的南北移动问题。他想起早在1944年研究夏季风进退问题时,夏季风的跳跃式进退曾被认为是青藏高原对西风急流分支所造成的南支急流的突然消失与建立的结果。然而通过正在进行的对副热带高压结构研究的新发现来看,该看法显然是值得质疑的。那么夏季风跳跃式进退的真正原因是不是和副热带高压有关系呢?

黄士松认为,这个问题要从研究副热带高压的南北移动去解决。于是他一方面带着余志豪研究副热带高压的结构问题,同时他又在汤明敏的协助下研究副热带高压的南北移动问题。二者齐头并进。

黄士松发现,副热带高压移动情况每年有很大的不同,但它们具有十分明显的相同的趋势特征。即副热带高压每年在向北移动过程中,开始时均有一个缓慢北进的阶段,在这段时间内或在稍后时间越过了北纬20度,此后副热带高压基本上都在北纬20度以北。紧接这个缓慢北移阶段之后,副高移动速度明显地出现两个跳跃式的北挺过程。当发生第一次跳跃之后,一般都出现一次较大的南北摆动,也有少数表现为稳定在某一纬带内。在发生第二次而且也是最急速的跳跃北挺后,很快地到达一年中的最北纬度位置。到达一年中的最北纬度位置的时间一般在7月底或8月初。之后,经过若干次或大或小的波浪式变动而向南剧退至北纬20度附近及以南。

这种副热带高压南北移动过程各年共同具有的特征点，不但出现在西太平洋区域，而且也出现在其他不同地区，例如，在北美大陆与西大西洋上较相似，在中国大陆与西太平洋上较相似。

黄士松在《决定大气环流的基本因子》一文中曾阐明，北半球各月全半球副热带高压脊常年平均纬度位置一年中的南北变化，与各月太阳辐射（太阳有效辐射或太阳天文辐射）强度最大处纬度的全半球平均位置的南北变化完全一致；指出太阳辐射强度在地球上分布的不均匀性及其年季变化，是引起副热带高压一年中向北向南移动的最基本的因子。那么副热带高压一年中南北移动过程中的这种缓慢式和跳跃式的变动特征，可能也与地球上太阳辐射效应存在着密切的联系。为了说明这一关系起见，他又计算了各天中北半球各纬度的太阳天文辐射强度分布，发现太阳辐射强度最大处的纬度位置变化与副热带高压南北移动特征曲线存在着鲜明的相似性。不言而喻，这明确地显示出一个重要的因果关系，而且这个因子的作用在某种程度上可能具有决定性的意义。当然，二者的特征点出现的时间及其间时段的长短不可能完全相同。其实，这也是必然的现象，副高的南北移动及其变动特征，一方面与太阳辐射有联系，一方面又受海陆之间的差别及各海洋之间与各大陆之间的差别的影响，最后通过大气本身运动调整的内在因子所共同决定的。然而，重要的是，鉴于太阳辐射最大辐射强度位置的年季变动与副高位置的年季变动具有相似的特征，这也就显示出研究太阳辐射问题对有关大气环流变化长期、超长期预报的重要的实际意义，黄士松认为应该进行更多年份的实际资料的分析工作和理论探讨，以便找出可以应用于预报的观测规律以及各种因子相互联系作用的动力关系。

副热带高压的南北移动与西风急流位置的变动存在着某种甚为重要的关系。黄士松发现：在暖季中，当副高发生南北位置变化之后或同时，随即引起西风急流相应的南北位置变化。这种现象在盛夏季节尤为显著，西风急流的南北位置变化恒发生在副高位置变化之后。这个关系清楚地指出：在暖半年，在二者位置变动的关系中，副热带高压位置的变动似乎是主导的方面，即西风急流的南北移动是副高南北变动所引起的（在冷半年情况则并不完全如此）。且这个现象是全球性的，说明在暖季中西风急流

图6-1　1964年7月在兰州参加全国天气与动力气象学术会议（自左至右，前排肖更海，黄士松，汪国瑗，蒋金涛，后排廖洞贤，朱和周，陶诗言，叶笃正，谢义炳）

的南北移动，在很大程度上是副高的变动所引起的。

　　黄士松根据在副热带高压结构的研究成果推断出：在冷季中，副热带高压位置的纬度甚低，副热带急流因受西藏高原的阻隔，明显地与高原北面的极锋急流分开；暖季开始，副热带高压北移，初夏时，高原南支急流出现突然北撤，是副热带高压向北跃进的结果，并非是某一西风急流北移而脱离西藏高原分支作用的表现。西太平洋上副热带高压位置发生跳跃变动的时间，要较大陆上为早。因此，也就更为清楚了，我国夏季风跳跃式进退的特性是由副热带高压南北进退过程所造成的一个现象。随而也就清楚了副热带高压的向北跃进与印度季风形成的关系。总结以上讨论，我们不难看出，副高所表现出的南北进退特征与各地区季节转换的关系。

　　不言而喻，黄士松的这一研究对全面地掌握副高各种活动特征及其规律，对中长期天气预报——尤其是中低纬度地区的天气预报问题的解决是非常重要的。例如，对我国长江流域的梅雨期何日开始、何日结束、雨期的长短、雨区的持续等问题，就能获得很好解决。当然，这不是一个简单的问题，还需要进行更深入的研究。

副热带高压的东西向移动及其预报的研究

副热带高压的移动有南北向和东西向的移动，但在某一段时期，副高恒准稳定于某一纬度带内，其东西向的移动对我国的天气影响极大。因此，在短中期预报工作中，副热带高压的东西向移行是首先要解决的问题。黄士松的下一个研究目标就考虑到了这个问题。他要全面搞清楚副热带高压的位置、性状及其变动。

黄士松从两方面的因子分别来研究，一是中高纬度西风带槽脊及低纬度热带低压活动的影响，即所谓外在因子；二是副高本身的性状结构的作用，即所谓内在因子。副高移行是由这两方面因子综合作用所决定的。关于外在因子的影响，在实际预报工作中是一向被注意并广泛应用的。关于内在因子的作用，则过去注意得比较少。

黄士松首先从副高的动力性质来研究副热带高压的变动。因为高压区内涡度场散度场的变化也可表示副热带高压的变动，因此，可以根据涡度场散度场的特点来估计副热带高压未来的性状。他运用涡度方程来探讨，结果发现副热带高压移行与它本身性状结构有关，副高单体恒有向负涡度平流区方向移动以及向速度辐散区方向移动的特性，而且涡度场的作用更为显著。也就是说副热带高压未来短期的位置与形状的变动是可以根据当时的涡度散度场特征及实际气流情况估计出来的。这个结果对预报是有实际意义的。

他进一步研究还发现，只有当副高北侧西风速率较南侧东风速率为大并其差值之半超过一定数值时，副高单体中心始能向东移动。而在其他情况下，副高中心或可停滞不动或向西移行。由此也可知道，在北侧西风较南侧东风为大的某一给定风速廓线的基本气流下，副高单体凡纵轴大者（宽胖型）将向西移，而纵轴甚小者（扁平型）可向东移，移速大小与副高两轴长度之比成比例。这些结论显然是具有重要的预报意义的。

他还指出，副热带高压的东西进退并不是一个孤立的现象，欲很好解决副高进退的中期预报问题，对于中高纬度西风带锋区及槽脊的活动、低纬度热带低压的生消、副热带高压本身强度结构性状的变化的规律都必须进行深入研究。只有很好掌握了这些外界因子与内部因素变化的物理规律，副热带高压进退的中期预报问题才能获得彻底的解决。

黄士松自 50 年代末开始的对副热带高压的系统研究在国际上首次揭示出副高的三维细致结构，论述影响结构的因子及其在大气环流中的作用，指出东亚两支强西风气流主要是极锋急流与副热带急流，并非完全是某一急流受青藏高原强迫分支的结果；对副高位置变动问题，首次揭示副热带高压位置一年中南北变化过程具有缓慢式与跳跃式移动及振荡等全球性现象及其与太阳辐射的关系，指出副热带高压到达一年中最北纬度的时间早于西风急流，其北跳过程存在自东向西传的特点；从理论上求得副热带高压移速与东西风带的环流系统及高压本身性状的关系式，并分析了高压变动与其内部及周围的散度场、涡度场、温度场、加热场等的关系，阐明外界环流与内在因子的作用与机制。

副热带高压的成长和维持机制

在做好系里工作的同时，黄士松也没有停下自己的研究工作。在"文化大革命"之前，黄士松对副热带高压的研究已经取得了一系列的成果。此前的研究都是集中在副热带高压的结构、位置变动等方面，而对于副热带高压的形成和维持机制还不是十分清楚，显然这是一个必须要搞清楚的问题。于是他把研究的方向放在了副热带高压的成长和维持问题上。

对于大洋上副热带高压形成的原因，动力因子是主要的。一般认为其形成过程是：赤道附近低纬地区空气受热上升至高空后将向高纬流去，但在向高纬流去时，由于地转偏向力作用产生西向风速，而到达纬度愈高则西向分速愈大，向极地的分速愈小。空气运动向极地的分速随纬度增加而减小的结果造成高空空气质量的水平辐合，而在副热带地区下沉引起地面气压升高。这支下沉气流就是哈得来（Hadley）环流圈的下沉气流。另外，从高纬向低纬还有一支弗雷尔（Ferrel）环流的下沉气流，也在副热带地区下沉。这两支下沉气流共同作用形成了副热带高压。在黄士松研究之前，学术界一般认为副热带高压的形成维持哈得来环流是起主要作用的，叶笃正等也曾从角动量或涡度的输送平衡分析结果着重指出过这一点。

事情果真如此吗？黄士松经过仔细分析发现，副热带高压的形成和维持可能并不那么简单。他发现虽然无论冬、夏均明显存在哈得来环流与费雷尔环流，而哈得来环流在冬季强、夏季弱，则按前述的副热带高压形成过程，副热带高压强度应在冬季较在夏季为强。在南半球，各个副热带高压单体的确在冬季较在夏季为强；然而，在北半球，情况相反，无论在北太平洋或北大西洋上，各副热带高压单体在夏季都比在冬季为强。这说明南半球的副热带高压的形成维持基本上即决定于哈得来环流，但对于北半球副热带高压的成长维持就不完全如此，这就非哈得来环流所能解释了。此外，他还注意到在南半球冬季，南印度洋上的副热带高压单体其强度比南太平洋、南大西洋上的副热带高压单体都要大。这一切都是因为什么呢？这些现象的背后隐藏着什么样的机制呢？

黄士松注意到北半球的海陆分布情况要比南半球复杂得多，是不是因为这个原因呢？其中最值得关注的是青藏高原，因为青藏高原在夏季是一个巨大的热源，他在研究决定大气环流的基本因子时就特别注意到青藏高原的作用。于是他将目标锁定于青藏高原，弄清楚在副热带高压的形成与维持中青藏高原扮演了一个什么样的角色。

黄士松经过分析发现，在高原上空与大洋上空之间有东西向的热力环流存在。也就是说北半球夏季在副热带地区除哈德莱与费雷尔环的下沉气流之外，在大洋上尚存在东—西环流的下沉气流。由于存在从青藏高压向东（西）的辐散气流与从墨西哥高压向西（东）的辐散气流，使在太平洋

（及大西洋）上空产生水平质量辐合，此高空水平辐合对大洋上副热带高压的成长维持将起很大作用。在北半球，夏季哈得来环流较冬季为弱，而副热带高压在夏季却较冬季强大，主要即由于高原高压的影响所造成的。另外，夏季南半球印度洋上的副热带高压单体强度比其他副高单体都大，他认为这也是青藏高压的影响所引起的，因为此时存在从青藏高原南亚地区上空流向南半球的较强的辐散部分运动气流，这一支属哈得来环的气流将使南半球印度洋及邻近地区上空产生的水平质量辐合要比其他地区上空的质量辐合来得大，因而印度洋上空的下沉气流也是十分强大，遂形成强大的副热带高压单体。

黄士松的这一发现，完整解释了夏季大洋上副热带高压的成长维持机制，同时这一发现对同我国天气有较为密切关系的北太平洋副热带高压来说，可以通过青藏高压的强弱如何，来对太平洋副高强度变化做出预报，这个是具有实际意义的。

至此，黄士松对副热带高压的结构、成长与维持、东西向南北向移动等进行了全面系统的研究，弄清了其间的很多物理机制。由于副热带高压对我国的天气气候影响十分重要，黄士松下一步的研究重点放在了副热带高压的预报方面。

有关副热带高压系统的变动问题，已有不少研究，但在日常预报工作中易于应用而有效的预报方法还不多。当时一般最常用的预报方法多从西风带长波调整、槽脊活动的影响着眼考虑，但长波调整、槽脊活动过程与副热带高压系统变动多是同时出现的，而且亦常见到外界环流系统并无变化而副热带高压却发生甚大变动的情况。黄士松认为在副热带高压预报问题上，除考虑槽脊活动、长波调整的影响的同时，更应考虑高压系统本身的内部发展条件。当然，这个问题实际上是流场或气压场形势的预报问题，流体力学数值预报方法将是主要的解决途径。但我国广大气象台当时所用的预报方法主要是天气学方法，因此，探讨一些有较好物理基础的，可以仅仅根据普通天气图分析结果或辅以卫星云图资料做好副高系统变动预报的方法，对于日常预报工作具有重要实际意义。

在副热带地区相对涡度场与气压场仍有很好的配合，负涡度区与高压区结合，正涡度区与低压区结合，高压的发展移动亦即反映在涡度场的变化上。因此，黄士松应用涡度方程分析得出作为副热带高压系统变动的分析步骤和预报判据，以应用于日常预报工作。

1978年，黄士松对近二十年来在太平洋副热带高压活动及其预报问题的研究情况作了概括性评述。发表在《大气科学》1978年第二期上。他从副热带高压的强度、位置的周期性变化，东、西风带环流系统与副热带高压变动，青藏高压活动的影响，副热带高压变动的内部因子分析，海温变异与副热带高压活动等五个方面全面回顾了关于副热带高压的一些研究成果，同时也分析了研究中存在的问题。他指出：

"副热带高压是组成大气环流的一个重要成员。有关副高长期的、年际的、季节的与中短期的变动过程与特征，经过气象工作者、特别是我国气象工作者的探索研究，已比二十多年前有了较多的了解，并且也找到了一些预报方法和线索。但是，总的说来，对于副热带高压的活动规律，目前我们仍未完全掌握，也还没有求得一个完全有效的预报方法。当然，副热带高压的变动实际上是流场或气压场形势变化的反映，其预报问题，流体力学数值预报将是主要的解决途径。不过，就目前的低纬度数值预报情况看来，虽已取得了一些进展，但要准确预报出副热带高压的活动还是有一定的困难。看来，今后在探讨数值预报方案的同时，为了改进和提高预报水平，还必须对一些基本问题进行深入研究，例如低纬度大气运动动力学，海、陆、气之间的相互作用，不同纬度的环流系统间的相互影响，大、中、小不同尺度系统间的相互作用，不同地区不同性质的副热带高压系统的相互影响，南、北半球环流的相互影响，对流圈环流与平流圈环流变化的联系等，以加深对副热带高压的形成、发展、变动的物理过程与机制的了解。就目前日常预报工作来说，按预报的不同时效与不同要求，全面分析前述影响副热带高压变动的有关内、外因子及其他实践经验，综合进行考虑是重要的。"

1978年3月18日全国科学大会在京召开。黄士松的"副热带高压的研究"和"青藏高压的活动规律及其与我国旱涝关系的研究"获全国科学大会奖。

著名气象学家陶诗言院士这样评价道："黄士松先生十分重视造成我国气象灾害的重要天气系统的研究，他从20世纪50年代末开始，首先选择我国大旱年份的盛夏季节西太平洋副热带高压深入我国大陆时的个例进行分析，之后对西太平洋副高进行了系统的研究，首次在国际上揭示了副热带高压的三维细微结构，提出影响副热带高压结构的因子及其在大气环流中的作用。还首次揭示副热带高压位置一年中南北变化过程具有缓慢式与跳跃式移动及振荡等全球性现象，副热带高压到达一年中最高纬度的时间早于西风急流，并指出北跳过程存在自东向西传播的特点。另外，又从副热带高压成长维持与青藏高压的联系角度，提出并解释了南、北两半球副热带高压的位置强度年变化存在同步性的现象，指出这不能完全用哈得来环流机理来说明。后来在研究季风环流时又论证了西北太平洋高压变动与南半球马斯克林高压及澳大利亚高压活动的联系及物理过程。正由于这些对副热带高压研究成果的开创性和系统性贡献，黄先生获得了1978年全国科学大会奖和1982年国家自然科学奖。"[1]

1979年10—11月，黄士松随中国气象学会代表团赴美访问。这是1951年回国后首次访美。到波士顿、丹佛、芝加哥、华盛顿特区、纽约等地访问。访问期间，参观了美国国家大气研究中心及NOAA所属的一些研究所（实验室）等，并曾分别在麻省理工学院（MIT）气象学系和国家大气研究中心（NCAR）作学术报告。他的关于副热带高压研究报告震惊了美国的气象界。数值预报之父，时任麻省理工学院（MIT）气象系负责人查尼听了黄士松的报告之后很高兴，说黄士松做的这些工作他都没想到，他叫学生把黄士松的文章翻译成英文给他参考。

进入21世纪，大气科学学家何金海教授在其《西太平洋副热带高压研究的最新进展及其应用》[2]一书中对副热带高压研究做了回顾：

"我国对副热带高压的研究大致开始于20世纪50年代初，在杰出的大气科学家叶笃正、陶诗言、黄士松等极富开创性工作的基础上，许多科研工作者对副热带高压进行了广泛深入的研究，取得了丰硕的成果。

---

[1] 《低纬大气环流系统若干问题研究——黄士松论文选》前言。北京：气象出版社，2009年。
[2] 气象出版社，2010年。

图 6-2　中国气象学会代表团访问美国（期间，部分团员参观芝加哥大学气象系 Fulks 大气环境实验室。右一为 Fulks 教授，右二为美国气象学会主席 Neuton 教授，右三叶笃正，右四黄士松，右五谢义柄，右六章基嘉）

纵观研究副热带高压形成的历史，我们可以大致将其分为两个阶段：

第一阶段，大约在 20 世纪 60 年代以前。这一阶段的工作主要是通过一些个例的分析来探讨副热带高压形成的原因，并由此产生了各种各样的解释。在这一阶段的工作中，流传最广的是 Bjerknes 等（1933）提出的信风环流圈假说，这个假说认为暖空气在赤道带上升，到了高空就分别向南向北流去，于是在南北半球的副热带上空空气就堆积起来，堆积的空气下降形成了副热带高压带。""但现在我们知道，这个假说把副热带高压的形成过于简单化了。由此不难看出，这一阶段副热带高压研究的主要特点就是，由于资料稀少，对副热带高压的结构难以进行细致的剖析，大部分的工作具有一定的片面性。"

"第二阶段，大约在 20 世纪 60 年代初至 70 年代末。这段时期的主要特点是以天气气候学研究为主要手段。这一阶段，由于观测资料的逐渐增多和一些科学实验的开展，人们对副热带高压的认识也逐渐深刻。这段时期的研究以黄士松、陶诗言等的卓越成果为代表。20世纪70年代末，黄士松（1978，1979）对这个时期近20多年的工作做了总结。现在，这些工作大部分已经写入了教科书，成为人们认识副热带高压的主要教材。

"这一阶段的研究工作发现，尽管副热带高压是位于副热带地区的高压系统，但它在对流层高层和低层、海洋和陆地上、平均图和逐日天气图上的表现各有特点。黄士松等（1962）全面研究了副热带高压的结构，他们不仅指出了以往研究中的片面性，而且对今后的研究方向进行了评述，因此可以认为是副热带高压研究进入第二个阶段的标志。"

热带、副热带天气研究

1976年3月28日至4月2日，"热带天气研究"工作会议在广州召开。黄士松参加了这一次会议。这次会议把黄士松的研究范围由副热带高压全面拓展到热带、副热带天气研究领域，包括华南暴雨、台风的研究。

这次会议重点讨论和修改了"1976—1980年热带天气研究工作规划"，根据广大气象台站的迫切愿望和实际工作的需要与可能，确定先在第五个五年计划期间以暴雨为主攻目标，组织华南前汛期暴雨的综合试验。对此，许多部队单位、专业院校和研究机构都表示大力支持。会议认为，集中相当的人力、物力，采用大协作的形式攻技术难关。会议确定成立专门技术小组，进行调查研究，尽早提出试验方案报中央气象局审批。为了加强领导，保证科研任务的完成，决定成立领导小组，请广东省气象局任组长。黄士松担任领导小组成员。

华南地区是指广西、广东、福建三个省（区）。这里地处低纬沿海，地形复杂，地理条件有其独特之处，是我国夏季风首先到达的地方，也是我国汛期开始最早的地区。从这里开始，夏季风和汛期雨带逐步往北推移。因此，华南前汛期的出现标志着我国大陆上季节转换的开始，表示大气环流季节变化已达到一个特定的阶段。组织华南前汛期暴雨的综合试验对加深对华南前汛期暴雨的认识、研究预报方法乃至对全国各地暴雨的研究都具有重要的参考价值。

1976年6月,由中科院大气物理研究所、南京大学、中山大学、福建省气象局、广西壮族自治区气象局和广东省气象局派员组成调查组到江西、湖南、福建、广西、广东进行暴雨调查和暴雨试验条件的调查,并在此基础上制定了试验方案初稿。

1977年2月,热带天气科研协作领导小组会议在广州召开,会议主要讨论华南前汛期暴雨科学试验计划。这次会议正式成立了热带天气科研协作领导小组办公室和华南暴雨试验技术组,技术组成员先后参加的有李真光、包澄澜、王两铭、梁必骐、方宗义、章震越、丁一汇、周晓平、孙淑清、王荫桐、喻世华、余志豪、庄荫模、朱乾根等同志,黄士松被聘为技术总指导。会议拟订了试验方案正式上报中央气象局。同年8月,中央气象局批准了试验方案和经费预算,并据此制定了1977年实施计划。各单位分头开展了工作,福建、广东、广西(区)气象局分别召开了试验会议,落实了布点。各重点试验区的县站分别组织了气象哨人员训练班,学习有关试验观测技术,三省(区)组织了雷达人员训练班,学习试验观测技术规定和分析技术。华南前汛期暴雨实验除了观测试验外,还同时进行预报试验,一些协作单位和台站在每年前汛期实地验证多种预报方法。为了提高台站暴雨分析预报水平,黄士松建议由中山大学和南京大学合办一期华南暴雨短训班,对华南各省(区)100多位分析预报人员进行培训。

华南前汛期暴雨科学试验在中央气象局的大力支持和指导下,如期顺利地开始了。

试验区将包括广东、广西、福建三省(区)全部和贵州、湖南、江西三省南部地区。广东、广西、福建、贵州、湖南、江西、云南等省(区)气象部门和广州空军、福州空军、广东、广西水文部门及中国科学院大气物理研究所、国家气象局气象科学研究院天气气候研究所、南京大学、中山大学、南京气象学院、空军气象学院、杭州大学、福建师大等大专院校和科研单位参加协作,气象预报、观测、探空、填图、通讯、资料等方面约3000人参加试验。试验拟分几个阶段进行:预演试验在1977年5—6

月进行；两次正式试验分别安排在1978年5—6月和1979年5—6月进行；一次大气边界层试验于1980年5—6月进行；1981—1982年进行资料处理和成果检验。

华南前汛期暴雨试验是我国对暴雨问题第一次进行较大规模加密观测的研究试验。所取得的资料，使得在进行大尺度分析的同时，有可能进行一些中尺度分析，因而对华南前汛期暴雨过程有了一个比过去较为深刻的了解。虽然这次试验在一些条件和设备方面还未能达到研究工作的要求，但在这次试验中，获得了许多宝贵的资料和数据，提出了一些新的观点和理论，发展了一些预报思路和方法，取得了很大的成绩。

黄士松作为这一次试验的技术总指导，对这次试验研究工作进行了总结。他指出[①]：

"通过试验期暴雨过程的分析，肯定了华南前汛期暴雨，特别是大暴雨与特大暴雨，主要是暖区降水，改变了过去由于资料不足而认为主要是锋面降水的不确切的看法，这是这次试验研究的重要收获之一。诚然，华南前汛期暴雨的发生是与冷空气活动密切相关的。但沿锋面的降水强度较小，过程最大降水量在200mm以下，而在锋前200—300km远的暖区里，往往有暴雨带或中心发生，强度一般比锋面暴雨大3—5倍。""华南前汛期暴雨过程可分为暖切变暴雨区、沿海急流暴雨区、锋前急流暴雨区以及冷锋（静止锋）暴雨区等类型。大暴雨与特大暴雨均不属锋面暴雨，而且这些暴雨区在一次过程中可依次全部或部分出现，也可同时出现几个暴雨区带。暴雨区的重复出现，乃表现为华南的南移型与停滞型的雨带。这些研究结果，在掌握暴雨发生、发展、移动及其预报上是具有重要的实践意义与理论意义的。"

"西南或偏南风低空急流对华南前汛期暴雨形成的重要性，过去虽已有提到，但经过这次暴雨试验，作了较全面的深入分析，得到进一步肯定，指出了低空急流与暖湿舌和位势不稳定区的分布相吻合，表现为水汽和不稳定能量的输送带。在低空急流的左侧低层为强气旋性切变和辐合

[①] 《华南前汛期暴雨》。广东科技出版社，1986年，第284-286页。

区，高层为反气旋切变区和辐散区，右侧整层为反气旋切变区和辐散区，大风核左前方和湿舌前端为最有利产生暴雨的地点。低空急流的强度也有日变化，早晨最强，傍晚最弱，且存在短时的风速脉动，大风核沿急流轴向前移动，这与暴雨区的变动一致。低空急流有时为对流层多层急流结构的一部分，与其他层存在相互转化和相互作用，许多情况下还存在超低空急流，低空急流及其扰动对暴雨的触发作用是明显的。同时又发现边界层辐合线对暴雨的触发作用，这种辐合线主要表现为西南风和东南风的辐合，并同中尺度的偏南风低空急流相联系。"

"另外，还分析发现对暴雨（尤其是大暴雨和特大暴雨）起触发作用的其他一些因素，诸如具有华南特点的中尺度低涡、海陆风、边界层冷空气活动、地形对中尺度系统的形成或抑制作用、季风云团在华南沿海活动的影响和三种中尺度云团的活动以及多种暖区雷达回波系统等。所有这些新的事实与新的概念都是根据这次试验资料分析首次发现的并首次提出的。这些结果使我们对于华南前汛期发生暴雨的环流特点、天气系统的生成、结构和性质，下垫面、地形和海陆分布的作用，乃至暴雨发生发展的全过程有了一个新的认识。"

"在分析研究的同时，结合暴雨形成机制及暴雨预报方法和应用的探讨，也开展了暴雨理论研究，提出了风场的非地转性问题应是华南暴雨分析中着重考虑的指导思想"。

"在试验期间及其后一段时间里，根据分析研究和理论研究结果，也建立了并试验了若干新的预报方法，其中有的使24小时暴雨区面积和强度预报的准确率达58%，甚至80%。这些都具有国内外先进水平，使用价值相当高。"

"这些成果使对华南前汛期暴雨加深了认识，为研究预报方法提供了重要依据。而且，对于全国各地暴雨的研究工作具有重要的参考价值，并对于丰富我国天气动力学学科内容方面也作出了具有相当高水平的学术贡献。"

虽然试验取得了很多成果，但黄士松从学术角度分析了试验存在的一些问题：

"当然，通过这个总结工作，亦使我们认识到还有一些不足之处。应当指出，这样一次暴雨试验并没有，也不可能解决所有的问题，即使对于所发现的一些现象过程的了解也还是不够深刻的。"

"要深入了解暴雨以及其他强对流天气的形成机制并解决预报降水的一些基础性问题，必须建立一种特殊观测网，以取得各种数据，研究各种不同尺度大气运动的形成发展特征，特别是不同尺度系统之间的相互作用问题，等等。看来，对于今后我国暴雨的研究，建立一个符合研究中小尺度系统要求的观测网进行一次新的实验是非常必要的。这个试验也必须考虑到天气动力学与云物理学两方面的结合，因此试验基地应很好选择。当然，从地理条件和下垫面的多样性，以及暴雨雷暴出现频率高、暴雨强度大而年际变异小等等因素来看，华南无疑是最适合于建立试验基地的地区之一。"

这项试验获得了大量较完整的主要暴雨过程资料，还收集有关东亚的日本同步卫星云图，美国极轨卫星云图，温度垂直廓线、卫星推导风、雷达、飞机及海洋气象资料一整套。基本摸清了试验区各地前汛期暴雨的天气气候特征、环流特征，并开展了天气尺度系统、中尺度系统、雷暴活动、大中尺度相互作用、地形作用等的研究，以及暴雨动力学和预报方法的研究，共写出164篇论文，编印和出版了三部论文集和《华南前汛期暴雨》、《广东前汛期暴雨》等专著。对今后华南暴雨的研究产生了重要影响。试验的研究成果于1985年获国家科学技术进步奖。

黄士松领衔的华南暴雨研究与陶诗言、章淹[①]负责的长江流域暴雨研究，以及谢义炳负责的北方暴雨研究并称我国"三大暴雨研究"，皆为我国暴雨预报做出了重大学术贡献。

---

① 章淹（1925— ），女，浙江省上虞人，气象学家。1947年毕业于清华大学气象系。曾任北京气象学院研究生部教授。

第七章
十年动乱

"王八乌龟"预报天气

1963年，南京大学就有部分干部和教师被江苏省委抽调去参加徐州、太仓等地的农村社会主义教育即"四清"运动。1964年10月，南京大学便组织文科高年级学生及部分教师和机关干部共470人，在匡亚明校长带领下，赴江苏南通地区海安县参加为期八个月的"四清"运动。1965年2月，中共中央、国务院又发出关于组织高等学校理工科学生参加社会主义教育运动的通知。南京大学又先后于1965年8月和1966年3月组织第二批（1400多人）和第三批（2272人）师生赴南通地区参加"四清"运动。参加"四清"运动的师生，接触到农村实际，经受了艰苦生活的磨炼，固然有所收获，但却牺牲了大量教学科研的时间[①]。

黄士松虽然没有被派去到农村搞"四清"，但被派往基层气象部门，

---

① 王德滋：《南京大学百年史》。南京：南京大学出版社，2002年。

向老农、向渔民学习土法预报天气。1966年初，黄士松和倪允琪二人被派到无锡县气象服务站去蹲点，向基层学习。

　　20世纪50年代前期，我国县气象站和世界各国一样，只担负气象观测任务，不做天气预报。50年代中后期，随着我国农业生产发展的需要，在县人民政府的积极鼓励和支持下，少数县气象站打破了老框框，自发地开展了县站补充天气预报工作。位于地形复杂、灾害性天气频繁的云南东北部的镇雄县气象站，经过一百多次的试验，于1957年6月，通过县有线广播站正式向全县发布24小时的补充天气预报，受到当地党政领导和广大群众的欢迎。1958年7月在桂林召开的第三届全国气象会议肯定了镇雄县气象站开展补充天气预报的经验，从而推动了全国广大气象站普遍开展补充天气预报。补充天气预报就是在收听气象台大范围天气形势预报和区域天气预报广播的基础上，结合本地区地形、地理影响和局地的天气变化，运用本地气象资料和群众看天经验所做出的局地短期天气预报。它弥补了气象台预报中的某些不足，能及时为当地工农业生产服务，使县气象站成为当地党政领导部门指挥生产的气象参谋。50年代后期至60年代，气象站主要运用反映单站气压、温度、湿度、风四种气象要素时间变化的曲线图和剖面图，气象要素之间前后相关的点聚图和散布图，气象要素空间分布的简易大气图，结合群众看天经验，尤其是广大气象人员多年来积累的丰富经验，进行综合分析判断，作出补充天气预报。群众经验是我国广大劳动人民在生产实践中积累下来的。但它必须通过观测资料加以检验，经过去粗取精、去伪存真的筛选，才能成为可用的预报工具和指标。1964年以后，由于受到"左"的错误的干扰，提倡天气预报要"以土为主"、"以群为主"、"以小为主"的技术原则，以后又把它上升为"指导思想"、"中国式的气象路子"。把以天气图为主的科学预报方法，大肆否定，提倡以天象、物象为主的土法测天，台站都曾养蚂蟥、泥鳅。把群众经验与现代气象科学技术对立起来，简单地应用群众经验，则只能限制其作用的发挥，使预报准确率大大降低。

　　期间，气象部门还专门组织召开了一次"补充订正天气预报学术会议"。会上卢鋈致开幕词，他讲道："补充订正天气预报今天能够提到学术会议上来讨论,这是我国学术会议的一次重大的革命创举。这次会议之所以能够召开,并且有着丰富的内容,是由于党的英明领导,由于广大气象工作者,特别是县站的气象员们认真贯彻执行党的气象业务方针和一整套天气预报大中小结合,以小为主,长中短结合,以中为主,图资群结合,以群为主的技术政策,坚持走群众路线的结果。这是毛泽东思想在气象科学领域里的胜利。"[1] 会议由程纯枢作总结。程纯枢总结道:"近一百多年来,天气预报一直只是以大气物理要素(压、温、湿、风)为依据。这段历史已经表明,单纯使用几个大气物理要素,不能很好解决具体天气预报问题,特别是中长期预报,必须寻找新的依据。找哪些新的依据呢?在补充天气预报实践中,从农民、牧民、渔民、船民、盐民等等的看天经验来看,各种天象、物象、海象,是预报工作者必须掌握的新依据。以物象为例,目前已成为许多现代科学研究的对象,出现了仿生学这门新学科。既然许多动植物都有反映天气变化的某种器官和本能,我们就可以利用其原理,来创造新的预报工具和仪器。""依靠群众的天气气候经验,可以突破中长期预报不能解决的老大难问题。目前世界上的长期预报和较长时效的中期预报,大都还只是从资料中盲目寻找关系,犹如大海捞针。许多国家的研究一向苦于从数字中找相关,花了大量劳动,还抓不住这些长时段天气演变的规律,预报的效果不好。但是,从这次会议报告中可以看到,农民群众有着大量长期天气预报的经验,例如掌握节气特点来预报后期天气,时效既长,关系又显著。像'冷惊蛰暖春分''惊蛰寒冷早撒秧'等很多农谚。都说明群众经验确实揭露了长期天气演变的某些重要规律。这许多经验是劳动人民几千年来与天斗争的实践总结,揭示出许多天气。"[2]

在那段时间内,土法上马,以群为主,大砍天气图。有人甚至提出天气图"十大罪状",令人吃惊。在一些气象局召开的会议上,如果有谁表示反对就有可能被戴上反对党的气象方针的帽子。在这样的会议上黄士松只得作模棱两可的发言,以免招祸。在1962年,他终于憋不住自己的看法,发表了《对于天气预报大中小结合的一些看法和意见》一文(载《气

---

[1] 《气象学报》。1966年第1期,第1-3页。

[2] 《气象学报》。1966年第1期,第4-9页。

象通讯》1962年第9期）。也许正因为此，学校认为要黄士松改变态度必须让他接触基层气象部门的预报"革命"，接受农民群众的"教育"，向农民群众学习，所以让他下基层蹲点。当时中央气象台也组织预报人员下乡蹲点，帮助基层台站探索适合于县站天气预报的各种辅助图表的制作方法，总结县站天气预报方法和群众看天经验。1965年9月，叶笃正、陶诗言也到四川省江津和平武等县站学习县站补充订正天气预报的方法。叶笃正和陶诗言还分别撰文《学习气象站补充订正天气预报方法的一些体会》和《论我国的气象站中期天气预报》，同时发表于1966年出版的《气象学报》第36卷第一期上。

黄士松和倪允琪[①]扛着铺盖卷来到了无锡气象服务站。只见站里养着许多泥鳅，据说泥鳅下暴雨之前会跳出来，这样可用来预报天气。迎接黄士松的是他的学生晁淑懿，晁淑懿向老师介绍了气象站的基本情况。县站预报采用"听、看、资、谚、地、商、用、管"的八字措施为主要方法（指收听气象广播，看实况观测，运用历史气象资料，结合农谚和农民的看天经验，熟悉地形、地理特点，与台站内部或老农等相互会商，预报必须密切结合生产服务，加强技术指导与业务管理）。以农谚为线索，制作点聚图、各种要素曲线图、韵律相关表、阴阳历叠加等长、中、短期预报工具。

无锡地区的天气谚语中，有许多反映前后期天气相关的谚语，几乎全年各季皆有。如："一场春风对一场秋雨"、"伏里西北风，腊里船勿通"、"九里一场风，伏里一场雨"、"九九南风伏里旱"、"雷打立春节，惊蛰雨不歇"、"清明桃花水，立夏田开裂"、"惊蛰闻雷，小满发水"、"清明无雨早黄霉"、"小暑凉破破，大暑热煞鳅"、"九后一次雪，百天要发水"、"霉里勿落漪里落"……这些天气谚语从许多不同的方面反应了前后期天气之间的联系，如风对应降水、旱对应涝、冷对应热等。对应同一季节的天气，有着各种不同长度的前后期相关规律的谚语，最长的有5—6个月，短的也有一个节气（15天）。气象站的人员受到了启发，他们设想：既然

---

① 倪允琪，1964年毕业于南京大学气象系。

对应一个季节的天气有许多不同长度的前后期征兆存在，那么，抓住这些一系列的特征点，并将它们迭加起来制作中长期天气预报，使之有相互结合，相互补充，也许会得到更好一些的效果。他们对夏收夏种期间（6月份），以不同长度的前期征兆，运用迭加的方法进行中长期降水过程预报的试验。对应六月份降水的谚语，其中以150天、60天、15天三类较多。根据这三类谚语的含意：（1）先初步确定了从什么气象要素变化去抓和六月份降水过程相联系的前期天气征兆；（2）应用历史资料普查验证，严格订出这些前期征兆的具体标准；（3）进一步根据这些前期征兆的共性，进行分型并制作相关预报表，尽可能地得出可供预报时参考的指标。

黄士松认为尽管这些预报方法来自于农谚，但也是反应了大气运动物理过程的某种相关，并且在具体运用过程中也是比较严谨的，比用泥鳅、王八来预报要有科学依据得多。无锡气象站的这一做法在1966年全国补充订正天气预报学术会议上还受到了赞扬。

黄士松在气象站的主要工作就是帮他们做图表，做各种预报工具。此外还要去访问老农，向老农学习，收集农谚及老农的各种"土法"预报，有时候就住到老农家里。

在气象站蹲点一段时间后，还要去向太湖渔民学习。黄士松和倪允琪又来到太湖岸边，只见湖面上停泊着几条古铜色的木质小渔船，犹如一个水上船居部落。小渔船附近三三两两漂浮着些大木盆和手摇船。几块跳板，成了上下船的主要通道，两条护家犬，在忠实履行着职责。渔民们以船为家，临湖而居，生活条件简陋，烧饭做菜使用小煤炉。小而低矮的船舱就是卧室。黄士松和倪允琪登上联系好的一条渔船。船老大说，自己生在太湖，长在太湖，一辈子没离开过船，风吹雨打不说，最怕的是雷阵雨。老人印象最深的是，村里一户渔民利用渔闲跑运输途中遇到大风雷雨天，一户人家13口人全没了。

根据要求，黄士松他们必须吃住都和渔民在一起。船上湿气重，鱼腥味也重，他们一时难以习惯。船上生活也不方便，比如饮用水，就是湖水取上来后用大缸存起来，再用明矾一打，才能喝。要吃蔬菜，只能隔十天半月到岸上去买。由于湖上湿度大、生活单调，渔民喜欢喝高度白酒，都是海量。水产是渔民的主要副食品，一日三餐离不开鱼虾。渔民用太湖银鱼炒鸡蛋招待黄士松，开始觉得十分美味，但时间吃长了难免反胃。

船老大每天清晨、傍晚都要观天测风，在长期的实践中，摸索出全年刮风的规律，将节令与"神诞"连在一起，一年有20个风信，又称"报头"、"风报"。如正月十二开印报、正月半三官报、二月初二土地报、二月初八大帝报、二月十九观音报、二月廿八老和尚过江、三月初三芦青报、三月廿三娘娘报、四月二十谷雨报、五月初六立夏报、九月初九重阳报、九月十三皮匠报、九月十九观音报、九月廿六一头风、十月初五五凤信、十月半三官报、十月三十黎星报、十一月初八立冬报、十一月廿二小雪报、十二月初七大雪报。在这些风信的前后一二天，要刮六七级大风，至今仍作为预测刮风的依据，准确率较高。

黄士松在船上同老农谈天气变化，谈气象站是如何预报天气的，大家交谈甚欢。

莫须有的罪名

1966年5月25日，在康生操纵下，署名聂元梓等7人的大字报《宋硕、陆平、彭佩云在"文化革命"中究竟干了些什么》在北京大学内贴出。6月1日晚，中央人民广播电台向全国广播了大字报全文；6月2日，《人民日报》刊登了大字报全文，同时发表评论员文章和社论，提出要摧毁"为陆平、彭佩云等人多年把持的""反党反社会主义的顽固堡垒"，"把他们打倒，把他们的黑帮、黑组织、黑纪律彻底摧毁"。在中央人民广播电台广播了北京大学聂元梓等人的大字报后，6月2日和3日，南京大学溧阳分校和校本部就分别出现了矛头直指匡亚明校长的大字报。6月6日中共江苏省委召开常委会议，决定撤销匡亚明的一切职务，并立即上报中央批准。6月12日，中共江苏省委在南京大学操场召开了有万人之众的南京大学无产阶级"文化大革命"动员大会，匡亚明被妄加罪名而撤销一切职务，成为"文化大革命"

中继北京大学校长陆平之后被最早"打倒"的大学校长之一。[①]

从这时起，南京大学便开始停课搞运动。

此时，被派到无锡县气象服务站去蹲点、向基层学习的黄士松被学校召回，参加"文化大革命"。一开始黄士松还没有受到批判，只是被要求参加学习，提高思想认识，对学校里的一些问题提出批判意见。原来，5月14日和5月20日，匡亚明[②]分别在校本部和溧阳分校作开展无产阶级"文化大革命"的动员报告，会上匡亚明提出运动的32字方针："学习文件，提高认识；口诛笔伐，打退进攻；自我革命，改造思想；揭露问题，彻底教改。"为贯彻这一32字方针，匡亚明还曾在全校转发了一封青年工人的来信，并以溧阳分校名义为之撰写了按语，其中提到："在全校开展一次群众性的兴无灭资的自我教育运动。学生可以批评教员，青年人可以批评老年人，群众可以批评任何干部和领导。"

6月15日，由汪冰石[③]任队长，梁辑卿、杜方平、吴大胜、林克任副队长的中共江苏省委驻南京大学"文化大革命"工作队开进学校，取代了校党委对"文化大革命"运动的领导。7月4日，江苏省委又改派彭冲[④]为南京大学工作队队长兼任南京大学党委书记。工作组进校后，对避免当时激进的"群众运动"产生过于极端的行为起了一定作用。但由于当时"文化大革命"的运动方向就是要"横扫一切牛鬼蛇神"，许多高校在"揭发批判"原学校党政领导的同时，"顺藤摸瓜"、"层层揪斗"，把"批判"、"揪斗"的矛头扩展到一大批干部、教师，甚至部分学生也程度不同地受到压制和批斗。

黄士松也是被调查对象。他们调查他在基层是不是很反动，并让倪允

---

① 王德滋：《南京大学百年史》。南京：南京大学出版社，2002年。
② 匡亚明（1906—1996），江苏丹阳人。教育家。1955年至1963年任东北人民大学（后更名为吉林大学）常务书记兼校长。1963年起任南京大学党委书记兼校长。"文化大革命"中备受迫害，1978年复出，担任南京大学党委书记兼校长。
③ 汪冰石（1918—2003），安徽省怀远人。1962年后他担任中共江苏省委工业部副部长、江苏省经济委员会副主任、中共江苏省委工业交通政治部副主任。
④ 彭冲（1915—2010），1934年8月加中国共产党。新中国成立后任中共福建省委秘书长、福建省委统战部部长兼龙溪地委书记，中共中央华东局统战部副部长，江苏省委常委，南京市市长、市委第一书记，江苏省委书记。1966年至1968年担任南京大学党委书记。

第七章　十年动乱

琪揭发他。倪允琪还是实事求是的，他说虽然黄士松不赞成用乌龟、泥鳅预报天气，但他还是主张用统计方法来帮助基层搞预报的。

1966年8月，黄士松被打入气象系劳改队，在当时北京西路北大山观测场气象系的田里劳动。凡是当权派，学术权威，政治上有问题的人，老教师或者年轻教师出身不好的，如余志豪也被打入劳改队里面。连黄士松的母亲还有王彦昌的岳父，都是六七十岁的人了，都去参加劳动。造反派给黄士松罗织的主要罪名，一个是反动学术权威，说他学术上霸道；一个是特务，说他在美国又不是待不下去，回来干嘛，是不是美帝国主义派他回来搞破坏；还有就是他在美国曾经申请加入美国籍的问题，说他叛国投敌。

从7月底开始，全国各高校撤销了工作队。八九月间，开始了全国性的"红卫兵"运动和"革命大串联"。南京大学各种"红卫兵"和"造反派"组织也纷纷成立，如"红色造反队"于8月23日成立、"南京大学八二七革命串联会"于8月27日成立；被一些造反派视为"保皇派"的"红旗战斗队"也于8月30日成立。

黄士松不甘于被侮辱和被莫名地批判，他与余志豪、陈其恭、伍荣生、虞传政等人也成立了一个"冲霄汉战斗队"，贴出大字报，批判学校的不正确做法，结果被认定为反攻倒算，反动透顶，从而招致更加厉害的批斗。批判时，低头弯腰，造反派给他脖子上挂上白纸黑字的牌子，上面写着"打倒反动学术权威黄士松"，打上红叉，开会批判时坐"喷气式飞机"，批判结束后游校，从南园游到北园。

黄士松被批斗，家里也不得安宁。造反派在家门口贴上大字报，门上贴的白纸黑字的标语，贴不下了就在楼外贴，大标语从楼上一直挂到楼下。

"文化大革命"初期造反派还有一个暴行就是抄家。抄家不经任何部门批准，不需要任何法律手续，随时可行，突然而至。翻箱倒柜，连沙发、床板、地板、墙上护壁、壁炉烟囱也要拆开来看；阶级斗争的"敌情"观念显然激发了这些年轻的非职业查抄者的想象力和认真精神。由于抄家的无组织性，常常是甲走乙来，乙走丙来，重复查抄。抄不到"罪证"，就认定被抄者"不老实"，加重打骂。

　　抄家的对象有地富反坏右、资本家，文卫科教单位党政官员、教授、学者、科技人员等"反动学术权威"。查抄的重点是被视为"剥削"证据的金银首饰、高档消费品（考究西装、进口唱机、相机等），被视为"封资修"的中外古典名著、文物字画，被视为"现反"罪证的信件、日记、文稿、报刊剪贴（最好能抄出委任状、变天账、无线电台）。查抄物品常常成了被抄家者挨斗时的罪证。查抄物品的处理方式有焚毁"黑书"、字画，上交（各单位负责"文化大革命"事务的机构或公安部门）查封，用作布置"罪行展览"；极个别的，也有装入私囊的。

　　黄士松所住的南京大学上海路家属区是造反派的重点目标，楼里住的都是教授、副教授。自然，黄士松也被抄家了。来抄家的就是气象系里的年轻老师和学生，抄家队伍敲着脸盆雄赳赳闯进门来了。带队者宣布前来抄家，勒令反动学术权威、特务（黄士松），地主分子（黄士松母亲）以及汤明敏都集中站在一边派人看着，然后他们便乱哄哄冲进房间，翻箱倒柜进行全方位抄检。抄家的重点是翻查是否藏有反动书籍以及特务、叛国投敌的罪证。把黄士松从国外带回来的所有东西，他在美国省吃俭用买回来的心爱的古典音乐唱片、很多信件、毕业证书都抄走了。还有字画、书籍，其中一幅张大千的，一幅董其昌的也都拿走了（后来退还时，这两幅最珍贵的字画和唱片都不见了）。

　　黄士松挨斗，他的母亲也未能幸免。他母亲被划为地主了，居委会的人常到家里来进行批斗。70多岁的老人，又不识字，让背老三篇，背不出来就要挨骂。黄士松的两个孩子吓坏了，只要他们一到，兄妹二人就躲在储藏室里，不敢出来。

　　校革委会1967年4月2日作出决定，成立"当权派管理小组"，将匡亚明、胡畏、陆子敏、戈平等原来的学校领导干部"集中管理体制学习"；4月16日，又举行"向阶级敌人发动猛烈进攻誓师大会"，会上提出，要"牢牢掌握阶级斗争主动权，打一场人民战争，把隐藏在南京大学的叛徒、特务、死不改悔的走资派、反革命分子统统揪出来，把同国民党反动派的斗争进行到底。"6月12日，江苏省革命委员会发出所谓"充分发动群众，向阶级敌人发动更加猛烈进攻"的指示，南京大学即开展了"清理阶级队伍"运动。校革委会提出了"彻底揭开南京大学阶级斗争盖子"的口号，并制造出"南京大学庙小妖风大，池浅王八多"、"山高林密老虎多，敌情严重"等舆论，不断扩大打击面。6月18日，校革委会"揭盖子指挥部"举行了第一次会议，决定从党委副书记陆子敏"开刀"，"全面揭开旧校党委阶级斗争盖子"。以后，陆子敏便被作为"地下黑司令部头头"而受到连番揪斗。7月，校革委会请3503厂、农林厅、邮电管理局、教育学院和教育厅等单位来校介绍对敌斗争经验；8月，又组织开展所谓"清查地下黑司令部"的斗争。以致许多教职工都被"莫须有"地加上"国民党残渣余孽"、"特务"、"叛徒"等罪名而受到迫害[①]。

黄士松在"清查地下黑司令部"中未能幸免，被按上"特务"、"叛徒"等罪名再次受到迫害。

在"清理阶级队伍"和"大批判"的同时，在校师生的一项主要任务便是劳动锻炼和改造。1968年12月，在校革委会和工宣队的组织下，全校师生到南京长江大桥工地参加劳动。住在桥南一个小学校里，打地铺。工地在下关宝塔桥附近，方圆好几平方公里，数不清的工棚简易房，机器的轰鸣、铁件的撞击，炉灶冒火烟筒冒烟，树上挂的扩音器不时传来吼叫声，地面上东一堆西一堆的都是脏脏的木板电线。黄士松他们是劳改对象，干的是重体力活，背水泥、运粮食。他们胸前挂个名片大小的牌子，上面写着自己的名字。吃饭也不能和一般师生在一起，专门有人管着。因为他们是专政对象，是去劳动改造，而一般师生是去参加大桥建设。

此时的黄士松已经不是个大学教授了，成了不折不扣的体力劳动者。由于沉重的体力活消耗很大，他的饭量也很惊人，一顿要吃半斤。白天干完活后，晚上他们还要额外去背水泥。一个晚上背一百包，相当于一万斤，连续背了三个晚上的水泥，致使腰背受伤。好在饭菜足量供给，否则难以支撑下来。每晚劳动结束了，还不准洗澡，因为他们是专政对象，防备他们串联。

[①] 王德滋主编：《南京大学百年史》。南京：南京大学出版社，2002年。

农场劳动

1969年10月18日，下达了林彪关于加强战备的紧急指示（即所谓林副主席的第一号手令）。10月19日，根据江苏省革委会的指示，南京大学全校师生员工在毫无准备的情况下，被迫离家启程，不管老弱病残，身负行李一律徒步去溧阳分校，说是在那里隐蔽并建立劳动基地。同年10月28日，溧阳分校改名"南京大学五七农场"，师生们被安排从事修筑水利工程、农业生产和上山砍柴等劳动。在校革委会全委会12月2日的会议纪要中就曾有决定：[①]

> 各系劳动。中文、历史、化学、生物、原校部机关和原后勤，兴修南京大学五七农场水利工程；物理、数学，支援上兴公社团结水库水利工程；外文、地理，支援旧县南渡水利工程；地质、气象，负责上山砍柴，天文、政治为机动，等候通知。

当年的南京大学溧阳分校位于宁杭公路边，距离南京市大约九十公里，原来是溧阳县属下的一个果园，占地面积约为1320亩。溧阳分校的创办是毛泽东"教育革命"思想的产物。早在1961年7月，毛泽东曾经致信江西"共产主义劳动大学"，认为该校"半工半读，勤工俭学"的办学模式很好，希望全国学习他们的经验。后来毛泽东又发表了一系列关于"教育革命"的谈话和批示，主要内容包括减少课堂教学，加强社会实践，学习"抗大"经验，缩短大学学制等。他认为："要改造文科大学，要学生下去搞工业、农业、商业。……大学如果是五年的话，在下面搞三年。教员也要下去，一面工作，一面教。哲学、文学、历史，不可以在下面教吗？一定要在大洋楼里教吗？"

---

① 王德滋主编：《南京大学百年史》。南京：南京大学出版社，2002年，第384页。

第七章　十年动乱

为了贯彻毛泽东的上述指示，南京大学党委在中央高教部和江苏省委的支持下，于1966年1月17日作出了"关于建立溧阳分校的决定"，提出将文、史、哲三系迁往溧阳果园，打通合并组建"大文科"，实行"半农半读"的构想。

当年匡亚明率领文科三系师生艰苦建起的分校现在变成了全体师生劳动改造的农场。黄士松、汤明敏和其他所有老师一样下放到农场劳动。但二人"待遇"不一样。黄士松作为专政对象，有专人看管。汤明敏虽然属于革命群众队列的，但她是专政对象的家属，同真正的革命群众也有所不同，她也被革命群众管着，但要比黄士松的处境好得多。

黄士松的主要劳动除了干农活以外，还要拉煤，顺带养鸡。他和余志豪等三人专门负责拉气象系的生活用煤。拉煤是个体力活，路途遥远，余志豪心疼自己的老师，总是自己在前面拉，让黄士松在后面推，这样省点力。

繁重的体力劳动对黄士松身体的摧残是严重的。在大桥工地劳动时，腰背受了伤。在溧阳又得了严重的痔疮，往往在拉煤的路上就犯了，十分痛苦。有一天去割麦子，割一上午后中午不能休息，吃了饭之后继续割。割到下午，黄士松觉得两个眼睛里面出现一个黑圆圈。第二天也不敢请假，继续去割麦子，到下午眼睛里又出现了黑圆圈。黄士松意识到问题严重了。请假到鼓楼医院一查是玻璃体浑浊，是因为长期低头干活，导致视网膜的血管破裂。

黄士松回忆道"他们一定要把你看成阶级敌人。我也没参加过国民党，什么都没有。那么就说你回来就是特务，是受美帝国主义的指派回来的。所以就要检查啊，交代啊，要讲在国外的情况啊。所有的都交代了，你还把我当成特务，我很生气。""那时还没有认识到共产党内部的情况，没有认识毛泽东的情况，我认为就是有坏人在这里面捣乱，将来一定能搞清楚。""所以批判我呀什么的，我一个耳朵进一个耳朵出。有的骂的，根本无中生有，想想都好笑死了，当然不能够真笑出来。""当然，精神上感到很失望。那个交代过程里面，想着好像以后就不教书了，因为自己是反动学术权威，又是特务，那你将来你还想上讲堂吗？不可能的！那我就想,我退休了,不干了,到乡下去,种田去。"①

很多被整的人同黄士松一样,都会天真地想:这样情况,伟大领袖毛主席知道不知道?!没有什么可坦白的,但还是要坦白,不能承认那些莫须有的错误和罪行,不承认,就无休止地提审。一些忍受不了非人折磨、忍受不了尊严扫地,接受不了莫须有罪名的人选择了自杀。当时化学系的副系主任彭世珂,是金陵大学的高材生,专业的带头人,教学业务尖子,一天早晨,在水塘洗脸时,愤然投塘自杀。天文系的朱耀鑫也是一个学术前途无量的青年天文学家,也是因为不堪忍受,半夜出逃,奔向一个水库自杀。还有一个物理系的学生,被强加"反革命小集团"的罪名,受不了残酷批斗,突然离开现场,奔向公路,冲向一辆高速行驶的大卡车,自杀身亡。对被专政的女教师也同样残酷斗争,无情打击。如1970年春,陈其恭、曹琳等住的地方原本是农民家里用了多年的猪圈,里面又臭又潮湿,就临时腾出来让她们住里面。

1970年3月27日,中共中央发出《关于清查"五一六"反革命阴谋集团的通知》。通知说:"国内外阶级敌人同我们的斗争是很复杂的,反革命秘密组织决不是只有一个'五一六'",鼓动人们去抓更多的"反革命"。所谓"五一六"反革命集团,原指北京一度存在的一个名为"首都五一六红卫兵团"的小组织。该组织在1967年8月间进行秘密活动,散发诬蔑攻击周恩来的传单。对此,毛泽东在1967年9月8日《人民日报》发表的姚文元的《评陶铸的两本书》一文中加了一段话,指出"五一六"的组织者和操纵者,是一个搞阴谋的反革命集团,应予彻底揭露。1968年中央成立清查"五一六"专案领导小组,陈伯达任组长,谢富治、吴法宪为领导小组成员。林彪、江青一伙借机把许多反对"中央文化大革命"、反对林彪、江青一伙的干部、群众打成"五一六"分子。由于林彪、江青一伙的捣乱和破坏,清查"五一六"集团的斗争不仅严重扩大化,而且演变成为全国性的两派群众组织之间的大混战,数以百万计的人遭到残酷迫害②。

南京大学被认为是"五一六"敌情最严重的单位。1970年4月开始清

---

① 黄士松访谈,2011年11年1月。资料存于采集工程数据库。

② 人民网。http://cpc.people.com.cn/GB/64162/64165/77585/78772/5490181.html。

查时，首先将南京大学作为突破口。为了集中深挖"五一六"，1970年5月28日，除中文系和后勤机关留守溧阳外，其余各系各单位人员又被驱赶回南京，在校内集中住宿。

那天晚饭之后全体集合步行回校。路上突然狂风暴雨，大家全身湿透。半夜时分到了句容，决定在句容休息，第二天一早继续赶路。所谓休息也没有床，就是一张长板凳，权当床了。黄士松由于白天拉了一天的煤，晚上又走了大半夜的路，痔疮病又犯了，痔疮挂在外面，痛的不得了，实在走不动了。黄士松给造反派汇报自己的病情，造反派还不相信，要找医生来检查。医生检查后说的确很厉害，造反派这才批准他不用再步行了，可以从句容坐汽车回学校。

黄士松回到学校后并不能回家，还是被隔离在学校里面，继续挨批斗。气象系主任徐尔灏被单独隔离审查。因为造反派认为气象系里没有一个大的突破，没有抓出一个非常厉害的人。说气象系的运动火力不大。于是他们把目标对准了徐尔灏，把他一个人关在校内东南大楼，用他来突破以扩大"战果"。

徐尔灏1939年毕业于中央大学地理系。1948年获英国伦敦大学帝国理工学院理学硕士学位。同年回国任中央大学气象系副教授。新中国成立后，继续留在南京大学气象系任教。1958年任气象系主任，并加入中国共产党，同年创建了我国高等学校第一个大气物理专业。徐尔灏为人耿直，宁折不弯，但内心十分痛苦，情绪低落。吃饭时碰到黄士松等，徐尔灏也尽量不和大家在一起吃，以免影响同事。黄士松找机会劝他看远一点看穿一点，一切都会过去的。黄士松把自己挨批的经验告诉他说，他们批你，你就这个耳朵进那个耳朵出，不要往心里去。但要做到这样是多么的不容易，面对生理、心理的各种折磨，徐尔灏实在无法忍受了，1970年7月12日他跳楼结束了自己的生命。

南京大学经过四个多月的清查深挖，关押"五一六"分子108人，点名"五一六"248人，挂上"大名单"的"五一六"嫌疑分子1154人，共有1560人卷入了"五一六"旋涡。其中有21人跳楼、自缢、卧轨自杀身亡。

南京大学为何能在较短时间内打出成批"五一六"？虽然也搞"政策攻心"，但主要靠所谓"军事压力"，大搞逼供信。连续战斗几昼夜（最多13个昼夜）攻下"顽固堡垒"，通宵达旦取胜于拂晓，宽严大会上戴手铐，小分队滥用十几种体罚，等等，主要靠这些手段逼出"五一六"，也逼出了人命。一位吃尽苦头的受害者事后谈及当时的处境是，"站不完的队，受不完的罪，写不完的交代，流不完的泪"。

徐尔灏自杀后，造反派也有些许害怕。把隔离黄士松他们的房间窗户马上都用木条封起来，防止他们跳楼自杀，看管得更加严了。

鉴于造成很多师生自杀身亡，学校阻止了这种非人的批斗，所有被隔离审查的人都陆续放回家去。但每天还是要集中到学校去学习，接受教育改造。

1971年"9·13"林彪事件为史无前例的无产阶级"文化大革命"涂抹上戏剧色彩，向中国、向世界抖出了最大的包袱。这个消息传开，举国上下，无论是最最忠于毛主席的革命群众、工农兵，还是有这样那样问题、屁股上不干净的"臭老九"，被打倒的走资本主义道路的当权派，还是"阶级敌人"都感到震惊。黄士松是从理发师傅的口中知道这一惊人消息的。无产阶级"文化大革命"进行到此时，才是真正的惊心动魄和史无前例。黄士松以前是对政治不感兴趣的人，但经历了这么多的政治运动，自然也就具有了"政治"头脑。他在想"文化大革命"将怎样进行到底呢？中国将何去何从呢？如果说毛泽东是无产阶级革命路线，刘少奇是资产阶级反动路线，林彪是毛泽东钦定的接班人，亲密战友，林彪是毛泽东革命路线上的人，林彪的失事，林彪线上的一批人倒下去了，中国共产党的伟大性、光荣性、正确性是否会因为林彪事件的发生而遭到质疑呢？

黄士松乃是书生，对政治还是个门外汉。林彪事件之后，很快举国上下开展批林批孔运动，在批林批孔的口号声中，"一打三反"运动不了了之。因为林彪事件的发生，当时无解的"运动"和"斗争"随即变得有解起来，无产阶级"文化大革命"的一切错误都名正言顺地归结在林彪身上。因为林彪事件，牛鬼蛇神的日子好过了一些。虽然靠边站，但主要注意力不在他们这些人身上了。

在南京大学校史资料中，我们看到了如下一组令人触目惊心的数据："文化大革命"爆发时，全校当时有教授70人，副教授35人，计105人。除一人因病住医院于1968年病逝未受冲击外，104人都不同程度地受到审查和冲击，绝大多数被抄家、挂牌、关"牛棚"，不少人被扣上"特务"、"叛徒"、"反动学术权威"等帽子。全校被定为"敌我矛盾"的132人。审查中，不堪凌辱、自杀身亡的27人[①]。

恢复工作

回到家里的黄士松就相对自由了，可以看看书。图书馆也开放了，他抓紧时间恢复学习和研究工作。

1971年6月19日，国务院发出了《关于大专院校放暑假和招生工作的通知》，指出各高校的招生问题，由各省、市、自治区按照本地区和院校的实际情况，根据需要和可能，酌情处理。1972年2月，江苏省高等学校恢复招生。南京大学在停止招生六年之后，于1972年4月28日，迎来了"文化大革命"以来的第一批学生——工农兵学员。首届工农兵学员招生共1005人，实际进校995人，分布在26个专业。工农兵学员通过"群众推荐、领导批准和学校复查相结合"的办法招收。招生对象是"政治思想好、身体健康、具有三年以上实践经验，年龄在20岁左右，有相当于初中以上文化程度的工人、贫下中农、解放军战士和青年干部"；"有丰富实践经验的工人、贫下中农，不受年龄和文化程度的限制"；同时也"注意招收上山下乡和回乡知识青年"。而总的来说，还带着强调阶级路线的极端倾向，如据1973年8月学校统计报表，当时在校生共2149人，绝大多数家庭出身都是工人、贫下中农、革命干部和革命军人，仅有3人家庭出身是"剥削阶级"。

---

① 王德滋：《南京大学百年史》。南京：南京大学出版社，2002年。

工农兵学员的培养方式强调"以毛主席著作作为基本教材的政治课，实行教学、科研和生产三结合的业务课，以备战为内容的军事体育课，并要积极参加生产劳动"，学制三年。

气象系也于4月28日迎来了首批工农兵学员。黄士松遂被"解放"，渐渐恢复教学工作。1973年2月，阔别讲台7年后，再次走上讲台给气象系气象专业二年级学生开设天气分析与预告课程。他并为此创建新的教学体系，收集新材料，编写了新的讲义，讲义曾为国内很多校（系）所采用。后来几位年轻教师基本上以此讲义为基础编写成《天气学》并正式出版。

由于徐尔灏被逼自杀身亡，气象系的工作重任就落在了黄士松身上。"文化大革命"使得系里的各项工作都停顿了，人际关系也不协调，一切都需要重新起步，可谓百废待兴。黄士松从恢复正常教学开始，慢慢恢复系里的工作。

工农兵学员都是推荐入学，新生文化水平参差不齐，且学制缩短，教学内容压缩，给教学上造成了许多困难，影响了教学质量。黄士松想了不少办法来弥补。他请来上海市气象台的预报员胡德祚辅导气象专业三年级学生的天气分析和预报实习课，希望通过这种方法来使得学生毕业后尽快适应工作岗位的要求。

此外，应国家气象局、总参气象局等要求，结合气象工作实际需要开办"雷达气象"、"热带天气"、"气候统计"、"气候学"、"卫星气象"等培训班。既为气象行业解决人才问题，也尽快恢复老师的教学水平。

黄士松除了做好系里的工作之外，很快恢复了自己心爱的研究工作。

远在北京的大学同窗好友陶诗言"文化大革命"期间因为搞军事气象保障，没有受到造反派冲击，没有中断过自己的研究工作。相对于经常挨批斗的黄士松来说无疑是十分幸运的。20世纪60年代末到70年代初，国际气象界开始将气象卫星资料应用于天气分析和预报，开辟了新的气象研究领域。1969年初的中国南方雨雪冰冻灾害导致通讯、交通中断，大范围农作物和人员受灾。周总理听取气象工作汇报，明确提出，要搞我们自己的气象卫星。在我们的气象卫星上天之前，要接收和利用国外的气象卫星资料。陶诗言根据国家需要，率先投入这项研究工作。他带领研究组潜心钻研，努力实践。在研制出了APT，VHRR，TIROS-N三代美国业务气象卫星云图接收设备和日本地球同步卫星云图的接收设备。陶诗言带领大家继续对卫星云图进行进一步研究，研究包括卫星云图定位和拼接，图像基本特征识别（海、陆区分，不同地表判别），云的分析识别（高、中、低云），云型和天气系统（带状、涡旋状、线状、细胞状），中国主要天气系统的云型特征（锋面气旋、高空冷涡、梅雨、台风和热带天气系统）等。1971年科学出版社出版了《卫星云图的接收和分析》。1972年12月陶诗言还与丁一汇组织翻译了《卫星云图在天气分析和预报中的应用》一书，该书选用了大量不同地区具有典型性的卫星云图照片，简要而全面地说明各种天气系统卫星云图的特征。

与此同时，刚刚获得"解放"的黄士松不约而同地也把研究目标放到卫星气象上来了。1971年1月，由南京大学天文、气象、物理、数学等系和仪器厂联合研制的卫星云图接收机获得成功。由于卫星云图上云系亮度能表示出云的性质、云顶高、厚度、降水等情况，即对流强弱情况。当时接收的卫星云图照片，包括红外和可见光部分，都附有从黑色到白色的温度标尺或亮度标尺，可用以帮助判断照片各部分的黑白程度，即云的亮度。但是，用肉眼判断时主观误差较大，在应用于作精确比较时必须作出客观定量的亮度分析。气象系又研制出一套简单仪器装置作亮度分析，其原理是使光透过云图照片，经过凸透镜聚焦到光电倍增管，由检流计上读出电流数值。光度越强，电流数值就越大。

黄士松将这一装置用于台风云系亮度分析，根据卫星云图的亮度分布，对台风移动和强度变化做出预报。

此后，黄士松又将目光转向素有"春季台风"之称的江淮气旋。江淮气旋是造成江淮地区暴雨的主要天气系统之一，也是长江流域梅雨天气的型式。江淮气旋主要发生在长江中下游，多产生于春季，所到之处往往会出现大风大雨天气，其凶悍程度，一点也不逊色于台风，所以人们常把它称为"春季台风"，常常造成严重的洪涝灾害。

以前关于江淮气旋的研究多是统计性的，对江淮气旋发生发展的详细的环流背景及对其结构等了解比较少。黄士松想结合研究暴雨问题，把江淮气旋研究清楚。他选择了一个 1973 年 4 月 29 日至 5 月 1 日在长江中游、淮河上游生成的典型的江淮气旋进行分析研究，提出了许多新的见解并提出江淮气旋的预报指标。黄士松对江淮气旋的研究成果后来广被编入教材，成为关于江淮气旋的经典理论。

第八章
重塑南京大学气象系

全面恢复教学科研

1976年10月,党中央一举粉碎"四人帮",从此结束了长达十年的内乱。南京大学在"文化大革命"期间是深受林彪、"四人帮"危害的重灾区之一。粉碎"四人帮"后一个揭发批判"四人帮"的群众运动立即在南京大学掀起,历时两年有余。这个运动从揭发批判"四人帮"篡党夺权的罪行入手,联系学校实际,揭露学校中同"四人帮"篡党夺权阴谋活动有牵连的人和事,使运动逐步深入。后来这一揭发批判活动发展为以"三大讲"(讲路线、讲党性、讲团结)和"路线对比"等为内容的群众自我教育运动,师生员工以"国受其害、党受其害、身受其害"的大量事实和亲身体会,清算"四人帮"罪行,从路线上分清是非。在"揭批查"运动中,南京大学查清了学校内与"四人帮"阴谋篡权活动有牵连的人和事,全校受到审查的共计26人,其中定案处理的10人[①]。

---

① 王德滋:《南京大学百年史》。南京:南京大学出版社,2002年,第401页。

一些当年批斗过黄士松的学生和教职工来到黄士松家里道歉，抄家的也来道歉，在溧阳农场劳动中故意为难他的人也来道歉。黄士松对过往的恩怨一笑了之，他对这些前来道歉的人说："'四人帮'打着毛主席的旗号，你们也是受蒙蔽的，毛主席的话你们能不听吗，你们能不跟毛主席走吗，其实你们也是受害者，我不会怨你们的。"黄士松的一席话打消了这些人的顾虑，为缓和气象系的人际关系创造了条件。

粉碎"四人帮"以后，系里的教学和科研工作开始全面恢复。许多问题摆在黄士松面前需要解决。黄士松本意并不想干行政工作，他觉得自己在行政方面没有特长，希望能专心于教学和科研。此时系里有另外一个教授主动请缨想担任系主任，这倒使黄士松如释重负。然而学校经过综合考虑、权衡认为，黄士松无论从教学经验、科研能力、资历乃至人品，都是最合适人选。1977年学校正式任命黄士松为气象系主任。

黄士松任系主任后主要抓两方面工作，一个教学，一个科研。教学方面，首先要制定新的教学计划，调整课程设置，要新开设一些课程。"文化大革命"十年，也没有像样的教材，要重新组织编写新教材。科研方面，要建设实验室，提高科研能力。他主持制定了气象系八年科研工作计划并被列入"1978—1985年南京大学重点科研项目发展规划"。黄士松和中国气象局积极联系争取项目。对有些研究领域，没有经费开展但又确实需要开展的，就从他自己的科研经费里调配一些来支持开展新的课题，等等。

1977年10月，国务院批转教育部《关于1977年高等学校招生工作意见》和《关于高等学校招收研究生工作意见》，重新规定：报考高等学校考生应具有高中毕业或相当于高中毕业的文化水平。招生办法是自愿报名，统一考试，地市初选，学校录取，优先保证重点院校。自此，高等学校以统一招考的办法取代了"文化大革命"后期"群众推荐"的招生办法。学制恢复为四年。

南京大学通过高考招生，录取1977级四年制本科生885名，于1978年1月入学。气象系1977年并未招生。1978年招收了恢复高考后的第一届本科生，共117名。

由于十年"文化大革命"使高校教师队伍青黄不接，随着学校中心工作转移到教学、科研工作上来以后，学校招生规模的扩大，教学改革的深入和学科的发展，教师队伍所存在的数量不足、结构失调和业务荒疏以致教学、科研工作水平落后于形势要求等问题，也日益显露出来。针对这种情况，南京大学采取了一系列补充、加强教师队伍和提高教师业务水平的措施。一是通过各种渠道引进、延聘一批知名学者，并促成"文化大革命"中外流到其他岗位的骨干教师"归队"。二是通过举办外语培训班、各种形式的研讨班，以及选派教师出国考察、进修学习、参加学术会议等，促进教师的知识更新，提高教师的外语和业务水平。

气象系的情况也不例外，十年动乱，教学科研停止，拉大了同国外先进气象科学技术的距离。为了弥补这个损失，尽快赶上世界先进水平，黄士松非常注意培养造就一支高质量的学术梯队，提高教师素质。他根据中青年教师的特长，安排教学科研任务，用压担子的办法培养人才。他利用一切可以利用的条件，尽可能多选派人出国学习，吸收先进知识。当时留在学校里的教师工作量非常艰巨，有的同志就抱怨：派出国的是否多了一些？黄士松耐心解释，"不能只顾眼前的一时舒服，要把眼光看远一些、

图8-1　与青年教师一起研究问题（左起伍荣生、黄士松、包澄澜、余志豪）

我们今天咬咬牙关顶过去，以后我们才能在教学科研上立于不败之地。"后来这些出国进修的教师陆续回国，他们在教学科研中起到了骨干带头作用，分别在"大气动力学"、"热带天气学"、"数值天气预报"、"大气数值模拟"等领域崭露头角，成为国内学术界的新秀。黄士松经常讲，科学的未来总归是属于年轻一代的，要把中青年扶上马。他还形象地说，扶上马不等于了事，还要送一程；但千万不能拉着缰绳不松手。现在有些老同志对中青年不放心，这是不对的。人才是在实践中造就出来的，要让他们自己去闯、去奋斗。黄士松用人不带任何偏见，不分亲疏，唯才是举。一度有些人否定"文化大革命"期间入学的大学毕业生，尤其是在业务科研上压制他们，黄士松则不然，他认为不管怎样，这是一代人，尽管由于"左"的影响和各种条件的局限，他们当中确有一些业务能力较差，不能胜任工作，但大部分经过努力之后，不仅能胜任工作，有的还是相当不错的。他总是千方百计地创造条件，让系里的这些同志脱颖而出。

1978年南京大学根据国务院批转的教育部《关于高等学校恢复确定和提升教师职务问题的请示报告》以及1978年9月教育部召开的高等学校教师确定与提升职称工作座谈会的精神，恢复了教师职务评审和晋升工作，黄士松及时组织，分别在1978年，1979年4到7月，1979年12月到1980年4月进行三次教师职称评定，主持系学术委员会会议，审查拟提升人员工作情况、发表的论文情况，认真讨论提升名单，及时把一些年富力强，有真才实学的中青年教师提升到教授、副教授岗位。

面对当时科研工作中最令人头疼的气象资料问题，黄士松曾在1978年、1981年组织南京地区几个气象院校、业务科研单位召开了两次会议，共同探讨成立"南京气象资料中心"的可能性，也曾写报告并写信给中央气象局局长，并到北京与中央气象局局长面谈争取得到同意和支持。1982年中央气象局虽曾派情报研究所所长彭光宜来南京了解成立南京气象资料中心的必要性和可能性，但后无下文。1990年11月，黄士松在中国科学院地学部召开的一次会议上再次提出这个问题，终于在1994年，由国家自然科学基金委员会负责在南京地区建立了"南京气象学院大气资料服务中心"。

除了教学、科研和日常管理工作，黄士松还要随时接待到办公室或家里来讨论工作的同事，帮助同事修改英语文件书信，审阅系里同事投稿的论文，接待来系里交流学术的外国专家。

就这样，黄士松在较短的时间里恢复了气象系的教学和科研工作。

1977年6月，南京大学第八届科学报告会隆重举行。这是"文化大革命"结束后首次举行的科学报告会，也是对"文化大革命"后期科研工作的一个检阅。报告会参加者踊跃，全校14个单位共提交了322篇报告论文，规模空前。其中气象系共提交了35篇报告，占全校十分之一多，作为一个小系，十分难能可贵，这也从一个侧面反映了气象系对科研工作的重视以及教师们的刻苦。当时全国气象行业科研方面有四大协作项目，分别是台风科研协作、热带天气科研协作、青藏高原科研协作、"三北"气象科研协作。南京大学气象系参加了前三个科研协作，除此之外，气象系还同许多省市气象局及有关单位开展了双边协作。通过这种科研协作大大促进了气象系的科研工作，同时也培养了中青年教师的科研能力。

在提交的28篇研究性报告中，除了有5篇是55岁以上的老教师参与的之外，全部是中青年教师的报告。这些"文化大革命"之前的17年教育培养起来的中青年教师迅速成长起来并成为主要骨干力量。三大协作的成果主要集中在以下一些方面：含正压原始方程的台风数值预报模式，台风降水及暴雨的成因过程，赤道辐合带季节变化，台风活动与低纬大气环流特征，华南前汛期暴雨和低空急流的关系，低纬风压场的适应变化，中纬度扰动对副热带高压流场的影响，副热带高压变动与青藏高压活动的短期预报，青藏高压对副热带高压的形成、维持的影响，青藏高原的辐射、热量、水分平衡，青藏高原的光合作用、有效辐射分布及其生产潜力，等等。这些成果都具有实用性，在一定程度上帮助气象业务部门解决了一些灾害性天气预报方面的实际问题。在双边合作中，所取得的成果主要集中在：副热带高压的中长期预报方法，梅雨的中长期预报方法，500hPa环流变化特征、土壤热量储放、数理统计三方面的长期旱涝趋势预报方法，在福建省、湖南省分别进行人工降雨试验，成功研制新型人工降雨用催化剂四聚乙醛，试制成功全息滴谱仪，等等。还和有关单位合作估算了青海沱沱河流域、丹江口以上流域、淮河洪泽湖以上流域的可能最大降水量，为青藏铁路施工、丹江口保坝设施、洪泽湖入海工程设计提供了重要的参考数据。

还在进行的研究主要有：数理统计原理问题、太阳黑子对天气气候的影响问题、500年旱涝问题、雷达几率方程问题、卫星云图亮度分析问题、污染物稀释扩散问题、建湖县丰产田的气象条件问题、南京灾害性天气调查，等等。可以说气象系在黄士松的带领下，科研工作蓬勃开展、欣欣向荣。

这些成果的取得，是气象系全体教职工共同努力的结果。就像他在报告会的总结发言中说的，全系师生员工在"做好教学工作的同时，积极开展了科研工作。我们的同志不辞辛苦，不分寒冬炎夏，有的还克服了疾病和家庭困难，分赴外地，坚持工作。这里面有教师、有学员，也有教工同志。有的同志除完成了自己分内的工作之外，还积极主动地承担一些与科研、教学直接有关的而又不可缺少的工作。所有这些同志都是我们学习的好榜样。"[1]

在这次报告会上，黄士松就气象系的科研问题发表了自己的看法。这些看法是他结合当时的形势及科学的发展规律深思熟虑之后提出来的，可以说是他接任系主任后在科研方面的施政纲领。他说道：

"这次报告会是一次检阅、交流、促进的大会。通过这次报告会，我们要很好总结经验，肯定成绩，克服不足之处，制定全系的科研赶超规划，为实现四个现代化做出贡献。

为此，我们应该从当前和长远、应用与理论、任务与学科三方面的关系出发，很好地讨论、拟定我们科研的方向、目标、课题、重点及措施。拟定时既要考虑我们自己的目前基础条件，同时也要考虑到发展的可能。1975年省、校曾提出我系的科研重点放在灾害性天气预报和人工降水和消雹上，是否合适？希望很好地讨论。另外，每个科研项目都包含应用与理论两方面问题，应讨论在参加的科研项目里有哪些应用课题，有哪些基本理论问题，哪些要求近期解决，哪些作为长远目标。最好都能明确下来，

---

[1] 在1977年6月南京大学第8届科学报告会气象分报告会上的总结发言。见黄士松采集成果，手稿类，SG-001-001。资料存于采集工程数据库。

这样可以使科研工作有稳定性和持续性，不致常常中辍，另起炉灶。也只有有稳定性和持续性，才能够使科研工作不断深入，做出系统性的成果。当然，讨论拟定时我们一定要有高度的革命干劲，同时也要有严肃的科学态度。要求每个教研组从现在起就开始讨论规划。必要的条件设备也要很好考虑，但任何条件设备都要从当前与长远的科研需要，有目的地来考虑，不要为搞设备而搞设备，不要搞一套丢一套，花大钱睡大觉，造成积压浪费。我们在考虑设备问题时一定要实事求是，坚决贯彻勤俭办学、办科研的原则。

科学技术的产生和发展是由生产决定的，科学技术的进步又促进了生产的发展。因此，为了更好地联系实际，也为了易于解决科研经费问题，我们仍然应当尽量与协作单位挂钩，积极参加社会主义建设实践项目。当然，协作问题不但有与校外的协作，也有校内协作、系内协作问题，我们一定要从大局出发，搞好所有的协作关系。"①

1977年10月，黄士松到北京参加全国自然科学学科规划会议，更使得他明确了学科发展方向以及对大协作的看法。

科学的春天

1978年3月18日，这一天注定要被历史铭记。

全国科学大会开幕。会场内红旗飘扬，主席台上悬挂着郭沫若为大会题写的"全国科学大会"的横幅。5000余名代表相继来到会场。

下午3时，大会开幕。邓小平作了重要讲话。这次会上他明确提出"四个现代化关键是科学技术的现代化"、"科学技术是生产力"、"知识分子是工人阶级一部分"等著名论断。在开幕式讲话中，邓小平首先提纲挈领地指出："四个现代化，关键是科学技术的现代化。"接着，他谈到对

---

① 在1977年6月南京大学第8届科学报告会气象分报告会上的总结发言。见黄士松采集成果，手稿类，SG-001-001。资料存于采集工程数据库。

科学技术是生产力的认识问题。他说："科学技术是生产力，这是马克思主义历来的观点"，"现代科学技术的发展，使科学与生产的关系越来越密切了。科学技术作为生产力，越来越显示出巨大的作用。"他以历史巨人的目光把握了时代潮流：当代社会生产力的巨大发展，劳动生产率的大幅度提高，最主要的是靠科学的力量、技术的力量。这席讲话在人民大会堂，在神州大地引发了深远而持久的历史回响。

正是在这一具有里程碑意义的大会上，南京大学共有54项科技成果获奖（其中6项与其他单位合作），获奖数在全国高校中名列第一。黄士松有两项科研成果获全国科学大会奖。这一年，他已58岁。科学大会的召开，如春风送暖，激发了中青年科学家的报国情怀，也搏动了黄士松老骥伏枥的不已壮心。

这一年是他收获的一年，也是他最忙碌的一年。

1978年5月11—16日，江苏省科学大会在南京召开，到会代表2400多人。黄士松作为会议代表参加了这次重要会议。省委第一书记、省革委会主任许家屯作《认真贯彻全国科学大会精神，为实现科学技术现代化而奋斗》的报告。报告指出，向科学技术现代化进军，要切实制定和落实科技发展规划，加强科技队伍的建设，落实党的知识分子政策，把发展科技事业列入党委的重要议事日程。会议还讨论了《1978年至1985年江苏省科学技术发展规划纲要》（草案）。省科学大会再一次激发了黄士松的信心。会上，有410个先进集体、541名先进个人和1228项优秀科研成果的完成单位和个人获奖。黄士松的"我国南方暴雨成因和预报的研究"在这次会上获江苏省科技成果奖，个人还获得"江苏省科学技术先进工作者"称号。

1978年4月，南京大学成立落实政策办公室，遵照中央"有错必纠"方针，对"文化大革命"期间由于林彪、江青反革命集团干扰破坏所产生的各种案件进行清查和审理。此后，又认真复查历史上的老案。经过复查，推倒了对干部、教师和职工的各种污蔑不实之词，逐一地作出符合实际的结论，落实了有关政策。学校分别在不同范围内宣布平反结论，恢复名誉。

5月15日，中共南京大学委员会作出"关于黄士松同志问题的复查结论"认为黄士松相关经历问题已在历次政治运动中交代清楚，相信其本人交代，未发现其他问题。1979年2月16日，中共南京大学委员会作出"关于黄士松同志在挖'地下黑司令部'中受迫害的平反决定"，指出"事实证明所谓地下黑司令部纯属捏造诬陷，是一大冤案。为此校党委决定：凡因这一冤案而遭受迫害的同志，一律予以平反，恢复名誉。"

在平反冤假错案的同时，学校认真落实干部政策和知识分子政策，重点是落实知识分子政策。首先是政治上给予黄士松信任。省第五届人民代表大会第一次会议，于1977年12月24日至28日在南京召开，会议代表1515人，黄士松是其中之一。黄士松以省直机关代表的名义当选。黄士松的当选肯定了他的政治地位，同时也是对他回国建设社会主义新中国的肯定。此外，有关单位归还了"文化大革命"期间他家被抄走的部分物品。

1978年9月，南京大学取消校务委员会，设立学术委员会。9月13日下午3时，在外宾接待室举行了南京大学学术委员会成立大会，成立南京大学自然科学学术委员会和哲学社会科学学术委员会，由高济宇[①]、范存忠[②]分任这两个委员会的主任。黄士松被聘为自然科学学术委员会委员。当年，南京大学根据国务院批转的教育部《关于高等学校恢复确定和提升教师职务问题的请示报告》以及1978年9月教育部召开的高等学校教师确定与提升职称工作座谈会的精神，恢复了教师职务评审和晋升工作，并成立了专门的工作机构。经过认真的评审，晋升25名教授、58名副教授，并有677名教师被评定为讲师职称。黄士松在此次职务评审中终于晋升为教授。同年还被聘为国家科学技术委员会气象专业组组员。

黄士松在学术组织中的影响也越来越大。中国气象学会年会暨全国会员代表大会于1978年12月8—18日在河北省邯郸市隆重召开，这是经

[①] 高济宇，中国科学院院士，曾任南京大学教授、教务长、副校长等职。毕业于唐山交通大学（现西南交通大学）。有机化学家和教育家，长期从事有机合成研究和化学教学。

[②] 范存忠，历任南京大学外语系教授、副校长及文科学位评定委员会主任。英语语言文学家。

历"文化大革命"后学会召开的第一次代表大会。此次大会距上届代表大会（1962年）相隔竟长达16年。参加大会的有来自全国29个省、自治区、直辖市的气象业务、科研、大专院校、气象学会以及军事气象部门共112个单位的271名代表和7名特邀代表。大会的主要任务是：动员广大气象科技工作者把工作重点转移到社会主义现代化建设上来；传达气象部门"双学"会议精神；检阅自1970年以来的气象科研成果；选举产生新一届理事会。年会共收到800余篇论文报告，数量之多超过了以往任何一次年会，对停顿多年的气象学术交流活动是一次重要的补偿。大会期间，无记名投票方式选举产生了由82人组成的学会第十九届理事会。张乃召[①]任名誉理事长，叶笃正任理事长，吴学艺、程纯枢（兼秘书长）、谢义炳（兼《气象学报》主任编委）、谢光道、黄士松任副理事长。王宪钊、叶桂馨等18人任常务理事。

这一年，黄士松还担任了全国气象重点项目《华南前汛期暴雨科学实验研究》总技术指导，还担任了另一个全国气象重点项目"青藏高原气象研究试验"顾问组顾问。青藏高原对我国、亚洲、北半球，甚至全球的天气气候，都有重要的影响。

1977年秋，全国自然科学学科规划会议和全国科技规划会议上均同意将青藏高原气象科学试验列为国家科技规划重点项目。1978年7月国家科委和国家计委正式批准了由中国科学院和中央气象局共同提出的"关于开展青藏高原气象科学试验的报告"，同意1979年夏季在我国青藏高原上首次进行气象科学观测试验。这次科学试验由中国科学院和中央气象局直接领导，由青藏高原科研协作领导小组负责实施。为做好这次试验工作还设立了顾问组，聘请各方面的专家担任这次试验的科学顾问。黄士松是顾问之一，主要是参加一些重要的会议，出出主意。

为了切实搞好我国第一次在青藏高原上进行的大规模气象科学观测试验活动，1978年8月青藏高原气象科研协作领导小组召开了落实这次科学试验的计划会议，制定这次试验计划实施方案，正式命名这次试验为"青

[①] 张乃召（1912—1980）曾任延安气象台台长。新中国成立后，历任中央军委气象局党组书记、副局长，中央气象局副局长。气象学家。1937年毕业于清华大学气象学系。

藏高原气象科学试验"。1978年9月在贵阳召开的第五届青藏高原气象科研协作经验交流会上,又进一步落实了这次试验的各有关问题。

1979年5月,我国气象史也是世界气象史上第一次对青藏高原进行的大规模气象科学试验拉开了帷幕,总共有2000多名气象科技工作者参加了这次高原气象试验。整个气象科学试验分两个阶段进行,第一阶段是野外观测,从1979年5月至8月,在250万平方公里的土地上进行;试验的第二阶段是研究分析所得的资料。

1982年7月13—19日,青藏高原气象科学试验学术讨论会在昆明举行。出席会议的有中国科学院大气物理研究所、兰州高原大气物理研究所,国家气象局,西南、西北九省区气象局和高等院校等单位的代表共140余人。收到研究论文和报告84篇。黄士松作为顾问参加了该会议。会议宣布,我国第一次青藏高原气象科学试验胜利结束。

试验期间,在高原上进行了规模较大的野外热源考察,取得了精度较高的高原地面辐射观测资料,发现地面总辐射通量超过太阳常数是夏季青藏高原比较常见的现象等一些新事实。并且选用适合于我国青藏高原实际情况的公式,将试验期间获得的宝贵资料进行统计,绘制成旬、月地面辐射和热平衡图集。南亚高压是对流层上部大气活动中心之一。三年来,用试验期间取得的资料,对南亚高压的形成、空间结构、季节变化、振荡周期、上下耦合作用及其活动过程等进行了分析研究,取得了一些有意义的成果。部分成果已在日常业务预报中得到了应用。试验期间的加密观测,揭示了青藏高原各种天气尺度、中尺度系统活动的真实面貌。分析发现,1979年夏季,青藏高原低涡生成源地主要在高原西部和那曲地区。对比分析表明,高原低涡形成的环境条件、空间结构等与同处于热带、副热带的西太平洋台风、大西洋飓风等有很大差异。高原上切变线的结构、产生的天气等,也与长江中下游地区的切变线有很多不同之处。另外还发现,1979年夏季对流层下部移上高原的移动性高压活动存在着周期性,这类高压上高原后,强度迅速减弱,与冬季寒潮高压移入海上变性有相似之处。雷达观测和卫星云图分析表明,夏季青藏高原上的对流云出现的几率比过去估计的还要大,高原上对流云的回波特征与其他地区有明显差异。数值模拟、流体力学转盘模拟和理论研究，对青藏高原和海陆分布在夏季平均流场的形成、大气环流季节变化、青藏高压的建立以及高原低空天气系统的发展、气象要素的日变化中所发生的动力热力作用的物理机制有了进一步的了解，提出了一些新的看法。此次实验还培养和锻炼了一批气象科技人才。

第一次青藏高原科学试验以它辉煌的成果载入史册，一些成果已在气象业务工作和经济建设中发挥了重要作用，取得了显著的经济效益和社会效益。它为我国高原气象学的发展做出了重要贡献，也为以后的试验打下了坚实的基础。

面对如潮涌来的各种名誉，黄士松十分清醒。他明白这一切只是党和人民对他过去工作的一个肯定，面对百废待兴的气象事业还有许多工作要做，自己已经年近花甲，要抓紧时间不断努力，把失去的十年补回来。

1978年，南京大学气象系招收了恢复高考后的第一届117名本科生和7名硕士研究生，其中，黄士松招了2名。

人生的又一个坎

黄士松是一个不知疲倦的人，一心扑在教学和科研上。一天他无意中发现耳垂的下方有一个活动性肿块，也不痛，但有时有酸胀感。黄士松以为可能是腮腺炎，也就没有引起重视。到了1978年12月，发觉肿块越长越大，常有疼痛，麻木不适，肿块也变硬了，连张口都略感困难。医生看后怀疑是腮腺癌，决定尽快给他动手术。而中国气象学会年会将于12月8—18日在河北省邯郸市召开，这是经历"文化大革命"后学会召开的第一次代表大会。此次大会距上届代表大会（1962年）已经相隔竟长达16年。黄士松一直盼望着参加这次学术盛会，了解最新的学术动态，也会一下多年不见的老同学老朋友，同时还想把新完成的论文拿去交流。黄士松思量再三，还是决定推迟手术时间，等参加完会议后再回来做手术。在医生看来，黄士松的决定是在拿生命开玩笑，因为腮腺癌的发展是很快的，要及时手术。黄士松不是不明白这个道理，但学术是他的生命，"文化大革命"十年禁锢了他的学术生命，现在他不能放弃这样的盛会。多年后，黄士松回想起这一段他笑着说：

"我这个人，就是多病。我全身都开过刀，我从上面到下面，恐怕有十六七刀。白内障开过；扁桃腺，是在美国开刀的。三个手指头都开过刀的，一个手指是在上大学时被绘图笔刺到骨头里面去了，就烂掉了。另两个手指，是长瘊子，挖了又生，越挖越长。后来就电灼，电灼也不能解决问题。医生讲说恐怕不是一般办法可以去除的，建议用深度X光来照，没想到那个医生调的照射量过大了，放射性射线反而把两个手指都损伤了。过了一段时间手指烂起来了，烂了以后一直不能恢复。没有办法，怕癌变，就把两个手指锯掉了。接下来，右肩上长一个脂肪瘤，开刀切掉了。没想到之后背上又长了一个脂肪瘤，又开刀切了。再后来，阑尾炎，开刀；痔疮，也开刀。之后是心脏病，装支架。前前后后就是十六七次。"

"我这个人呢，也是多灾多难。在重庆中央大学时差点没被日本鬼子的飞机炸死。到了美国也碰到几次危险。有一次，我开着我的二手车，送几个同学上山，回来的时候刹车坏了，速度都不能控制，一直冲到山下，前面一条交通要道，十字路口幸好没有车子来，刚好冲过去了，后来慢慢停下来。那一次就是很危险的。另一次呢，是暑假里，也是我开车子，同陈其恭、魏荣爵、陈其宽、钱振武一起，从洛杉矶到旧金山去玩。回来的时候，轮胎的气太足，结果在高速公路上爆胎了，车子不受控制了，好在也是没碰上别的车。还有一次，也是我和陈其恭、魏荣爵等人到圣迭戈Palomar山上去看的一个世界级的天文台，在山上，天气好得很，往回走下山时突然整个山都是浓云罩着，而且夜幕降临，看不清路。还好这次刹车没坏，都急死了，真可怕。"[①]

没有人会拿自己的生命开玩笑。黄士松屡经磨难，只是他比较乐观，他相信他会战胜一切困难，命运也会眷顾他，这一次也同样。12月18日，

---

① 黄士松访谈，2011年11月1日。资料存于采集工程数据库。

中国气象学会年会结束。回来后他又忙于组织江苏省气象学会第六届会员代表大会，全面恢复学会的活动，活跃学术气氛。

学会会议结束后，黄士松又马不停蹄到福建龙岩参加华南前汛期暴雨实验学术讨论会及1979年工作计划会议。华南前汛期暴雨实验的第二次试验将于1979年5—6月进行，会议要对第一次的试验中相关问题进行总结，对第二次试验做出安排。他是华南前汛期暴雨实验的技术总指导，这样的会议他不能不参加。然而他的病情却在加快发展，连吃饭吞咽都受到影响。黄士松知道必须尽快住院手术了。在手术之前他还有一件重要的事情必须要做，就是提交入党申请书。要开刀了，到底是危险不危险不知道，他要完成心中的夙愿——加入中国共产党。回忆起这一段，黄士松袒露了他的心路历程：

"当时不知道自己是否患了癌症，但丝毫没有考虑到死，我想我还有好多事情要做。大概一个人到了这个时候，会很自然地想到自己最后的要求。回顾自己一生走过的路，我热爱党，追求党，我最大的愿望是能在有生之年成为党的一个成员。正是在这种强烈的愿望支配下，我坚持着忍住病痛写下了一份入党申请报告，在动手术之前交给了党总支书记。

"我当初回国的时候就觉得共产党有办法，共产党有本事。我回国以后的思想改造对我触动也很大，认为共产主义科学、的确是了不起的。人剥削人没有了，剥削制度没有了，人人都是平等的，这个理想的确是比较高超的一个境界。我是地主家庭出生的，是剥削阶级，离共产主义要求很远，我对共产主义的确很崇拜，觉得很纯洁，很了不起。那个时候共产党员很光荣，在1956年的时候要加入是不大可能的，但共产主义使我很折服。对于反右斗争，批判胡风我也有意见，觉得不应当这样做。但这不牵扯到共产主义。一直到'文化大革命'，我觉得这样搞不行，破坏作用太大了，毛主席被人利用了、被人欺骗了，坏人当道。粉碎'四人帮'后，方方面面都在恢复，心情还是比较愉快的。我觉得我还是要成为一个共产主义奋斗者，要加入共产党。"[1]

---

[1] 黄士松访谈，2011年11月1日。资料存于采集工程数据库。

2月22日，黄士松正式向党组织提交了入党申请书。他在入党申请书中写道：

"我是从旧社会过来的知识分子，但我热爱自己的社会主义祖国。1951年回国以来，在党的长期教育下，使自己世界观逐步得到改造，通过革命实践，使我深深认识到：

中国从19世纪40年代到20世纪40年代中期，由于社会制度的腐败和经济技术的落后，受尽了全世界大中小帝国主义的侵略和压迫，中国人民处在水深火热之中。在这一百多年中，中国人民虽然不断进行了英勇斗争，但都失败了。最终只是在中国共产党领导下，用人民战争才推翻了帝国主义、封建主义、资本主义的反动统治，在1949年建立了中华人民共和国。新中国成立以后，在毛主席和中国共产党领导下，我国各族人民在政治、经济、文化、军事、外交各条战线，经过反对国内外敌人的反复斗争，取得了社会主义革命和社会主义建设的伟大胜利，我国已经成为初步繁荣昌盛的社会主义国家。

中国共产党是无产阶级的政党，是伟大的、光荣的、正确的党！只有中国共产党才能救中国，只有中国共产党才能把中国建设成一个社会主义强国！

粉碎了"四人帮"，无产阶级"文化大革命"胜利结束，我国社会主义革命和社会主义建设乃进入了新的发展时期。以华国锋同志为首的党中央根据党在整个社会主义历史阶段的基本路线，提出全国人民在新时期的总任务，这就是，坚持无产阶级专政下的继续革命，开展阶级斗争、生产斗争和科学实验三大革命运动，在本世纪内把我国建成农业、工业、国防和科学技术现代化的伟大的社会主义强国。

在这社会主义革命和社会主义建设新的发展时期的大好形势鼓舞下，我怀着长期孕育的愿望，提出申请加入中国共产党，希望自己能在党的直接教育下，为实现四个现代化做出更好的贡献。

我承认党的章程，我立志要做到党章对党员所规定的要求，特别要做到：认真学习马克思主义、列宁主义、毛泽东思想、努力改造世界观；全心全意为人民服务，决不为个人谋取私利；认真开展批评和自我批评、勇于改正自己的缺点和错误；团结同志，积极完成党交给的各项任务；在三大革命运动中起先锋模范作用，为实现四个现代化贡献自己全部力量。

党的最终目的，是实现共产主义，我愿为共产主义事业奋斗终生。

特此提出申请，希望党组织严格教育帮助，争取早日实现自己的愿望。①

在这份入党报告中，黄士松倾诉了对党的赤子之心。

1979年3月，黄士松住进了医院进行手术。手术过程中就进行了病理实验，当时医生告诉黄士松化验结果是良性的，黄士松松了口气，住了两天医院后周末就出院回家了。没想到命运又和他开了个玩笑。到了下一周的星期五医生找到家里来，告诉他事后又进行的化验提示已经有癌细胞了，是恶性肿瘤，必须回医院重新手术，切除的范围要扩大，要把周围组织清扫干净。于是，黄士松只得再次进行第二次手术。为了保险起见，还把病理组织送到北京再去化验，结果证实确实是恶性的。

命运并没有就此停止对黄士松的打击。就在他出院不久，母亲又因病去世了。这对黄士松来说无异于雪上加霜。但黄士松并没有被命运压垮，休息三个月后他又投入到紧张的工作中去了。

筹划学科发展

从1978年以来，根据国家建设需要、学科发展趋势和学校的实际，南京大学对理科专业进行调整，并将有选择地发展新兴技术学科作为重要的努力方向。1982年，南京大学又进一步把科研工作的指导思想归结为"加

---

① 入党申请书。见黄士松采集成果，档案类，DA-001-015。原件存南京大学档案馆。

强应用，注重基础，发展边缘，促进联合"的十六字方针。为了把学校科研工作积极组织到为国家经济建设服务的主战场上，南京大学把加强应用研究作为科研工作的重点，注意克服过去闭门搞科研和理论脱离实际的倾向，发动全校教师和科研人员从社会主义现代化的实际需要出发，积极承担国家科技攻关项目和其他应用研究项目，努力解决生产实践中的课题。理科各系都积极承担了许多重大的应用研究课题。

1982年，黄士松考虑到学科发展的需要以及系名称和各专业名称的协调性，还提出将气象系更名为大气科学系，将气象专业更名为天气动力学专业，而气候专业和大气物理专业名称维持不变。最终学校同意将气象学专业更名为天气动力学专业，研究重点则放在了灾害性天气预报方面。直到1985年气象系才更名为大气科学系。

当时气象系参加天气动力学学科教学与科研工作的人员，包括天气动力教研室的全部工作人员（教师33人，实验室工作人员10人）以及其他教研室中从事这方面工作的部分同志。天气动力教研室全部的33人中，教授2人，副教授6人，讲师16人，助教9人。

在副教授中，已有五名先后出国进修工作一或二年，讲师中有两名出国进修二年，助教中有一名正在国外修读学位。教师的年龄结构，最大年龄为64岁，最小年龄为31岁。40—55岁的同志占70%左右，其中绝大部分是骨干力量。30—40岁的占24%，相对来说比例较低。可以说师资队伍力量较强，基础较好，各方面人力配备较全。这一条件是搞好教学科研，推动学科发展的一个重要保证。

气象系那时主要有天气实习预报台、卫星接收室、雷达室等三个实验室。

1. 天气实习预报台

该台每天接收一个时次的亚欧范围高空和地面共四次天气资料。分析当天并作未来24小时到48小时的天气预报，供教学及某些部门特殊需要应用。

天气实习预报台除了日常的资料整理、图表分析、配合应用卫星云图、雷达回波图制作未来天气的预报外，每年还平均为两个班的学生（约

图 8-2　1982 年在气象系为南大八十周年校庆举行的学术报告会上

60 名，包括其他学科学生），为时 2—3 周的校内生产实习提供天气实习资料。此外还为青年教师、研究生提供实习场所与条件。另外，实习预报台还收集、积累天气资料，以满足科研工作的部分需要。

天气实习预报台是本学科发展中的一个重要的理论联系实际的场所，培训实际业务工作与科研能力的一个重要环节。

2. 卫星接收站

有同步卫星接收机一套及极轨卫星接收机一套。每天上、下午各接收一次日本的同步卫星 GMS 的卫星云图，供天气预报实习台使用，供天气学实习使用。

此外，按月整理卫星云图，为重点科研项目"热带副热带环流与我国南方旱涝，台风预报的研究"提供基本资料。

3. 雷达室

雷达室有 711 即三公分的雷达机一架以及相应测试仪器。在夏半年，

第八章　重塑南京大学气象系

进行正常的每天四次观测，在特殊天气例如降水期间则进行连续观测。除了配合教学工作，进行实习外，还展开有关雷达测雨能力，雷达定量测量，以及夏季中尺度天气过程的雷达分析等研究工作，为重点科研项目承担有关的任务。

1982年12月，黄士松拟定了天气动力学学科发展规划①。他在规划一开始就论述了天气动力学学科建设的必要性：

> 天气动力学是一门研究大气运动、天气演变规律及其预报方法和理论的学科。它以解决中、短期及长期天气预报，提供有关大气状态的情报，直接为工农业生产、国防建设服务为目的，因此，大型环流的演变与灾害性天气的成因及其预报问题是天气动力学的重点研究内容。
>
> 这一门学科是以深厚宽广的数学、物理学为基础，而且随着现代科学技术的发展而发展的。
>
> 近代天气动力学是以1920年代前后极锋学说、气旋波理论的创立而开始的，为气象科学发展过程中的一个重要里程碑。其后，由于无线电技术的发展，为探测高空气象状况及其变化提供了有力的工具，这就进一步促进了这一学科的发展。而其他学科如流体力学、数学物理等的渗入，又激发了理论工作的深入。40年代发展起来的波动理论，乃成为近代天气动力学发展过程中的另一个重要里程碑。由于生产实践的需要，对于天气预报的要求已经逐渐从定性发展到定量。而要在短时间内作出及时的正确的定量预报，不仅要求有快速的计算工具而且也要求有先进的计算技术。50年代所发明的快速电子计算机以及相应的一套计算技术为此提供了进行尝试与研究的可能性。经过一段时间的试验之后，数值天气预报的理论与实践，取得了惊人的进展。这不仅大大提高了短期预报的准确率，而且也开始了新的中期十天左右以及长期预报的业务工作，这乃使天气动力学出现另一个跃进式的进展。先进的科学技术的应用，如多普勒雷达、气象卫星等先进仪器设

---

① 天气动力学学科发展规划。见黄士松采集成果，手稿类，SG-001-003。

备的应用，为探测大气状况提供了新的有力的工具，随而发现了许多新的事实，提出许多新的问题和中小尺度系统的动力学，大中小尺度的相互作用等问题，这又进一步推动了学科的发展。

但是，地球大气的运动是非常复杂的，大气运动的尺度变化范围非常大，有几公里的小尺度系统到几千公里的行星波，不同尺度的系统有其独特的性质，而且它们之间又存在着相互影响的问题。此外，像青藏高原，洛矶山脉等大地形的存在，也将强烈地影响到大气运动，而海陆分布不均匀，下垫面物理性质上的差异，也都会影响到大气运动的特性。至于大气运动的主要能源即太阳的物理变化，例如黑子、光斑等的变异，则将更为直接地影响地球大气能量的变化。平流层中的光化学反应，影响到臭氧分布与含量的变化，也会影响到上下各层之间能量分布与变化。因此，中高纬度与热带地区大气运动的相互影响，不同尺度运动以及上下层大气圈大气间的相互影响等许多问题，都是本学科中所亟需解决的问题。问题很复杂，这些问题的解决，已不是天气动力学单独所能胜任的，它必须依靠其他学科及其最新成就的支持。这也是本学科发展到现阶段的一个重要特色。

自从本世纪20年代以来，本学科已经取得巨大的进步，但正如上面所指出，目前尚有许多问题需要进一步解决，解决途径一般依靠两种相互依存的不同方法，一是天气学的方法，一是动力学方法。所谓天气学方法是利用近代观测工具所获得的气象信息，根据物理学原理，进行天气图与其他资料如卫星云图、雷达回波图等图表的分析，发掘新的事实，并研究它的物理原因与变化规律，提出预报的方案。而动力学的方法，是利用天气学方法所获得的知识，根据流体力学的原理，对具体问题进行物理上的模拟，利用数值方法或模型试验，研究大气运动的物理过程，提出预报方法。这两种方法相互促进、相互补充，不论哪一种方法，都需要有牢固的物理与数学的基础。当然，气象科学是一门极为复杂的学科，尚需借助其他学科的成就，来推动本学科的发展。

黄士松提出总的奋斗目标为：

1. 在教学方面

（1）培养出具有牢固的数学、物理基础，对整个大气科学特别对天气动力学有总的了解，并具有一定的独立工作能力的大学生。

（2）培养出具有较为深厚的数理基础知识，对本学科有一较全面的了解，在某些方面有较扎实的理论知识，具有较好的科研工作能力的硕士生。

（3）培养出具有更为深厚的数理基础知识，对本学科有一较为深入的了解，在某些方面具有较深厚的理论知识，具有较高水平的科研能力的博士生。

2. 在科研方面

近十年内总的科研方向为"热带副热带灾害性天天气成因和预报的研究"。要求：

（1）对于热带，副热带环流系统与灾害性天气的关系。从理论上，实践上有进一步的认识。并提出具有我国特色的科研成果。最后提出一套从天气学到数值预告的预报方法，其部分成果水平处国内外领先地位。

（2）建立具有我国特色的大气环流模式，解决下垫面对大气环流影响的问题，解决高低纬之间、上下层之间环流系统的相互关系以及大中小不同尺度之间的相互作用问题，这些问题的解决，对于提高预报准确率将有重大贡献，其结果能接近于世界先进水平，部分处于领先地位。

这些目标和思想都贯穿于他今后的教学和科研工作中。他为此设计了具体的规划：

1. 队伍发展规划

学科的发展需要有一大批新的具有宽广物理、数学、计算数学等现代科学及现代技术的工作人员，现有队伍由于年龄和知识面限制等问题，特别是30岁左右师资力量的不足，显得迫切需要进行更新与充实。

设想每年能增加2—3名确是学有专长、工作认真负责、政治思想与作风好的具有硕士以上水平的青年教师，同时考虑从现有一大批中年、青年教师中，挑选一些确有培养前途的同志，进行重点培养，使其迅速成长，设想在第七个五年计划结束时，再能够培养出6—7名教授，9—10名副教授。

随着实验室建立，必须对实验室工作人员进行更新与补充，设想每年能够轮换与增加2名大专水平的实验室工作人员，1—2名具有专业能力的实验室工作人员。

2. 实验室建设规划

在"六五"与"七五"规划中，拟建立下列三方面的实验室：

（1）综合预报台

设想将现有的天气预报台，卫星云图室，雷达室联合并扩建为一个综合气象预报台，其下分设：

①资料室：负责收集气象信息，整理与保存有关气象资料。于"六五"期间，计划与上海气象台接通专用气象电信线路，添置自动填图机。

②分析预报室：在原有预报实习台的基础上进行扩建。为了配合教学及重点科研项目"热带副热带灾害性天气成因及其预报"的开展，将日常亚欧天气图分析扩大为北半球范围，增设赤道天气图。"六五"期间或"七五"初期购置天气图自动分析机共2台。开展气象资料自动化分析研究及数值天气预报的试验。不断地配合科研，改进数值预报模式。

③卫星室：在原有卫星室的基础上，提高分辨能力，配合教学，科研逐步做到数值处理与显示，在"六五"计划中，增添增强显示装置，"七五"计划中，增添高分辨接收设备。

④雷达室：在原有基础上，在"七五"期间添置713雷达。配合

重点科研项目，开展雷达气象分析，特别是暴雨分析的研究工作。

（2）计算室

由于天气动力学科已经走上了定量化的发展道路，因此，在教学工作中，必须加强数值计算方法的训练。在科研工作中，结合重点科研项目的开展，必须配备有各种计算手段与工具。因此，设想成立一个计算室，专门负责这方面工作。

在"六五"期间，拟添置2台微型计算机，"七五"期间增置4台微型计算机。并按校计算中心工作进展情况，逐步添置对话终端8台左右。

（3）物理模拟室

模型试验是近代研究工作中的一个重要手段，配合数值试验，使我们对各类天气过程有一个清晰的演变图象，控制不同试验条件，可以进一步了解过程物理背景并提出其成因及预报的方案。因此拟于"七五"后期建立物理模型模拟室，希望对于中尺度的天气过程和台风、龙卷等灾害性天气过程的形成与发展的研究方面，取得一定进展。

3. 教学工作发展规划

设想在"六五"与"七五"期间，每年招收30—50名大学本科生。在"六五"期间，每年招收硕士生8—10名，在"七五"计划中将不断扩大招生名额。

在"六五"期间每年招博士生1—2名，以后随着师资队伍的发展，在"七五"期间将逐步增加为3—5名。

4. 科研工作发展规划

为了抓好重点科研工作，同时考虑到科研工作的开展，准备于近期内成立热带副热带天气研究室。在"六五"计划中，完成重点科研项目，"热带、副热带环流与我国南方旱涝，台风预报的研究"工作，"七五"计划中，除了继续开展这一工作外，并开始进行暴雨强对流天气的研究。研究的结果将直接用于日常预报工作中去。

黄士松在规划里再次提出成立"热带副热带天气研究室"的问题。其实早在1980年8月就给学校打了建议成立"热带副热带天气研究室"的报告。

黄士松在研究副热带高压时就意识到对热带副热带研究的重要性。

赤道南北两侧各约30个纬度范围内的地带统称为热带，约占地球表面面积的50%，绝大部分为海洋，受太阳辐射热能最多，海面蒸发旺盛、低层盛行偏东信风，是推动大气运动的热源所在，是供应大气中水汽的主要源地，也是供给中纬度西风角动量的源地，热带影响着全球大气环流和全球的天气气候。因此，热带气象问题的研究不但对热带地区的天气预报是重要的，而且对全球的天气预报，特别是中长期天气预报问题以及全球气候的形成问题的解决也是十分关键的。

长江中下游地区，地理上属副热带地区，是我国主要粮、棉、油产区，亦是我国重要工业产区，其天气变化与热带大气运动有最直接的密切关系，特别在夏半年更是如此。干旱、连阴雨、暴雨、洪涝、台风等可带来严重灾害。因此，研究热带副热带环流天气的变化规律及其预报方法对长江流域和南方地区的工农业生产具有极为重要的意义。

南京大学位于长江中下游，黄士松觉得不能不重视这方面的研究。于是他开始考虑在南京大学气象系成立"热带副热带天气研究室"的事。

黄士松考虑气象系已在副热带高压活动规律、台风移动和预报，华南前汛期时长江中下游梅雨期暴雨、梅雨迟早预报与旱涝预报等问题以及环流与低纬天气动力学基本理论方面做了很多研究，先后完成发表科研论文与工作报告共140多篇。其中副热带高压研究成果曾在1978年全国科学大会获奖；台风方面，气象系提出的台风路径预报方法为我国目前用于业务的唯一的动力模式，预报效果与国际先进水平相同，甚至稍好，也曾在1978年全国科学大会获奖；另外，南方暴雨研究，从平流圈低层与对流圈高层环流变化，特别是探索我国南方雨季中长期预报新途径研究与大气波动与大气动力学理论研究等工作曾分别在1978、1979年获得江苏省重大科研成果奖。因此，气象系已具备了成立"热带副热带天气研究室"的基础，并要在过去工作的基础上，发展气象系的重点与特色。

1980年8月10日，黄士松正式给学校提交了"建议在气象系成立热

带副热带天气研究室"的报告。在报告中黄士松确定了四个方面的研究内容：①

①环流变化方面：

环流的中期、季节与年际变化特征，长江夏季风的形成与季风进退，南、北半球环流的相互影响，低纬环流与中高纬环流的联系，高、低层环流的联系，高原对环流变化的影响等问题的分析研究与理论研究。

②天气系统研究方面：

台风、副热带高压、热带辐合带、热带波动、赤道反气旋、云团、降水中尺度系统等发生、发展与移动问题的分析研究和理论研究。

③天气要素预报方面：

陆上暴雨、海上大风、海雾的形成预报，我国雨季、旱涝与寒害的形成预报问题的分析研究与理论研究。

④数值预报方面：

台风路径与发展的数值预报，低纬形势数值预报，降水数值预报等的模式研究和理论研究。

他设想：

"五年内有重点地开展工作，要求对亚洲及大洋区，特别对亚洲南部及西太平地区的环流季节与中期变化特点、副高与台风变动规律、季风与降水进行较深入的研究，建立大气环流数值模拟模式进行模拟，建立数值预报的多层模式方案，改进预报准确率。同时开展一些有关的低纬大气动力学基本理论研究。"②

目标是：③

"分析研究及动力学研究某些方面处于国际领先地位，数值模拟与数值预报研究接近世界先进水平。较好地满足人民经济建设与在国防建设上的需要。"

1983年，国家教委批准南京大学气象系成立热带天气研究室。其实在

---

① 建议在气象系成立热带副热带天气研究室。见黄士松采集成果，手稿类，SG-001-002。
② 同①。
③ 同①。

黄士松的心里还有着更远大的目标，就是择机将"热带天气研究室"扩建为"热带、副热带天气、气候研究所"。

1983年12月，黄士松又拟写了申请教育部尽早批准成立"热带、副热带天气、气候研究所"的报告。他在陈述成立研究所的依据时指出：[①]

（1）我国江淮流域及南方广大地区、地理上属副热带、热带地带，是我国最主要的工农业产区，夏半年易遭受干旱、雨涝、暴雨、台风、寒害等灾害性天气、气候影响。因此研究热带、副热带天气、气候的成因、预报及人工影响方法、对增强防御措施，促进这一地区的工农业生产发展是具有极其重要意义的。

（2）就预报情况说，目前最先进的欧洲中期天气预报中心的预报水平，高空环流形势三天预报准确率为90%，"可用的"达60%的预报尚未超过7天，而且仅限于中高纬度地带、低纬副热带、热带预报误差很大。就一个月、半年的、一年的长期预报及更长时间的气候预报，预报水平就更低了，原因是没有掌握低纬度气候变化规律，热带地带约占地球面积的1/2，大部分为海洋，受太阳热能最多，是大气中能量、角动量的源地。大气是一个整体，各部分大气相互作用，中高纬大气过程直接受低纬大气的影响，而且时间越长，影响越重要。因此，研究低纬天气气候变化规律，不仅是为提高低纬天气气候预报准确率所必需，也是为提高中高纬预报准确率所必需的。故无论从学科上或经济效益上看都亟需深入开展研究。事实上，这已引起世界各国注意，一些大规模的试验研究正处于方兴未艾的阶段。

（3）南京大学气象系位于副热带的长江流域下游，对热带、副热带天气，气候特点认识最为深切。近二十多年，长期从事于热带、副热带灾害性天气气候成因预报有关问题的研究，曾取得显著成绩，曾有9项成果获1978年全国科学大会奖，有一项成果获1982年全国自然科学奖，1979年到1982年间有15项成果获省级重大科技成果奖，有一项获国家科委农业生产推广奖，有一项获国家气象局成果奖。1982年教育部确定气象系的天气动力学与气候学为两个重点学科，分别承担下列两个重点科研项目：①热带、

[①] 申请教育部尽早批准成立"热带、副热带天气、气候研究所"的报告。见黄士松采集成果，手稿类，SG-001-006。

副热带大气环流与我国南方旱涝、台风预报的研究；②气候变化与气候预报的研究。现正顺利地开展工作。就气象系全系说，现有天气动力学、气候学与大气物理学三个专业，学科较齐全，相互结合，为开展科研的有利条件。教师中有教授5人、副教授23人，讲师48人，力量相当强。设备方面有实验室8个（另风洞实验室在新建中），物质条件亦初具规模。总的说来，气象系正处于科研方面应大力发展的时候。

可以看出，黄士松对将"热带天气研究室"扩建为"热带、副热带天气、气候研究所"充满了信心。他计划在研究所内设立7个研究室，分别为：大气动力学与数值预报研究室；长期天气过程和预报研究室；暴雨和强对流天气研究室；气候形成与气候变化研究室；气候资源开发利用研究室；云与降水物理及人工影响天气研究室；近地层气象与大气污染研究室。这些研究方向都被后来大气科学的发展证明是研究热点。

在气象系讨论该申请报告时，黄士松还说道：①

就目前情况说，先申请"天气气候"研究所，有基础，也具有鲜明特色、容易得到批准。而且事实上也可带动其他方面的工作，大气物理方面，有许多科研项目也可列入以争取经费，发展到一定程度则可另再成立新研究所，例如大气物理研究所、大气探测研究所、大气化学研究所等，最后成立一个综合性的"大气科学研究中心"。

这是黄士松为南京大学气象学科描绘的一幅宏伟蓝图。

黄士松不仅仅关心着南京大学气象系的发展问题，还考虑着全国气象科学研究发展的问题。1983年，他就今后17年（即到2000年）气象科学的发展向教育部提出自己的建议②"今后17年有关气象科学发展主要目标与基础研究的考虑"：

> 气象科学研究的对象为大气运动的物理过程与化学过程。其目的，第一是要预测影响人类活动、特别是对人类造成灾害性影响的天

---

① 申请教育部尽早批准成立"热带、副热带天气、气候研究所"的报告。见黄士松采集成果，手稿类，SG-001-006。

② 见黄士松采集成果，其他类，QT-001-027。

气、气候；第二是探求控制或改造这些天气、气候的办法，更好地为工农业生产、交通运输、国防服务。近二三十年来，世界先进国家都非常重视气象科学的研究，大力研制卫星、多普勒雷达、声雷达、激光等新技术装备，应用于大气探测；使用高速大型电子计算机对大气探测系统、大气物理过程、化学过程、大气环流及各种天气系统的发生发展以及近地层边界层现象等广泛地进行数值模拟与理论研究，取得很大成果。目前天气预报走向客观、定量、自动化，预报准确率有显著提高，而对人工影响天气，改造气候（局地）问题的研究也逐步开展，取得一些值得注意的成果。

当然，问题并未完全解决。预报业务上，目前最先进的欧洲中期天气预报中心的预报水平，高空环流形势三天预报准确率为90%，"可用的"（准确率达60%）的预报尚未超过七天，而且仅限于中高纬地带，低纬地带预报误差较大，有时很大。某些天气要素预报，例如降水预报，特别是暴雨，其发生的时间、地点和雨量的预报，无论在欧洲及美国，均未得到很好解决，更谈不上像龙卷风这类天气的预报了。因此，今后在继续深入对大气环流物理过程开展研究时，应对低纬大气运动，低纬数值预报问题重点进行研究。30°N至30°S的低纬地带约占全球面积的二分之一，大部分为海洋，受太阳热能最多，是大气中水汽、能量、角动量的源地，大气是一个整体，各部分大气相互作用，中高纬大气过程必然直接受低纬大气的影响，而且时间越长影响越大。但低纬大气过程有其独特的动力性质，辐射、积云对流加热等非绝热加热作用对低纬大气过程尤为重要，到目前为止，描写低纬大气动力特征的方程组尚未完善建立起来。在中高纬有地转适应理论作为数值预报模式的理论基础，在低纬尚未建立相应的理论。低纬大气运动基本规律未搞清楚，不可能很好解决低纬数值预报问题，当然也大大影响中高纬度预报时效的延长，特别在夏季更是如此。

大气中存在着各种时、空尺度的运动系统。暴雨及强对流天气直接与某些中小尺度（水平范围约100米到200公里，时间约几分钟到几小时）运动系统相结合，由于常规台站网不够密，对于这些中小尺度天气系统的结构及发生发展规律，迄未搞清楚。它们既在一定的大尺度系统背景下产生，但通过非线性相互作用又可反馈地影响大尺度——天气尺度甚至行星尺度的运动。因此，搞清楚中小尺度系统的生消活动规律，不但对暴雨及强对流天气的预报是必需的，对于环流形势预报准确率的提高和时效的延长也是重要的。

对工农业生产安排具有战略性参考意义的半个月以上的、一个月的、一季的或一年的长期天气预报，亦已为世界各国所重视，但水平较低，更需要研究大气和下垫面（海洋、高原、大陆、冰雪，特别是海洋）相互作用问题，平流层和对流层相互作用问题。对于时间更长的气候预报，还需研究太阳活动影响、地球自转变化影响、人类活动（例如二氧化碳的增加）影响等等问题。通过数值模拟与统计方法，搞清楚长期天气过程与气候形成、变化的物理因子与化学因子，提出客观定量的预报方法。

人工影响天气与气候是气象科学的长远目标，今后首先应继续深入开展云雾降水物理与大气化学的研究。既要研究云中微物理过程，又要研究其动力过程，研究同环境流场的相互作用问题。因此云降水（降雹）物理的研究可以且应该同强对流天气中小尺度系统的研究密切结合起来。

总结起来，今后17年内我国气象科学发展目标与基础研究应是：

（1）欲工其事必先利其器，大力开展大气探测特别是大气遥感原理与技术的研究，建立起以气象卫星、雷达探测为主体的气象观测系统。

（2）深入开展大气动力学及大气环流理论研究，重点研究低纬度大气动力学与大气环流形成理论，研究低纬与中高纬环流、南北半球环流的相互作用，提出较好的低纬数值预报模式方案，提高全球中期数值预报准确率与时效，使准确预报到达10—15天。

（3）重点开展中尺度气象研究，弄清楚暴雨及强对流天气形成机制，提出三天的短中期预报方法。

（4）在深入开展天气学方法、概率统计方法，研究提高一季的、一年的长期天气预报的同时，重点开展数值模拟，进行长期天气过程及气候形成变化的理论研究，提出预报模式方案，应用于业务预报。

（5）加强云降水物理研究，对人工降水、人工防雹的技术方法要求有所突破，可供业务使用。对较大范围天气、气候控制的研究要求取得重大进展。

为争取气象科学主要方面在本世纪末能到达或接近当时世界先进水平，某些方面研究处于领先地位，兹建议：

①建立计算中心，配备上亿次的大型高速电子计算机，保证各方面气象问题数值模拟研究与数值预报研究使用。

②建立中小尺度系统与云降水物理研究的综合观测实验基地。基地应设立在暴雨及强对流天气出现频数最大而年际变化最小的地区。

③在教育系统，在主要的气象院、系内，成立专门的气象研究机构。

④根据科研力量分布的特点，全国应建立几个气象资料情报中心。

⑤打破为社会主义制度所不容的狭隘的单位所有制，包括歪曲了的"保密"与随便收费的"福利基金"制，发挥仪器、装备与资料的最大使用率，组织协作攻关研究。

教育部科技司十分重视黄士松的建议，并于1983年4月6日正式印发黄士松的《今后17年有关气象科学发展主要目标与基础研究的考虑》。他的这份建议，即便在今天看来也不乏真知灼见。

退 居 二 线

南京大学在讨论"六五"规划时，提出："作为国家教育部直属重点大学，必须办成一个在国内外享有一定声誉、具有鲜明特色的教育中心和科研中心"，"一是要发挥学科较齐全、专业较配套的优势；二是要使文理相互渗透，在渗透中发展边缘学科和综合性学科；三是要在天文、地学、计算机科学和环境科学方面形成特色，让一批单科性的重点学科进入教育部所组织的国家队。"①

其时的气象系实力雄厚，成果丰硕。

全系共有教师91人，其中教授5人，副教授15人，讲师57人，助教12人。以中年教师力量较强，成绩较大。但全系没有一位教师年龄在30岁以下的，缺乏较年轻的青年教师，队伍脱节。

天气动力学与气候学由教育部定为重点学科（是学校22个重点学科中的二个），并授权招收博士研究生。

全系共开出57门课程，绝大部分课程教学质量均较好、效果良好。当时全系有7个实验室，除个别外，都是教学、科研共用的混合型实验室，另尚有两个实验室正在筹建中。

全系的科研工作长期以来主要围绕我国南方灾害性天气、气候的成因、预报和人工影响天气问题开展工作，成绩显著。"文化大革命"后，已发表的论文、报告即有335篇，绝大部分均在全国性有关学术会议上报告交流（有一部分推荐至国际会议上交流）。其中有9项研究成果曾获1978年全国科学大会奖（内5项为本系工作，4项为协作成果）；有一项科研成果获1982年全国自然科学奖；7项分别获1978年、1979年、1980年江苏省重大科技成果奖。1项获1979年青海省重大科技成果奖；1项获1980年陕西省重大科技成果奖；1项获1979年中央气象局重大成果奖。2项获1981年江苏省科技成果奖。

南京大学气象系在国内气象界已具有举足轻重的地位。

当时，全国设有气象科学系或专业的大专院校有南京大学、北京大学、中山大学、南京气象学院、空军气象学院、成都气象学院、山东海洋学院、中国科技大学、杭州大学、兰州大学、云南大学等。另还有北京师范大学、华东师范大学两校招收研究生。全国气象研究单位主要有中国科学院大气物理研究所、中国科学院兰州高原大气物理研究所、国家气象局

---

① 王德滋：《南京大学百年史》。南京：南京大学出版社，2002年，第428页。

气象科学研究院，各省气象局气象研究所，空军第七研究所等。

南京大学气象系历史最悠久、基础最好。当时与其他院系相比：（1）师资力量。总的说来，56岁以上的老教师力量，南京大学最强（所以第一次全国授权招收气象学博士研究生的导师共五人，其中南京大学就有二人，另外是北京大学一人，中国科学院二人），40—55岁的中年教师力量，以南京大学、北京大学最强。但40岁以下的教师，以南京气象学院人数最多，力量最强。（2）培养的人才。南京大学培养出的学生既有较好的理论基础，也有较好实际工作能力，为中国科学院、国家气象局及各省气象局（特别是黄河流域以南各省）等用人单位所欢迎。1982年各校考取校外单位（例如中国科学院等）的研究生，南京大学气象系毕业生被录取的人数大大超过北京大学、南京气象学院等校，占明显优势。目前在全国气象科研单位、业务单位及气象校系专业，没有一个没有南京大学气象系的毕业生，且很多都已成为骨干力量与学术带头人。（3）科研成果。以南京大学和北京大学成绩最显著，且各有特色。在1978年全国科学大会上，以本系工作获奖者，南京大学气象系有五项，是较多的。1982年全国自然科学奖，气象科学方面仅有二项获奖，南京大学气象系获得一项，其他气象院系专业均未获奖。

因此，就全国气象院系专业比较，南京大学气象系无论在师资力量、教学质量、科研成绩各方面都是名列前茅的。

1983开始，南京大学的改革也逐渐从教学领域拓展到学校工作的各个方面，从单项性的改革进入到较系统的改革。在党的"十二大"精神鼓舞下，气象系全系教师对学校提出的调整改革设想，对如何办好气象系热情还是很高的，积极地进行了认真讨论研究。首先是系总支与行政领导对学校设想进行研究讨论，之后召开教研室正副主任与支部书记会议进行分析讨论，随后各教研室进行讨论，系领导听取各教研室汇报后又进行分析研究。之后黄士松又召开教研组负责人与骨干教师会议，同各教研室一个一个分别座谈讨论。最后，再进行研究总结，提出初步设想，并再一次召开教研室主任与全体党员同志会议，听取意见。

1983年2月2日，黄士松向学校汇报气象系关于调整改革的设想。他

在给校领导的汇报中一针见血地指出气象系发展存在的问题：①

> 硬件方面。单就南京地区的三所气象院系比较，南京大学气象系条件最差，已差到使其他校系都感到吃惊的地步。目前连刚成立二年的广州中山大学气象系、由于校领导重视与支持，其设备用房条件已超过南京大学气象系。南京气象学院经费充足、图书资料（包括国外原版的）比我系多、新，很多原版书我系没有，仪器设备早就超过我系，并且现正大力添置更新。例如，南京气象学院现在已有3公分、5公分雷达各一台（我系仅有3公分雷达一台），但又正在进口一台12公分雷达。比如他们原已有计算机DJS-6一台，现正在进口一台IBM大型计算机（而我系一无所有）。
>
> 人才方面。"文化大革命"后，南京气象学院逐年留校一批本科毕业生尖子，潜力很大，有的已派出国学习，年轻一代力量很强，再过5年10年，其师资力量可超过南京大学；南京气象学院的教学科研用房多又宽敞，每系教师在校内都有很好的工作室，生活住房也按国家规定分配住用，老师生活安定，工作效率高。而我们南京大学气象系，由于校领导的重视、支持不够，经费少、设备差，工作用房奇紧，教师在校里工作已到了"无立锥之地"的困境，学生做毕业论文也没有一个地方。虽系里多次呼吁，校领导亦从未认真研究解决。而目前南京大学气象系，暂占优势的师资力量，但由于种种原因，后继乏人，目前又不能调聘充实，长此下去落后状态指日可待，甚至到"无法生存"之日亦为时不远！系里领导、教师每当讨论到这个问题，莫不忧急，"离心力"相当大。

黄士松为了气象系的发展大声疾呼，振聋发聩。在他的内心他要把南京大学气象系办成像自己曾经求学的芝加哥大学气象系、UCLA气象系那样的国际知名的气象系。他提出的目标是：②

---

① 见黄士松采集成果，手稿类，SG-001-004。
② 同①。

在本世纪（20世纪）内，必须继续保持国内气象教学、科研两方面都名列前茅，并成为国际知名气象系，为祖国四化作出更大的贡献。

他认为，鉴于南京大学气象系的物质条件处于劣势，不可能赶上某些兄弟院校，要办好南京大学气象系，要想处于领先地位，除争取到必需的物质条件、调整壮大师资队伍外，必须发挥南京大学气象系设于综合性大学内这个优势，密切同校内有关学科，特别同数学系、物理系、化学系、计算机系与计算中心等协作，加强气象的原有专业学科的发展，并发展新兴学科，边缘学科，形成独特的特色。

他设想在专业设置方面，"六五"期间，重点办好1982年教育部颁定的两个重点学科专业，并加强大气物理学科专业的建设。加强系对各专业的领导与管理，严格执行新订的统一教学计划，加强数理基础，扩大共同专业基础，精简专业课，增加选修课，注意横向联系。重视实验动手能力与科研能力的培养，使学生毕业后，有扎实的理论基础，较广博的知识面，视野开阔，思想活跃，既能胜任本专业的业务实际工作，又有较强的适应性。同时，逐步修订好研究生培养计划，培养出高质量、高水平的研究生。争取在"七五"初期建立大气探测专业，重点为遥感。在90年代争取建立大气化学专业与空间物理专业。建立新专业之前通过与有关学科协作，积极做好各种准备。

在科学研究方面，他认为根据我国科技发展方针，气象科研工作必须面向经济建设。因此，在未来18年内，全系科研工作主攻方向定为"低纬（热带、副热带）大气环流与我国南方（黄河流域以南地区）灾害性天气、气候的成因、探测、预报和人工影响天气"的研究。在这个总的方向下，"六五"、"七五"期间分天气动力、气候、边界层气象、人工影响天气、探测五大方面开展工作。在"六五"期间，根据教育部要求，以前两方面的研究项目作为全系的重点。

关于研究机构，热带副热带天气研究室已由学校批准成立。他设想在"六五"期间再成立天气研究室、气候研究室、边界层气象研究室。"七五"期间成立"大气科学研究所"，下设天气动力、气候、边界层气象、人工影响天气、大气探测五个研究室。"八五"期间争取成立大气化学、空间物理研究室。在管理上他设想，研究所与气象系可以是两个平行的行政单位，但由同一个总支统一领导。研究室与有关教研室密切结合，工作上不分工，只是有所侧重。研究室主要负责科研工作，有专职科研编制，兼做部分教学工作。教研室主要负责教学工作，有专职教学编制，兼做一些科研工作。专职科研人员与专职教学人员可以定时转换。设想在"七五"期间，改变目前教研室组织形式为集合性质类同的课程研究教学任务的组织，缩减现行教研室规模，增加教研室个数。

他还特别重视实验室与图书资料室建设。关于实验室，他设想在"六五"期间，充实、更新气象观测实验室、天气预报实验室、气象卫星与雷达实验室、气象电子技术实验室、大气湍流实验室、云雾物理实验室、小气候实验室、大气环境监测实验室等八个实验室。同时新建风洞实验室和大气遥感实验室。在"七五"期间新建大气化学实验室，90年代成立空间物理实验室。关于图书资料等，他设想在"六五"期间，扩大充实现有图书室与资料室。并在1983年上半年新建计算室、制图室、复印室。

人才是发展的根本，黄士松特别重视人才队伍建设。除了扩充教师队伍外，他还看到除教师之外，研究生是科研的一支主要力量。为此他要求扩大招收研究生名额。同时还要增加一些物理系、数学系与化学系毕业生，使这支队伍拥有各类"兵种"、各级"指战员"，成为一个完整的"作战兵团"。

黄士松从教学和科研的实际出发，结合社会经济发展的需求，发扬民主集中制，科学而系统地对气象系未来的发展做出了规划。他希望他的规划能够实实在在地得到落实，而不是一纸空文。为此他向校领导提出两条意见：①

（1）从校级到系级应尽快进行整顿，使全校真正树立起后勤必须为教学科研工作"服务"的思想。同时一定要精兵简政，改进工作方法，加强管理，克服官僚主义，提高办事效率。

---

① 见黄士松采集成果，手稿类，SG-001-004。

（2）校领导要真正下定发展南京大学地学的决心，随时认真研究、切实解决气象系的用房困境，我们建议：①尽早建设气象大楼。②在气象大楼未建之前，化学大楼建成以后，将东南大楼的第三层全部和西大楼全部暂分给气象系用。③在化学大楼建成之前，将教学大楼（"文化大革命"楼）第四层全部安排给气象系，同时在图书馆南面与东面靠街的空地上修建若干临时性平房给气象系的应急用。

这个问题不解决，调整改革不可能实现。

就在黄士松给校领导汇报后不久，1983年3月18日，南京大学举行党委常委和校长联席会议，章德书记等传达了在上海召开的华东地区16所高校改革座谈会的精神和在上海交通大学等高校参观学习的情况。会议提出，"要全面地、系统地、坚决而有秩序地进行改革，从办学方向、专业设置、教学内容和招生分配制度，一直到机构、体制，都要从学校实际出发进行改革，调动广大教职工的积极性，以较少的人力、物力和财力，取得较好的办学效益，以把南京大学建成高水平的具有中国特色的社会主义大学。"

随后，学校成立了改革办公室，由待命就任的三位副校长袁相碗、冯致光、许廷官负责，在党委直接领导下，分教学科研、机构体制、后勤管理三条线进行调查研究，确立了在"七五"期间"在校学生比1980年的基数翻一番并达到二万人"的目标，并提出若干教学、科研上的改革措施，如调整更新专业设置，增加若干新兴、应用学科，按"三多三少"（即减少总学分、必修课学分和课堂讲授时间，增加选修课学分、自习时间和实践环节）的原则修订教学计划，建立三年主讲教师和实验室主任聘任制，制定《南京大学校内实行科研合同制的暂行条例办法》，确定重点学科，努力承担国家攻关项目，加强科技工作的横向联合，建立若干跨系、跨学科的研究中心等。在管理体制改革中，在教职工中进行了定编工作，执行了岗位责任制和实施了岗位津贴制度，制定了《教师工作规范》，调整和精简了少数机构，并开始推行系主任负责制，扩大了系一级在办学上的自主权。在后勤改革上，进行了政企分开的试点，在一些单位逐步实行企业化的管理办法，并筹建为提高教学科研水平和教职工生活的各种服务机构，同时由原来的一级财务管理改为校系两级财务管理。在全面改革试点的化学系，制定了《关于校长领导下的系主任负责制》、《遴选主讲教师办法》等12项改革方案，在人员定编的基础上开始实行人员流动，并改变分配上的平均主义，试行工资和奖金分配的改革。

"推行系主任负责制，扩大了系一级在办学上的自主权。""同时由原来的一级财务管理改为校系两级财务管理。""并改变分配上的平均主义，试行工资和奖金分配的改革"等改革措施对黄士松来说是新的挑战。

他擅长的是科研，争取科研经费经费对他来说问题不大。但搞创收他就不行了，他也搞不懂一个大学为什么要各系自己去搞创收。系里要开设各类补习班，收学费搞创收，他难以理解。全民经商的浪潮已经刮进大学校园了。他的一个研究生找到他说，搞气象好像出路不大，还是去经商好。黄士松苦口婆心地给他做思想工作说：目前这种现象是暂时的，老这样子搞下去还得了？大家都去经商了，气象工作哪个来搞啊，你安心读书吧，将来一定会改变的。

1983年，他已63岁了，精力也有限了。他萌生退意，觉得还是让年轻人来干更有利于气象系的发展。自己可以帮着做一些力所能及的教学、科研工作，不想再担任系主任这个行政职务了。

于是，他卸下系主任职务。由陆渝蓉教授任气象学系主任。

第九章
在学术的田地里继续耕耘

指导重点课题"热带环流系统及其预报"研究

1983年7月3日。气象系天气动力教研室支部终于批准了黄士松的入党申请,他光荣地成为中国共产党预备党员,即将实现他的夙愿。教研室支部关于批准黄士松入党申请的决议这样写道:①

> 黄士松同志政治历史清楚。
> 热爱党、热爱社会主义。解放初期,由美国回国参加祖国建设;在长期接受马列主义、毛泽东思想教育过程中,不断提高对党的认识;"文化大革命"中受迫害能正确对待;1979年病重期间提出入党要求。
> 粉碎"四人帮"后,政治热情高,在多年系主任工作中,不顾年老体衰,工作认真负责,有强烈的事业心。业务上刻苦钻研,治学严

---

① 入党志愿书。见黄士松采集成果,档案类,DA-001-021。

谨，多次获科技成果奖，是一位对我国气象发展有贡献的老同志。他为人坦率、正直，平易近人。

全体党员一致同意黄士松同志为中国共产党预备党员。希望黄士松同志不断增强党的观念，关心中青年同志的成长，团结更多的同志为党的事业作出更大的贡献。

黄士松在支部大会后谈了自己的感想，他说道：第一，党是伟大的，做人应当做共产党这样的人。自己要恢复青春，学好党的方针政策，学好马列主义、毛泽东思想。要把自己有限的能力贡献给党的事业。党虽然有错误，这是不可避免的，我们做科学实验还会有错误，何况是整个社会事业，相信党有了错误一定能纠正。第二，当前党的方针政策我认为是正确的，如领导班子要"四化"，非常有道理，这是战略措施，坚决拥护，我不担任行政领导工作，也可有更多的时间总结一下自己的科研工作；等等。①

卸任系主任之前，黄士松把更多的精力花在了系里的工作上，他的许多科研设想没有时间去实现。现在他可以继续进行自己的研究了。

在1982年的10月，国家气象局作出了"六五"期间开展"热带环流系统及其预报"重点课题研究的决定，并责成广东省热带海洋气象研究所主持此项工作。课题计划牵涉面广，研究内容较多，参加单位和研究队伍虽然力量雄厚，但亟须加强技术指导工作。为此，课题聘请了黄士松作为课题的技术指导，由各协作单位推荐技术骨干组成技术组。在黄士松的指导下，进行方案设计、课题分析和技术准备。

在有关协作单位支持下，1983年上半年完成了调研和课题分解。同年7月，经同行专家论证，通过了课题五年（1983—1987）研究方案，经国家气象局批准，正式开始执行。

研究方案提出的总目标是：到1986—1987年，将对印度洋—太平洋热带地区的大气环流、主要的行星尺度系统和南海—西太平洋一带的天气尺度系统（季风和台风除外，已有专题研究课题）的基本特征、活动规

---

① 入党志愿书。见黄士松采集成果，档案类，DA-001-021。

律、空间结构以及几种相互作用的演变过程有基本的了解。为热带地区形势预报和天气预报提供依据。对热带大气动力学的一些基本问题提出较符合天气实际的理论解释，为改进低纬数值预报提供参考依据。全部研究内容，除少数属填补空白者外，凡属在原有基础上作深度、广度延伸的，要求有所发现，有所前进，力争在学术上部分达到国际水平。

在方案通过后，技术组成员又具体分工组织队伍，提出具体实施计划，组织学术交流等，执行具体的指导工作。

黄士松在制订课题计划时，提倡在研究技术路线上将天气学研究与动力学研究结合，既要努力揭露热带大气运动导致的天气事实，建立和完善各种天气系统的概念模式，为天气预报业务提供依据或着眼点，又要从理论上探讨各种不同尺度系统的活动规律，为提高与完善具有中国特色的热带气象理论作出贡献。

他将课题设计为四个分课题：

分课题一主要研究热带大气准周期振荡和中期天气过程。要求：摸清热带大气周期振荡特征及中、长期振荡相互关系，并对季风区和信风区周期振荡的联系和区别有基本了解；弄清赤道西风的振荡及其活动规律；找出高度场、温度场的中期振荡特征及与海温场演变的关系；了解热带中期天气过程的演变。要求上述工作能为热带地区制作中期天气预报提供环流背景、预报参考依据或着眼点。

分课题二主要研究行星尺度系统和热带大气动力学。要求：了解赤道辐合带的三维结构、生消过程、物理机制及其与环流系统的相互影响；了解并掌握西太平洋副高的季节变化、中期变化规律及其主导因子、能量转换等；了解热带对流层上部槽的物理结

图9-1　热带环流系统和预报项目技术组（前排左三为黄士松）

构和活动规律。通过上述工作，要为热带形势预报提供线索和着眼点。此外，还要求研究了解热带长波、超长波的基本特征、运动规律及其在热带环流系统演变中的地位和作用，提出理论成果和天气学模型，供低纬数值预报作参考。

分课题三主要研究天气尺度系统的发生发展、移动和天气影响。要求：弄清影响我国东风波的空间结构和发生机制，建立概念模式；了解南海中层气旋发生发展机制；了解南海热带低压的活动规律、结构特点及发展机制；弄清南海—西太平洋热带云团的结构、活动及其发生发展与热带长波的关系；了解中低层印缅槽的活动规律及其对华南暴雨天气的影响；了解赤道反气旋的综合结构、活动规律及其对周围系统的影响。上述成果要为我国南方天气预报提供思路、环流背景、预报依据或着眼点。

分课题四主要研究几种相互作用问题。要求：了解越赤道气流的形成机制、结构演变及其对低纬环流系统的影响；弄清信风区南北半球副高及相应的信风和季风的相互作用，以及这种作用对赤道辐合带的影响；弄清高空热带东风与低层赤道西风相互作用的机制和支配系统；了解南半球环流异常对北半球低纬环流的影响，以及同半球中、低纬环流之间的耦合特征；研究热带的经向传递波动特征和结构以及南北半球之间的能量交换。要求上述成果为热带中短期预报提供理论依据或预报线索。

黄士松作为课题技术指导，要求各协作单位负责同志除经常督促检查实施情况外，还要注意保持科研队伍的相对稳定，从时间、科研条件等方面给予尽可能地保证；要求大家重视资料的收集和及时整理。资料是科研的基础，特别是热带环流系统课题，研究内容涉及热带辽阔海洋，测站稀少，这大大增加了研究的难度；要求充分发挥中青年科研人员的作用，中青年科研人员理论基础较为坚实，思想活跃，善于探索，勇于创新，是完成课题任务的中坚力量。

1985年1月11日至15日，全国热带环流系统及其预报课题学术交流会在福建省厦门市举行。来自国家气象局气象科学研究院、国家气象中心、中国科学院大气物理研究所、国家海洋局海洋环境预报中心、南京大学、北京大学、中山大学、杭州大学、南京气象学院、空军气象学院、山东海洋学院和广西、福建、湖南等省气象科学研究所、广东省热带海洋气象研究所等单位的正式代表 41 人，福建省气象局组织省内有关台站的列席代表 32 人。黄士松作为技术指导也参加了会议，并在会上做了题为"热带环流变化和系统发展的若干问题"的学术报告。

会议交流了自课题启动以来的研究成果。共收到研究报告近 70 篇，在会上交流报告 33 篇，书面交流 7 篇。交流的研究成果可归纳为以下四个方面：

（一）热带环流演变和振荡

热带地区大气环流变化，历来为人们所关注，课题对此问题的研究有了新的进展。如探索两个半球中纬度环流变化的关系。从统计关系上证实了当澳大利亚东岸高空西风急流增强（可表示该地区强冷空气过程）5—10 天后，西北太平洋热带西南季风也增强等论点。探索了我国东部季风区出现的三个主要频数带，并指出大型环流的低频振动可能是我国"环流—天气气候—谷物天气产量"体系出现长周期振动的主要原因。另外，还讨论了热带夏季环流的周期振动和热带海气状况与我国降水的关系。

（二）热带行星尺度系统的基本规律

热带行星尺度系统，主要是指沿纬向的东西风带，中低层副高，赤道辐合带和赤道缓冲带等呈纬向平行排列的系统，以及中高层的热带对流层上部槽等。

南支东风急流增强时，南海和西太平祥赤道辐合带亦强，副高和西风急流偏北，季风环流圈偏北、偏强，台风生成数偏多。此外，对于中低纬度环流和高纬度环流之间的界限问题、热带流场和水汽场的问题，热带对流层上部槽、赤道辐合带以及副热带高压的数值模拟方面，课题研究都取得一些新的发现。

（三）天气尺度系统和天气

印缅槽与华南降水关系密切，课题研究指出，印缅槽活跃期，与华南前汛期暴雨集中期相一致。据 10 年统计，它与强降水过程对应率达 92%。

（四）热带环流的几种相互作用

两半球环流的相互作用，最直接的表现为越赤道气流。过去由于各人所取的时段和资料不同，尤其是资料时段过短，致使许多结论不一致。这一次，讨论了全球完整的越赤道气流的时空变化。并指出全球越赤道气流的空间分布和季节变化是同海陆分布及地形影响分不开的。

这次学术交流表明，课题在计划方案的指导下，取得了明显进展。在研究方法上较广泛地使用波谱分析、能量分析和数值模拟。在研究深度上，从过去的个例分析研究进入了平均环流分析，长资料序列的气象学分析和多个例合成综合分析，并着重于热带低纬系统互相制约和作用的研究与从物理机制上进行探索。此外，还出现一些研究南半球热带环流和探讨热带环流系统与热带天气甚至农作物产量关系的论文，这对于远洋航运业务及国民经济的发展具有一定的实用价值。

按照黄士松的要求，各专题组都发挥了各自的主观能动性，千方百计从各种渠道收集资料，并尽量采用先进手段加以处理，这就为研究成果的深度和广度打下了可靠的基础。在老科研骨干带领下，一大批青年同志正在茁壮成长，他们肩负了大量的计算、分析、推导工作，使整个课题在老中青科研人员共同努力下，取得了显著的进展。

整个课题研究都在按计划进行，黄士松相信通过持续的科研实践和学术交流，将会涌现出更多优秀人才和成果。

1985年12月1—4日，黄士松参加了在广东江门举行的"热带环流系统及其预报研究"技术组会议，对课题研究中的一些问题进行指导。至1986年秋，国家气象局为了加快科研体制改革的步伐，决定此课题提前于1986年结束研究，1987年上半年进行总结及成果鉴定验收工作。1986年12月，全国热带环流系统及其预报课题在广西南宁进行了最后一次学术会议。此课题计划仅实施了三年半，但从取得的科研成果来看，预期目标已基本达到。

在热带大气环流方面，着重探讨了越赤道气流和赤道西风的成因、结构、时空变化及其对我国天气的影响；对一些气象要素场的时频特征及遥相关现象作了较深入的分析；提出了湿急流和高、低纬环流间存在一个波动分界带等新概念；对环流的季节转换及中期振荡、中期天气过程也作了分析。

在行星尺度系统方面，着重研究了南海热带辐合带的活动、空间结构及其动力学和能量学特征；对西太平洋副热带高压的季节变动，用数值模拟研究了辐射、凝结加热和地形作用等因子的贡献；对国外研究较少的热带对流层上部大槽，也作了较深入的探讨。在天气尺度系统方面，较全面地研究了东风波、中层气旋、南海低压和赤道反气旋等与我国南方降水关系十分密切的系统，了解了它们的发生发展、空间结构和活动规律。

在几种相互作用方面，研究较多的是南北半球之间的相互作用，尤其是对于越赤道气流，基本上弄清了其成因、相对集中的通道、结构、季节变化，天气过程以及对我国天气的影响等；对中低纬相互作用和高低空相互作用也有了初步研究成果；特别是后期对与热带环流系统有重大影响的海气相互作用，研究成果较多。

在大气动力学理论研究方面，不但有热带大气运动基本特征的探讨，有热源、地形、凝结加热等诸因素在驱动热带环流系统中作用的研究，也有关于多种天气系统形成机制和空间结构的动力学、能量学特征分析。这些成果都可以作为改善低纬数值预报的参考依据。

课题的主要科学进展体现在：（1）对某些问题的认识更为全面深入，不少专题的研究比过去深透，其中绝大多数在原有基础上有所提高；（2）开拓了新的研究领域，部分填补了国内空白；（3）结合运用多种方法，增加了已有概念的可信度；（4）提出了一些新概念和新方法；（5）部分成果为业务应用提供了依据，理论研究进一步开展。

但由于工作提前结束，一些结合预报应用的成果，未能全面完成。

学术的第二个春天

1978年6月26—30日，在日内瓦召开了世界气象组织第一次全球大气试验政府间专家小组委员会第六届会议，讨论了有关试验进行的现状和今后具体安排。

第一次全球大气试验的实施日程1977年12月1日—1978年11月30

日为准备年，在这一时期新的卫星、通讯和资料加工系统开始投入工作，并对特殊观测系统进行检验。其中从1978年1月1日开始为资料收集时期，对世界天气监视网的观测资料和全部业务卫星的观测资料进行收集、传递和分析，从而对资料传递和加工系统进行彻底的检验。1978年12月1日至1979年12月30日为实施年。

第一次全球大气试验的主要目的：（1）更充分地认识大气的运动，从而建立更符合实际的天气预报模式；（2）确定天气系统可预报性的极限；（3）设计出一个最佳的综合气象观测系统，为对大气环流的较大尺度特征进行日常的数值预报创造条件；（4）在一年的观测期所许可的范围内，研究几个星期到几年的气候震动的物理机制，以建立适当的气候模式。

另外，亚、欧、非大陆的加热和冷却作用是造成大气环流季节性变化的一个重要因子，这是大气环流的最基本问题之一，但目前对此所知甚少。季风降雨开始日期的早晚和降水量多寡有很大的年际变化，直接影响到亚洲南部和西非许多国家的农业丰歉。另一方面，大范围的季风环流本身也是全球大气运动场的一个主要组成部分。在大气环流模式中，如果不把造成大范围季风的各种物理过程考虑进去，就不能成功地模拟全球大气的特征。因此，在全球大气研究计划中，为了对全球几个主要季风区的大气状况进行集中的观测研究，专门把季风观测研究列为一项分计划，称为全球天气研究计划的季风分计划。

季风分计划主要由两次试验所组成。其一是在全球大气研究计划第一次全球试验期间对西非地区的季节性环流和产生降水的天气系统进行集中观测试验，称之为西非季风试验。另一是在上述时期内对阿拉伯海、印度洋、孟加拉湾和东南亚地区进行观测试验，称之为季风试验。

整个季风试验将特别着重获取以下资料：海面温度、风的垂直分布（特别是在赤道地区）、海洋地区和大陆上的降水量、热量和水分收支、辐射收支。在季风的地区尺度问题中所要研究的是叠加在全球季风年变化上的各种较小尺度的现象，如孟加拉湾上的季风低压、阿拉伯海上的低空风场、季风开始和结束的机制、赤道东风波、中国南海和周围地区的冷空气活动等等。

预计通过季风试验，将有助于进一步改进海洋—大气耦合模式，使之反映出季风的季节变化和年际变化的影响，从而提高季风长期预报的准确性。我国是盛行季风气候的国家，特别是夏季风活动的早晚、盛衰，对我国广大地区的旱涝和降水量的时空分布影响很大。因此，季风试验活动对研究我国天气和气候有密切的关系，受到各方面的关注。

参加季风试验的有澳大利亚、中国、法国、香港、印度、日本、美国、苏联等二十多个国家和地区。所使用的观测工具除常规的地面和高空观测网外，还有卫星、船舶、飞机以及定高气球、机载下投探空仪等。

在季风试验期间所收集的资料分两种，一种是季风试验专用观测系统的资料；另一种是延迟资料（如飞机报告、移动船舶资料等），它们由各国自行收集和加工。此外，还将与第一次全球试验的区域副中心（英国、苏联和日本）紧密合作以获得第一次全球试验的有关资料。观测结果经加工后，于1981年起提供使用。

黄士松一直关注着第一次全球大气试验。由于在科研中常常受限于资料，所以第一次全球大气试验的资料一经公布就引起了他浓厚的兴趣，尤其是季风试验的有关资料更受他关注。早在1944年，他就和涂长望合作发表了引起国内外气象学界高度关注的《中国夏季风之进退》一文。资料的公布又把他拉回到季风的研究，当然季风本身和他此前重点研究的副热带高压以及热带环流有着密切的联系，热带环流里面有季风问题，副热带高压的进退和季风进退也有关系。

黄士松的着眼点仍然是在夏季风的进退上。关于夏季风的进退，黄士松和涂长望曾用气团观念作了分析讨论。现在，黄士松认为应根据气流源地，即根据盛行气流方向和空气热力秉性两个因子共同确定。单就空气的热力性质说，这些气流温度高，水汽含量大。可以根据各等压面上气流方向与 θ_{se} 等值线，定出各等压面上夏季风前沿的位置。

黄士松以1979年为例，发现我国东部低层夏季风可以是东南气流，亦可以是西南气流。这些气流可源自西北太平洋热带洋面，可源于孟加拉湾，也可源于遥远的南半球。夏季风的进退是很有规律的。无论在北进与南退过程中，均出现若干相对稳定的与跳跃式的变动阶段，从北到南撤出大陆要比从南到北的变动急速得多，后者需约三个多月，而前者仅仅约一个半月时间。在夏季风向北推进过程中明显地存在周期约 4—5 候的南北振荡，这些振荡与冷空气活动有直接联系。

夏季风的进退与西北太平洋副热带高压的位置、强度变化有联系，特别是在夏季风向北推进过程中，副高脊线北跳、高压单体增强西移之后，夏季风随亦出现向北跃进。另外，来自南半球的越赤道气流的加强，都会导致进入我国的西南气流增强，特别是索马里低空急流向东摆动并加强时，我国夏季风会随即出现跃进。值得注意的是，当夏季风出现急速向北推进过程时，在我国大陆上总是同时存在西南气流与东南气流。因此，他认为在直接影响我国夏季风进退活动的环流因子中，太平洋副热带高压的位置强度变化与索马里低空急流位置强度变化这两个因子当是最主要的，重点考虑这两个因子的变化特征、规律，对估计我国夏季风中短期的活动过程是有重要意义的。

由此，黄士松对越赤道气流就十分关注，尤其是索马里低空急流。他决定仍以 1979 年夏季为例，进一步分析印度洋至西太平洋地区越赤道气流，特别是索马里急流变化的一些特征以及同西北太平洋赤道西风、台风和副热带高压活动之间的联系。

经过分析，他指出了索马里急流变动同印度洋至西太平洋赤道西风活动、同西太平洋副热带高压和台风活动的密切联系，说明南北环流系统变化存在相互关联的统一性，这些结果也是具有重要的实际应用意义的。当然，索马里急流的形成、建立、低纬超长波的特点、南北半球间相互影响等问题虽然已有一些了解，但还是很不够的，需要作深入研究，使对大范围内环流变化的一些先后关联现象及其间整体性有更好的认识。

对于东半球的越赤道气流国内外已有较多的分析研究，但对全球的越赤道气流进行比较全面的分析还没有。第一次全球大气试验提供了全球范围从 1000hPa 至 10hPa 15 个层次上每 1.875° 经纬度网格点上的风的资料，使黄士松对全球越赤道气流的空间结构作较精确的分析研究成为可能。黄士松即用这些资料作了 1979 年冬夏各候、各月全球越赤道气流的垂直剖面图，进一步讨论越赤道气流的时空变化特点及同其他环流系统的联系。

他的研究全面揭示了全球越赤道气流的分布情况：

北半球夏季的特点是，低空以南半球越过赤道进入北半球的气流为主，并有几个明显的中心。冬季情况与夏季比较有很大不同，在东半球越赤道气流方向差不多都转变了。而西半球低层却同夏季情况一样，仍以自南向北的越赤道气流为主，且范围位置亦很少变动。

由于在许多经度上存在着一些基本稳定不变的越赤道气流，黄士松称它为越赤道气流的通道。在北半球夏季，低层自南向北气流的主要通道在全球范围内有：① 40°—55°E，② 105°—110°E，③ 150°—160°E，④ 180°附近，⑤ 135°—85°W，⑥ 50°—30°W，⑦ 5°W—5°E。其中最强最稳定的是 40°—55°E 的通道，即索马里急流，其次为 105°E 附近和 40°W 附近的，其余均较弱。另外在 125°—130°E 间，6 月至 10 月内亦存在断断续续的自南向北的气流。

低层越赤道气流的季节变化在东西两半球差异很大。东半球 40°—55°E、105°—110°E 和 150°—160°E 的三支越赤道气流是季风性质的越赤道气流，它们与东亚强大季风区的存在当有直接联系。前二者较强，第三者较弱，且位置偏东、主要影响西太平洋地区，因此研究越赤道气流同影响我国的低纬环流系统与季风活动之间的联系，应主要考虑 40°—55°E 和 105°E 附近两个通道。

还有一个值得注意的现象是：7 月 40°—55°E 通道较 105°E 强，而 1 月 105°E 较 40°—55°E 强，说明 105°E 通道在 1 月主要受亚洲大陆高压和澳大利亚低压这一对系统的影响，相当于 7 月 40°—55°E 通道主要受南非高压和亚洲大陆低压这对系统的影响。这进一步说明海陆地形在越赤道气流季节变化中所起的重要作用。

这些分析研究指出，越赤道气流不仅仅与印度季风关系密切，同南海、西北太平洋上环流系统的活动也有密切关系。显然，南、北两半球的大气环流主要就是通过越赤道气流而直接相互联系影响着。

1985 年 7 月 29 日—8 月 2 日，黄士松和张家诚[①]、姚宜民、史久恩、

---

① 张家诚，气象学家。1951 年毕业于清华大学气象系。1958 年获苏联列宁格勒水文气象学院地理学副博士学位。历任中央气象台预报科副科长，国家气象局气象科学研究所所长，气象科学研究院副院长。

廖洞贤[①]等同赴美国马里兰大学参加参加世界气象组织（WMO）举办的月、季大气变化诊断和预报第一次学术讨论会。7月31日上午黄士松做"南北半球之间大气环流变化的相互关系"学术报告，给学术同行详细介绍了他在这方面的工作成果，引起大家的极大兴趣。

接着，黄士松想到南、北两半球的大气环流相互关联的一个重要方面就是越赤道气流所造成的能量、角动量、水汽、质量的输送交换。这些物理量的输送交换，过去虽已有过一些计算，但由于过去低纬地区特别是赤道区的资料极为稀少，计算结果代表性是很差的。第一次全球大气试验提供了迄今最完好的资料，用以计算出的结果将提出最有代表性的较为真实的输送交换特性。

黄士松根据计算实例，揭示出一些新的认识：

（1）南北两半球间越过赤道的能量、角动量、水汽、大气质量输送交换的量是很大的，因而对两半球大气环流的维持是很重要的，两个半球都不能各自视为封闭系统。

（2）越过赤道的感热、水汽的输送，无论1月、7月，上、下层主要均由常驻经圈环流来完成，其他输送过程方式的贡献很小。相对角动量的输送，在低层都以常驻经圈环流为主，但在中上层，7月份由常驻经圈环流完成，1月份则主要由涡旋输送完成。

（3）对于越过赤道的物理量输送，一般情况是：1月份，低空以35°—125°E、高空以125°E—180°—145°W区域的输送贡献最大；7月份，或与1月份同，或低空以55°W—0°—35°E，高空以35°—125°E区域的输送贡献最大。这些区域范围或恰恰是季风区或是季风区的邻域，因此，季风环流对完成南北半球间物理量的输送平衡是很重要的。

（4）越过赤道的能量输送，各层差不多均以感热输送强度最大，其次为位能，动能最小。这三种能量输送，低空均自冬半球输送至夏半球，高空自夏半球输送至冬半球，而越过赤道总的净输送则自夏半球输送到冬半

[①] 廖洞贤，气象学家。四川简阳人。1951年毕业于清华大学气象系。历任中央气象台预报员、中央气象局气象科学研究所数值预报组组长、气象科学研究院数值预报室主任。是我国早期从事数值天气预报工作者之一。

球，这对两半球在冬季温度不会过低及环流较夏季强有重要作用。但因水汽集中于低空，故水汽与潜热净输送为自冬半球输送至夏半球，这对两半球在夏季的总降水量较冬季大有重要作用。

（5）越赤道的角动量输送中，Ω 角动量输送比相对角动量输送大 1—2 个量级，Ω 角动量输送（也代表大气质量的输送）为从夏半球输向冬半球，这对两半球上冬季海平面气压较夏季为高有重要作用。相对角动量输送无论 1 月与 7 月均从南半球输向北半球，这主要是南半球大陆集中于低纬而中高纬主要为海洋，大气在低纬获得角动量多而在中高纬耗失少，无论 1 月与 7 月均有角动量的多余，供输往北半球，故南半球表现为一个相对角动量源。

黄士松基于第一次全球大气试验的资料，继续进行了一系列研究，他把两个半球的环流联系起来作为一个全球系统来考虑。

1987 年黄士松发表了《论东亚夏季风体系的结构》一文，对东亚夏季风体系的整体结构进行了全景性的描画，并提出新的与过去的一些研究结果不同的看法。他指出：[①]

中国夏季风粗略看似乎是一地区性的环流变化问题，事实上，它是联系到广大范围、至少是整个东半球范围的环流变化的。低层夏季风的出现是由很多环流系统相互配合而造成的，它们主要是西北太平洋副热带高压，印度北部经孟加拉湾至中国南海一带的低压槽，南印度洋高压（马斯克林高压）和澳大利亚高压等。另外，还有位于赤道附近的强大的缓冲带或赤道反气旋，存在较强的越赤道气流自南半球进入北半球。在对流层中层，环流形势开始不同，其中北太平洋副热带高压及亚洲大陆南缘的低压更为强大，南半球西风带北推，南印度洋与南太平洋上高压亦北上，位于赤道南侧，赤道缓冲带不明显，自南至北的越赤道气流消弱，东亚地区上空差不多均为北太平洋副高南侧的东南气流所控制。到了对流层顶层，则情况完全改观。此时，南亚高压（青藏高压）成为控制整个亚洲及西太平洋区环流的大系统，使广大范围地区盛行东偏北的气流，并造成与低层气

---

① 论东亚夏季风的体系结构.《气象科学》，1987 年第 3 期，第 1-11 页。

流方向相反的自北至南的越赤道气流；在南半球，强西风带北压，在赤道南侧形成完整的反气旋系统。

一般认为组成夏季风环流体系的高压成员，对印度季风说，认为主要是青藏高压与马斯克林高压；对东亚季风说，一般认为主要是青藏高压，西北太平洋高压与澳大利亚高压，且特别强调澳大利亚高压的作用。黄士松的研究结果与此有不同，他的分析证实，对于东亚夏季风的形成、维持来说，比较两个高压的影响，马斯克林高压的活动要较澳大利亚高压重要多了。因此，人们论述东亚季风体系时突出澳大利亚高压作用而忽视了马斯克林高压的作用是值得讨论的。

黄士松给出的东亚夏季风环流体系结构图像表明：构成东亚夏季风环流的系统成员在低层主要有西北太平洋高压、南印度洋马斯克林高压、澳大利亚高压和印度季风低压，其中以西北太平洋高压和马斯克林高压最为重要。夏季风活动的中短期变化和长期变率即决定于各个系统成员强度、位置的变化特点及其间的相互作用特点。

下一步，黄士松的着眼点就放在了影响季风的这些环流系统的变动以及他们的联系上。此前有许多研究都指出了这些低纬环流系统普遍存在着20—50天的振荡，但所有的研究皆是基于谱分析求得的。黄士松另辟蹊径，从环流系统本身的实际变化进行研究，具体分析了西北太平洋副热带高压脊位置南北变化、北半球自印度洋至西太平洋上赤道西风强度与范围的变动、东半球越赤道气流的强度变化、马斯克林高压及澳大利亚高压的强度变化。通过分析，他发现低纬环流系统在其位置强度变化上均表现出为期10—50天的中期振荡特点，一些20—40天的振荡可前前后后发生在两个半球，在北半球夏季首先出现在南印度洋上，随后出现在北印度洋上，之后出现在西北太平洋上，明显存在遥相关特点。

就副热带地带的高压系统说，马斯克林高压首先增强，澳大利亚高压随之增强；结果，越赤道气流、西北印度洋及南海上赤道西风增强并东伸到西太平洋甚或中太平洋附近。这乃导致西北太平洋特别是它西南部的低层水平辐合与高层水平辐散增强，上升运动增大，随而促进哈得来环流发展。通过哈得来环流的建立与增强，西北太平洋副热带高压位置、强度随而进行调整，出现北跳及原高压中心消失与新高压中心形成。马斯克林高压变动与西北太平洋高压变动的遥相关特性即通过这一物理过程完成的。这同时再一次印证了黄士松先前的见解：马斯克林高压同西北太平洋高压一样，是东亚夏季风体系结构中最主要的成员，其重要性超过澳大利亚高压。

至此，黄士松的一系列的观测分析给出了两个重要的事实：（1）南北半球相互作用不仅存在，而且在某些区域尤其是在季风区域表现得最为重要。（2）南印度洋上的马斯克林高压既是印度夏季风体系的主要成员，又是东亚夏季风体系的关键成员，其强度变化对南北两半球环流变化起着十分重要的作用。

日本也是受季风影响比较大的国家，他们对季风的研究工作做的也比较多。1988年2—3月，黄士松应邀访问日本。世界著名气象学家筑波大学物理地球研究所吉野正敏教授负责接待并安排访问活动。日本气象厅前厅长高桥浩一郎还专门到黄士松的寓所看望并讨论问题。黄士松分别在筑波大学、日本气象研究所、京都大学、名古屋大学、日本气象厅等单位作学术报告和学术讨论，与京都大学防灾研究所山元龙三郎教授、光田教授及夫人和学生就季风问题进行讨论。黄士松在日本气象厅长期预报课作学

图 9-2　在日本气象厅作学术报告介绍"论东亚夏季风的体系结构"

第九章　在学术的田地里继续耕耘

术报告，专门介绍了他关于季风的最新研究成果"论东亚夏季风的体系结构"，黄士松把季风同南半球联系起来的观点他们闻所未闻，也从来没有人这么想过，这引起了他们浓厚的兴趣。

黄士松鉴于马斯克林高压在东亚夏季风中的举足轻重的影响，认为有必要对基于观测资料分析的这些结果，用数值模拟作进一步验证。黄士松带领他的研究生杨修群利用数值模式就马斯克林高压的变动对低纬环流以及全球大气环流的影响，特别是在东亚大气环流变化中的作用进行数值试验。结果表明：马斯克林高压加强以后，一方面对邻近区域环流有短中期的影响，另一方面全球大气环流可以发生低频响应，对大气环流低频变化作出贡献。因此，马斯克林高压是北半球夏季两半球相互作用中占重要地位的一个环流系统。

尤其是在黄士松的研究结果与他人有别的两个关键问题上，数值试验结果都支持了黄士松的观点。

第一个问题是南印度洋上马克斯林高压在东亚夏季风环流中的角色问题。陶诗言曾强调了澳大利亚高压在东亚夏季风体系中的作用，而黄士松则与之不同，认为马斯克林高压亦是东亚夏季风体系中的关键性因子，而且强调了马斯克林高压在东亚季风体系中的作用。数值试验结果证实黄士松等的分析结果与观点，因此，在研究东亚夏季风环流过程时，只强调澳大利亚高压而忽略马斯克林高压的作用是不恰当的。

另一个重要问题是：马斯克林高压增强以后，强迫出的异常环流型即三种波列，其机制是什么？前面已经指出对低频变化的机制研究很多，有人提出了大气中正交不稳定模态问题，也有人提出对流加热在低频变化中的重要性。黄荣辉指出：菲律宾地区对流旺盛可以产生一波列向中高纬传播，不过他认为这个结果与海面温度有关。而黄士松等则认为菲律宾区的强对流加强是马斯克林高压增强后，越赤道气流增强，使赤道西风增大自印度洋东伸至西太平洋导致辐合带增强的结果，数值试验结果证实了黄士松的这一论断。

黄士松自辞去系主任职务后至1989年是他学术生涯的第二个爆发期。在此期间，他围绕低纬环流系统发表了7篇系列学术论文。那时他已69

图 9-3　在黄士松七十诞辰庆祝会上（左二为朱炳海、左三为南大校长曲钦岳、左四为南大校党委书记韩星臣）

岁了。他说："我呢，实际上没有感觉到年纪大，到现在我也不服老，我还是教育工作者。"

20世纪90年代初，全球掀起一股厄尔尼诺现象（厄尔尼诺现象泛指赤道附近的东部太平洋表层海水温度上升引起的气候异常现象）的研究热潮。黄士松没有加入到这一潮流中去，他再一次反其道而行之：既然海面热源能够改变大气环流，那么极冰的增多或者变少对大气环流肯定也会有影响。极冰的变化会改变南北之间的温度梯度的分布，必然引起环流改变。那时气象学术界研究极冰的比较少，黄士松带领杨修群和谢倩开始了在这一研究领域的探索。从1990到1995年共发表相关论文11篇。

与中国气象学会的不解之缘

早在1943年，黄士松在重庆中央研究院气象研究所工作期间，就参

第九章　在学术的田地里继续耕耘

与了中国气象学会的活动。并在第十四届理事会上和徐延熙、朱岗昆一起被选为总务部干事。后因出国留学中断了与中国气象学会的联系。

新中国成立初期，中国气象学会在江苏省即已恢复活动。1949年10月23日在南京大学气象系成立中国气象学会南京分会。选举冯秀藻（常务）、徐尔灏（秘书）、刘匡南（总务）等八人为理事。第二届会员代表大会于1950年1月24日在南京地球物理所举行，选举程纯枢（常务）、易仕明[①]（秘书）、徐尔灏（总务）、吕炯（组织）、朱炳海（学术）等为理事。

1954年10月10日中国气象学会南京分会第三届会员代表大会在南京大学气象系举行，选举黄士松（理事长）、洪世年、王式中、石延汉、吴伯雄为理事。至此黄士松又加入到中国气象学会的行列中来了。

1960年2月28日在南京召开第五届会员代表大会，将中国气象学会南京分会改名为江苏省气象学会。选举关耀庭（理事长，时任江苏省气象局局长）、黄士松（副理事长）、路琢之（秘书长）、王式中（副秘书长）、周玉传、邹进上、符正华、周勉、高亮之、吴伯雄为理事。并成立天气、气候、大气物理、农业气象、海洋水文气象、情报联络、气象仪器7个专业组。

1962年8月2—8日，中国气象学会在北京召开1962年年会暨代表大会，27个省、直辖市、自治区气象学会的代表共300多人出席了会议。名誉理事长竺可桢致开幕词，理事长赵九章致闭幕词。选举产生中国气象学会第十八届理事会。竺可桢任名誉理事长，赵九章任理事长，张乃召任副理事长，卢鋈、顾震潮、叶笃正、蒋金涛、谢义炳、吕东明、徐尔灏、程纯枢、贺格非、束家鑫、冯秀藻任常务理事。黄士松当选为理事。

16年之后，中国气象学会年会暨全国会员代表大会于1978年12月8—18日在河北省邯郸市隆重召开。大会期间，以无记名投票方式选举产生了由82人组成的学会第十九届理事会。张乃召任名誉理事长，叶笃正任理事长，吴学艺、程纯枢（兼秘书长）、谢义炳（兼《气象学报》主任编委）、谢光道、黄士松任副理事长。王宪钊、叶桂馨等18人任常务理事。

---

① 易仕明，四川都江堰人。中央大学肄业。曾任四川省气象测候所、南京中央气象局观测员。新中国成立后，历任中央气象局工程师、副总工程师，国家气象局副总工程师、高级工程师。

江苏省气象学会也于1978年4月开始恢复学术活动。1979年1月4日—8日第六届会员代表大会在南京召开，成立了天气、气候、农业气象、大气物理四个专业组。选举出理事长：李凤鸣（时任江苏省气象局局长）；副理事长：朱炳海、黄士松、冯秀藻、汪庆甲。会上黄士松极力倡导创办一本学术刊物。那时全国的气象类刊物只有中国气象学会的《气象学报》和中国科学院大气物理研究所的《大气科学》两种。另外还有就是空军气象学院的《空军气象学院学报》，南京气象学院的《南京气象学院学报》，但都不是全国性的，流传面比较窄。黄士松认为，首先，"文化大革命"以后气象科研工作蓬勃开展，有许多研究成果，没有地方及时发表，影响交流；其次，南京地区有我国成立最早的气象系和两个世界上规模最大的气象学院以及不少院校的气象教研组，人才荟萃，可以说南京是除北京外的第二个气象学研究中心；其三，中国近代气象科学的发祥地就在南京市北极阁。因此，在南京应该要办一个气象刊物。黄士松的建议一经提出便得到了南京气象学院的冯秀藻、江苏省气象局的王式中的热烈响应，也得到绝大多数理事的赞同。大家热烈地讨论起来，最后一致同意刊物名称就叫《气象科学》，并选举黄士松任主编，顾钧禧、张丙辰、王式中三人任副主编。

对办刊方案的拟定，稿件的审读、筛选，黄士松都亲力亲为。然而，办刊物是要有投入的。黄士松和江苏省气象局商谈，请求他们支持。时任江苏省气象局局长李凤鸣十分支持创办刊物，在资金上给予资助。1980年，《气象科学》创刊号正式出版，公开发行。黄士松与王式中撰写了创刊词：

> 在实现四个现代化具有决定意义的八十年代，我国社会主义科学技术事业将进入一个新的发展阶段。为了向广大气象科技工作者提供一个学术交流的新园地，以促进我国气象科学事业的蓬勃发展，我们创办了《气象科学》刊物。
>
> 《气象科学》是江苏省气象学会主办的学术性刊物。主要刊登气象科学各分支领域的科研学术论文和技术总结，国内外气象科学新理论、新技术的综合评述和气象书刊的评论，以及气象科学学术动态报道。本刊将努力贯彻"百花齐放、百家争鸣"的方针，提倡科技工作者互相尊

重,互相切磋,取长补短,共同提高,鼓励和支持各种学派、不同学术观点的自由讨论。

由于我们水平有限,经验不足,恳切希望广大科技工作者和读者以及有关单位,给予关心和支持。对于在创办过程中存在的缺点,请及时批评指正,让《气象科学》越办越好。

黄士松在创刊词中特别提到"提倡科技工作者互相尊重,互相切磋,取长补短,共同提高,鼓励和支持各种学派、不同学术观点的自由讨论。"这不但是他办学术刊物的态度,也是他对科研工作的态度。

黄士松担任《气象科学》主编16年(1980—1996),后在他的学生余志豪(1996—2010年期间担任主编)、杨修群(自2010年起担任主编)的不断努力下,一直秉承办刊宗旨。1992年起被北京大学图书馆、北京高校图书馆期刊工作研究会确定为"中国自然科学核心期刊";1998年被国家科委列为"中国科技论文统计源期刊";2000年被中国科学文献计量评价研究中心认定为"中国科学引文数据库来源期刊";2005年被中国气象局评定为"核心期刊"。

1983年5月25日,国务院技术经济研究中心、中国科学技术协会在北京联合召开会议,动员和组织自然科学和社会科学工作者开展"2000年的中国"的研究,勾画我国长远发展的轮廓,描绘2000年我国经济社会发展的图像,为国家提供有资料根据和科学分析的研究报告。参加会议的有著名科学家周培源、钱三强和全国政协科技组组长裴丽生,106个学会的负责人和一部分预测工作者。国务院技术经济研究中心总干事马洪、中国科协负责人田夫在会上作了动员报告。

开展"2000年的中国"的研究,是多学科的全国性的规模宏大的学术研究活动。研究"2000年的中国"的目的,是根据党的十二大所提出的战略目标、战略重点和战略步骤,通过对国际和国内、客观和主观条件的综合分析,对2000年中国社会主义的经济、文化、科学、技术、人民生活以及精神文明建设的发展,进行总体的、综合的研究和预测,描绘出比较具体的、清晰的、生动的图像;探索达到我国社会主义建设的战略目标各种可供选择的途径，供择优选用；研究实现目标应进行的决策和依据，需要制订的政策并对执行的后果作出预测。提出对当前国民经济工作的要求和应采取的措施，为实现党的十二大所提出的历史任务而奋斗。

学会、研究会是群众性的学术团体，是组织各方面专家、学者的纽带，是开展社会性研究的重要力量，它经常开展各种学术活动，交流思想、交换信息、讨论学科发展中的新问题，思路比较开阔，对新事物比较敏感，同时，与友邻学科之间联系比较多，便于横向协调和综合分析，有利于一些边缘学科的研究，学会、研究会比较超脱，不受部门和地区要求的限制，便于敞开思想讨论问题，有利于发挥创造性，保证研究的客观性和科学性，同时，它又广泛联系着社会各界、各阶层的人士，便于充分吸收各方面的意见、建议和研究成果，有利于推动研究工作全面展开。

中国气象学会踊跃参加"2000的中国"研究活动，承担了"2000年的中国气象科学"的研究任务。为此中国气象学会专门拟定了研究方案，目的是期望通过广泛的调查研究与充分地掌握资料的基础上，经过分析论证提出对2000年我国气象科学的预测和展望，提供给国家有关部门为制定国民经济长远规划所需的判断依据和参考。

总负责人由曾庆存[①]担任，并成立工作组负责日常组织协调工作。

课题按两个层次分为若干个分课题，要求是：（1）对国际上气象科学的水平和到2000年的发展远景进行分析和预测。（2）对我国气象科学技术现有水平以及与国际先进水平的差距进行分析对比找出差距。（3）根据我国国民经济发展的各方面需要，根据我国气象科学技术现有水平和已有的基础以及分析国家可能给予的投资和国内其他相关科学技术可能发展的分析，对2000年我国气象科学的发展进行预测和展望，可以根据不同的条件提出不同的预测意见。（4）根据所预测的到2000年我国气象科学技术的发展水平，对当时国民经济各部门的发展建设所可能起到的作用和影响进行分析和预测。（5）提出到2000年发展我国气象科学技术所需要具备的各方面条件保证，以及分析在发展过程中可能出现的问题及解决途径。

---

① 曾庆存，广东阳江人。著名大气动力学家、地球物理流体动力学家。曾任中国科学院大气物理研究所所长（1984—1993）。1980年当选中国科学院院士。

黄士松主持"对2000年我国季风及热带气象学的发展展望"分课题，由伍荣生、余志豪、梁必琪、金汉良、林元弼、党人庆、韦有暹、王志烈、王康玲、林春育、罗会邦等18人组成编写组，在充分调查分析的基础上完成长达21页的《2000年我国热带气象学的发展展望》报告，分别从低纬大气探测、资料处理和分析，热带大气环流与季风，台风和热带扰动；热带海气相互作用，热带数值天气预报等几个方面进行展望。在最后提出了以下一些建议。

影响我国的灾害性天气气候，例如台风、暴雨、旱涝，都与热带大气环流系统的演变分不开。深入开展热带气象研究，是发展我国气象科学与气象事业的重要一环。在近一二十年内，我们应该很好地掌握诸如热带大气环流变化与东南亚季风活动的规律，能准确地预报出我国境内中期降水过程与旱涝灾害；要求弄清楚台风等热带扰动的生成发展机制，能准确预报出那些在近海突然发生的台风及那些不寻常的移动路径，避免或减少它们可能引起的生命财产损失。

为此，争取尽早建立起以遥感探测为主的大气探测体系是必要的。研究工作中除继续深入进行观测诊断的天气学、统计学分析，弄清事实、揭发事实、统一认识之外，还必须大力开展低纬动力学研究，特别要组织力量重点开展数值模拟研究工作，以搞清楚热带环流与系统变化的物理本质问题，对海气间、南北半球间、中低纬度间、不同尺度系统间的相互作用，取得比目前更为精确的了解，在上述基础上提出相当准确的短期、中期、长期热带数值预报。

国外为了开展热带气象学研究，除进行三次专门的季风试验外，还曾多次进行大规模的热带海洋气象考察与试验。例如1963—1965年的国际印度洋考察，1967年的莱恩群岛试验，1969年的大西洋信风试验，1969年的巴巴多斯海洋和气象试验，1974年的大西洋热带试验及气团变性试验等。鉴于我国南海资源（包括石油）非常丰富，大开发正在逐步实施，而南海海域天气变化多端，对资源开发影响很大，实有必要进行详细考察。目前在海南海域已有海洋部门若干艘调查舰船及数十处钻井平台，均可收集海洋与气象资料，加上四周稠密的气象站网，实为进行热带海洋气象试验的理想地区。应该尽早规划，将有可能取得的气象资料收集起来，同时引进一些设备，在90年代组织1—2次南海海洋气象试验。这是应该做到而且是能够做到的。

1984年10月13—18日，中国气象学会在南京华东饭店举行"庆祝中国气象学会成立60周年纪念会"。参加纪念大会的有中国气象学会理事和名誉理事、大会筹委会成员、各专业委员会的代表、各省气象学会的代表和会员代表、从事气象工作50年的气象界老前辈等共313位。中国科协、国家气象局等各有关方面的领导出席会议。日本气象学会代表团一行7人专程到会祝贺。香港天文台的两位代表和4位美籍华裔气象学家应邀参加。

纪念大会表彰了从事气象工作50年的老前辈，他们是：李宪之、张宝堃、吕炯、朱炳海、杨昌业、赵恕、宛敏渭、易明晖、齐惠民、卢鋈、李良骐、梁宗仁、程纯枢、么枕生、汪国瑗、郭用镀、刘好治、谢光道、汪庆甲、顾钧禧、尹世勋、陈学溶、赵春吾、曾广琼（女）、陈世训、周淑贞（女）、何大章、秦善元、朱岗昆、刘赓汉、何明经、杨鉴初、王彬华等。

这次会议收到学术论文和报告共551篇，由于时间限制只能安排各专业委员会对本学科近年来的进展与今后展望的报告14篇在大会上作报告。有91篇论文在分组会上发言。另外，日本、美国、香港的来宾分别作了共10个科学报告，进行交流。

10月17日，大会闭幕。黄士松作大会闭幕词，他强调：

> 实现四个现代化的关键在于科学技术现代化。十一届三中全会以来，党中央十分重视发挥知识分子的作用。学会是党团结联系广大科技工作者的纽带，也是党在科技战线的参谋和助手。我们的任务是艰巨的。今后一段时间内，我们学会必须做好下列几方面的工作：
>
> 一、党的十二大提出在本世纪末，力争全国工农业年总产值翻两番。这是全党全民的伟大战略目标。我们广大气象工作者要紧张地动员起来，积极参加科研攻关，同时，要加强同其他领域科学技术的协

作，充分发挥气象科学在国民经济中的作用。现在正处于第三次浪潮到来的时日，国家气象局在今年一月已制订下达《气象现代化建设发展纲要》，中国科学院与教育部亦在拟订学科基础研究规划，其中包括气象科学，我们要为实现这些规划做出贡献。

二、当前，改革之风吹遍祖国大地。能否把我国现行的体制改革好，是关系到四个现代化能否实现的大事。我们要继续清除"左"的影响，积极支持气象部门的体制改革，做改革的促进派。

三、现代科学技术的发展突飞猛进，日新月异。今后要更多地举办各种讲座与短期进修班，帮助同志们尽快掌握先进气象科学技术知识。

四、为了适应各行各业对气象的日益需要的新形势，我们要大力开展气象科普和咨询服务活动，努力通过各种渠道向农民和青少年宣传气象知识，同时，积极做好工业、交通、能源、国防和城市人民生活的专业气象服务工作。

五、要大力加强学会的思想和组织建设。胡耀邦同志指出："科协是科学家和科技工作者自己的组织，是同工会、青年团、妇联、文联一样重要的团体。在四个现代化的进军途中，科协尤其具有重要的地位。"我们要积极宣传学会的重要性，大力吸收符合会员条件的同志入会，建立健全学会各级组织，积极发现并提拔优秀中青年同志到学会各级领导机构中来。我们要动员气象工作者学习和贯彻科技工作面向经济的方针政策。我们要办好学会的刊物，切实贯彻"双百"方针，提倡学术民主、坚持真理。准许有发表不同学术观点的权利。我们要注意建设社会主义的精神文明，树立社会主义的科学道德，树立良好的学风和严谨的治学态度，要加强团结，相互学习，搞好协作，为发展我国气象事业作出贡献。

同志们，让我们遵循党中央规定的路线、方针、政策，同心同德，群策群力，实事求是，解放思想，锐意改革，努力创新，为实现我国气象现代化建设事业，为振兴中华，作出新的更大的贡献！

1990年10月22—26日，中国气象学会1990年全国会员代表会议在青岛召开。大会开幕式由黄士松主持，理事长陶诗言致开幕词，副理事长周秀骥①作关于第二十二届理事会理事选举情况的说明。大会审议通过了第二十一届理事会工作报告，修订了《中国气象学会章程》，表彰了陶诗言等23位从事气象工作50年的老一辈气象工作者。

第二十二届理事会第一次会议选举产生了第二十二届理事会常务理事会，选举章基嘉②担任第二十二届理事会理事长，曾庆存、周秀骥、王锡友、刘式达、陆渝蓉（女）为副理事长；聘请陶诗言、黄土松为名誉理事长。

从此，黄士松退出中国气象学会领导层。中国气象学会为了表彰他对学会所作出的贡献，授予他"中国气象学会工作先进个人"称号。

2004年10月，中国气象学会举办了中国气象学会成立80周年系列庆祝活动。庆祝活动包括"中国气象学会成立80周年庆祝大会"、授予德高望重的气象界老前辈"气象科技贡献奖"、中国气象学会2004年年会、气象科技成果展等活动。

国务委员陈至立、世界气象组织秘书长雅罗专门为大会发来贺信。美国气象学会理事长 Susan Avery、日本气象学会代表 Sumi Akimasa 和韩国气象学会理事长 Chung Hyo-Sang 先后致辞，对中国气象学会成立80周年表示祝贺。

大会宣布了中国气象学会关于"气象科技贡献奖"的表彰决定。为了诚挚地表达对老一辈气象科技工作者的崇高敬意，中国气象学会第二十五届理事会决定对么枕生、仇永炎、王世平、王式中、王彬华、王鹏飞、叶笃正、刘好治、牟惟丰、朱抱真、陈学溶、李良骐、束家鑫、张丙辰、张国祥、欧阳海、易仕明、郭可展、赵恕、祝启桓、陶诗言、黄士松、盛承

---

① 周秀骥，我国现代大气物理学创建人之一。1964年开始，先后担任中国科学院大气物理研究所副研究员、研究员、研究室主任、大气物理研究所副所长。1984年调入中国气象科学研究院，任院长。

② 章基嘉（1930—1995），安徽绩溪人。1958年获苏联列宁格勒水文气象学院博士。在中央气象局和研究所从事中长期天气预报。1960年调南京参加筹建我国第一所气象学院的工作，历任天气动力教研组组长、气象系主任、副院长。后任国家气象局副局长。

禹、傅抱璞、葛学义、樊平26位气象界老前辈予以表彰。同时号召气象行业广大科技工作者，要向受表彰的气象界老前辈学习，学习他们热爱祖国、艰苦创业的崇高精神和优良的职业道德，大力弘扬求真务实精神，锐意改革，勇于实践，开拓创新，与时俱进，为实现全面建设小康社会的宏伟目标做出新的贡献。希望各级气象学会和各理事单位认真关怀、体贴气象界的老前辈，使他们愉快地安度晚年。理事会代表中国气象学会全体会员，衷心祝愿所有为祖国气象科学事业做出贡献的老同志们精神愉快，健康长寿。

黄士松代表获奖的全体老前辈作了热情洋溢的讲话，他说：

各位领导，同志们，朋友们：

请允许我受被邀请参加今天庆祝大会受表彰的26位80岁以上老同志的委托，代表他们讲几句话。

首先，热烈庆祝中国气象学会成立八十周年，祝贺中国气象学会成立八十周年庆祝大会的召开。我们26位老同志十分感谢学会对我

图9-4　黄士松在中国气象学会成立80周年庆祝大会上发言

们的邀请和关心，使我们有机会和大家一起参加这次盛会。学会授予我们"气象科技贡献奖"，我们深感荣幸，非常感谢。

中国气象学会于1924年10月10日在青岛正式成立，后经我们的前辈竺可桢、涂长望、赵九章先生等的发奋图强，艰苦努力，学会不断发展，为我国气象事业的开创和发展做出不朽的贡献。新中国成立后，学会更是迅速发展。回想学会的这段发展历史，我们真是感慨万分，可以这样说，每当我们国家发展昌盛时，我们的学会工作、我们的气象事业就发展迅速，每当我们国家受到各种干扰时，我们的学会工作、我们的气象事业就会受挫折、受到影响。在整个学会发展的历史进程中，最值得一提的是党的十一届三中全会胜利召开，给学会的发展带来了伟大的历史转折。在改革开放政策的指引下，祖国社会主义建设发展突飞猛进，我们气象事业也与时俱进，迅速地实现了现代化建设。这期间，中国气象学会和广大的会员们精神奋发地做出了重要贡献。今天在这里召开的气象学会成立八十周年庆祝大会和2004年年会具有特别重要的意义。缅怀过去，面向未来，它们将激励全体会员和气象界同仁再接再厉，推进新时期中国气象事业跨越式发展。

记得我是在大学毕业那年（1942年）春夏间加入中国气象学会的。在1943年秋第一次参加在重庆北碚举行的气象学会年会活动，那时正值抗战期间，交通不便，来参加的人不多，年会规模亦小，那时学会没有设立很多工作委员会或专业委员会。如今学会发展日益庞大，专业委员会与工作委员会就达33个之多，大气科学的每个分支学科的专业委员会都蓬勃开展工作，成绩卓著，确使人高兴振奋。

我想学会的工作，总的来说，最主要的还是要配合中国气象事业的发展，加强学术交流，开展学术活动和科普活动，包括出版刊物，并为实现这一目标努力创造良好的环境。学会活动的目的是促进学术交流，提供科技创新，解决实际问题，全面提升我国大气科学的学术水平和减灾防灾的总体能力。这些年来气候异常，高温、暴雨、台风、洪水、沙暴、干旱频发，灾害深重。因此，灾害性天气、气候的成因和预测仍然是今后头等重要的研究问题。而人工影响天气，改造气候的研究也就更需抓紧、重视。另外，今年各地限量用电，更使我们感受到能源问题严重。煤、油、气的开采，我们搞气象的无能为力，但对风力发电可大有作为，气象学会可发动会员积极参加组织研究，其前景十分光明。

科普活动是气象学会的另一重要任务。这主要是普及气象科学知识，提高人们对气象科学的理解和兴趣，其中我觉得最值得重视的是吸引更多的高中毕业生来学习气象科学。近些年来有一个使人担忧的现象，即每年高考时，学生以大气科学为第一志愿报考的实在太少了，气象学会是否可组织研究一些解决办法。中央电视台十套节目广播的《今日气象》，内容很好，今后是否可以改进一下，以加强科普宣传的形式，在吸引青年人来学习气象科学方面起更大作用。

以上看法，很不成熟，望批评指正。

最后，祝会议成功，祝气象学会以更大的步伐向前发展。祝同志们身体健康，工作顺利，不断取得更大的进步。

黄士松的讲话道出了许多受表彰的气象老前辈的心声，引起了他们强烈的共鸣。许多老同志接到学会发出的邀请函，心情十分激动。昔日的老同事、老战友离开工作岗位后，几十年都未曾碰面，这次在北京相聚使他们感慨万千。陈学溶老先生参加完庆祝大会返回南京后，给气象学会发来专函深表谢意。91岁高龄的王彬华[①]老先生因身体原因没能参加这次会议，但在他得知自己获得中国气象学会授予的"气象科技贡献奖"后，欣然为中国气象学会题写了"气象人员之家"的题词，并对中国气象学会给予他的荣誉表示感谢。

---

① 王彬华（1914—2011），我国著名海洋气象学家。1946年至1956年任青岛观象台台长，1953年正式调入山东大学物理系气象所任教授，负责创建海洋气象学专业，1959年，担任海洋水文气象系副主任。

建 言 献 策

黄士松1977年12月又当选为江苏省第五届人民代表大会代表。他积极履行人大代表的职权，参加代表小组活动，下基层视察、调研，听取群众意见。积极建言献策，协助政府推行工作，为群众办实事。行使建议权，广泛反映各界人民的声音。

他在六届人大二次会议上，提出关于"切实采取措施，改变目前肉食紧张状况""落实知识分子政策，关心知识分子生活"的建议。

在七届二次人大会议上他提出多项提案。针对农村土葬、乡镇企业建设、农民住宅建设无序占用耕地的情况，他提交了"控制住耕地减缩情况的建议"；针对有些地方执行国家计划生育政策不力的情况，他提出"要求政府采取严厉措施，有效控制人口增长"，"保护女权问题"等建议；针对80年代末的"官倒"成风、腐败猖獗的问题，他提出"狠抓廉政建设，增强人民信心的四点建议"，要求公布全省查处"官倒"案件情况，要求公布全省铺张浪费、大吃大喝、行贿受贿、以权谋私的问题及处理情况，要求取消领导干部特权，要求实行领导干部个人财产申报制度。

针对随着高等教育发展，南京地区高校用地紧张的问题，他提出"发挥南京市区地皮潜力。支持发展一些重点大专院校的建议"，他认为南京地区的部属高校有20多所，学科较齐全，设备较好，师资力量较强，若省里能帮助解决像地皮等实际问题，则对江苏省人才补充及其经济建设必将起到很大作用。

黄士松了解到由于职务指标分配与师资队伍状况的不平衡，不少普通高校特别是一些历史悠久、学科齐全、人才密集的老高校，有很多五六十年代初期毕业留校任教的老教师未评上高级职称，这显然有失公平。为此，他提出关于教育的提案中特别提到这个问题，为这些老教师呼吁。在他的努力下,江苏省教委采取了两条措施来解决:①"(1)设置待聘高级职务与学校计划高级职务,着重解决1962年以前大学毕业和即将离退休的长期从事教学、应用研究和实验室建设工作,成绩显著的老教师。待聘高级职务与学校计划高级职务不享受国家计划高级职务待遇,离退休前可有一次机会申报国家计划的高级职称。这项工作各校反映良好。(2)'退提'评审,为部分已经离退休的老教师评定任职资格。鉴于普通高校1983年9月前已参加职称评定,因此我委规定:凡在1983年9月至普通高校首批专业技术职务评聘全面开展之间离退休的老教师,确实符合条件,退休以后继续为教学、科研作出贡献的,可按照评审规定程序,评审相应资格。工资按中央对离退休人员的政策处理。"由于采取了上述措施,老教师中相当多的同志评上了高级职称,调动了他们工作的积极性。

黄士松除了履行好自己的人大代表职责,对学校的工作以及学科的发展也经常献计献策。

1991年1月,他在参加学校的提升高级职称评议小组会议后,对评议中存在的问题他觉得有必要反映一下自己的意见,于是3月5日就给以曲钦岳校长为首的校领导班子写了一封信:

> 承邀参加1月26—30日学校的提升高级职称评议小组会议,至为荣幸,亦感责任很重。回想这次评议会,就理科2组情况看,基本上是好的。但总的问题亦不少,拟作简要呈述,或可供今后改进参考。
>
> (1)理科2组包括化学、地质、地理、气象、生物、生化、环境和医学8个学科,相当庞杂。但评议人员共13人,每个学科仅1—2人,因而各人除对本学科情况了解较深外,对别的学科情况可说是十分不了解的。因此有关学术水平的评比,除考虑教学上开课任务外,主要根据下列两方面材料进行判断:①论文的数量和质量。②同行专家评审意见。这两方面的材料都是非常重要的,但论文质量如何

---

① 见黄士松采集成果,信件类,XJ-001-014。

衡量呢？学校曾规定，也是这次会议上的主要倾向，是把学术刊物分为一、二、三级，凡发表在所谓"一级"刊物上的就是高质量文章，发表在他级的就是低质量文章。这种看法是值得讨论的。我觉得论文的质量是客观存在，是由论文本身所决定，并不决定于发表在哪种刊物上。事实上，发表在同一个刊物上的文章，其质量高低亦可相差很大，也常见发表在所谓二、三级刊物上的文章，其学术价值、重要性与影响可远超过发表在所谓一级刊物上的情况。因此，发表于哪个刊物只能作为一种参考性指标，不能作为一个决定性的根据，完全根据文章发表的刊物名称来确定文章质量是不恰当的。

我觉得，任何一位同志的学术水平，主要应根据他的论文的系统性、创造性和影响，根据他科研整体工作在该领域中的地位和贡献来评定，而这常常不是可以由一位外行专家仅仅看他论文发表在哪个刊物以作出正确评定的，这只能由同行专家作出，因为只有同行专家才能全面地、深入地了解该领域的学术情况，进行比较，作出判断。因此，当上述两方面材料提供的评价一致时，问题较简单，容易作出正确判断，如果两者不一致时，我觉得应当多多考虑同行专家的评审意见。

这样，如何做好同行专家评审工作是非常重要的。目前，对每位申报者各请两位同行专家进行评审，但可能由于时间匆促，有的来不及寄回评审意见或由于评审人恰恰出国在外，评审意见无法收到，也有由于两份评审意见稍有出入，会造成一些困难，等等。因此，建议今后邀请校外同行专家评审时，时间上要安排得早一些，邀请人数可考虑多几位。

（2）将提升教授与是否可能成为博士生导师这两项性质不同的评议结合起来用A、B、C、D、E打分方法进行初评。这种做法是否合适，是否必要，恐怕值得研究。而且，评议小组没有充分讨论，且据说出现这样的情况，即有的同志把本系的申报人打高分，而把别系科的申报人打很低分，这样，初评结果就很难反映实际情况了。但由于初评结果公布后，又没有再进行细致分析，充分讨论，随即进行正式投票，初评结果就难免成为一个框框，影响人们投票，得出的名单就很难完全有代表性。建议考虑一下，今后是否仍需要初评这一过程，如需要的话，则建议在初评前与正式投票前都要安排充分时间进行分析讨论，两次投票都可采用同意（√）与不同意（×）择优圈出规定名额人选，不必用打分法。另外，8个学科安排在一个小组，太庞杂，不利于充分讨论、认真研究、交换看法，作出正确判断，（在理科2组，对达到退休年龄的申报者情况根本就没有时间进行过讨论）。因此，建议今后一个评议小组包含的学科要安排得少一些。

（3）破格提升一些有非常突出成绩的青年教师为教授，我非常赞成，但似应不以牺牲应该提升的50多岁教师的名额为前提。这批50年代毕业的教师是新中国成立后经受运动、经受冲击最多者的一部分。但他们仍兢兢业业，奋发图强，在教学与研究上作出可贵的贡献，直到目前仍有很多同志挑着重担。但他们很多人迄今未被提升为教授。其原因并非是他们的学术水平未达到教授要求，而是全国情况及该校情况造成的。"文化大革命"以前，由于极左思潮横行，学校提升职称工作长期停顿，"文化大革命"后仍多次停顿，结果不断造成严重的遗留问题。而南大是一所老大学，人数多，被压下来的人数亦较多，而每次提升名额比例又很小，结果积压下来的人数反与日俱增。如果这些同志在其他学校也大都早已被提升，有些同志说"南大就是要严，南大的副教授要比别校的教授强"，这似乎很有理，也很"气壮"，但这是在校内自己安慰自己的想法。一到校外，人家并没有把南大的副教授看得比别校的教授高，教授就是教授，副教授就是副教授，一切待遇都不同，包括申请科研基金，亦是看上别校的教授，即使我们这位副教授业务研究上超过别校的那位教授。校外的现实情况和校内不够尊重他们的成绩和贡献而急于提拔年轻人，使他们感到非常沮丧，积极性受到极大挫伤。就我所知，这次评议结果使这种情形更严重了。这对于我校工作是很不利的，使人担忧，希望学校能对这个问题作些调查研究。

……

以上意见是从热爱自己学校的心情出发而呈述的，如有可取之处，望多考虑，如有不当之处，则望多批评指正，不胜企盼。

1990年11月，他在参加中国科学院地学部召开的地学发展若干问题及对策研讨会上发言，指出：[①]

地学的任务应当在于揭示地球本身以及其他天体对地球影响的基本规律、揭示人类活动与地球环境相互作用的效应，为解决人类生存与发展中所面临的问题提供资料和理论依据。我国地学研究首先要为国家解决资源、环境、自然灾害等重大问题提供决策依据和办法。

我国幅员辽阔，地形复杂，每年都有水、旱、风、雹、地震、滑坡、泥石流等自然灾害发生，使人民生命财产受到巨大损失。据估计，这些自然灾害造成的直接经济损失平均每年即达200多亿元，大灾之年高达400多亿元，其中大部分是由于灾害性天气气候造成的。因此，灾害性天气气候的预测预报理论和方法的研究及防御对策的研究当是大气科学的迫切任务。

从长远看，需要了解气候变化问题。现在研究表明，影响气候变化的主要有自然因子和人类活动两方面，前者对季、年际气候变化的影响是以太阳辐射和下垫面热力强迫的物理过程为主，通过地气、海气之间能量交换过程、冰雪面等过程来实现；后者则主要通过人类活动引起温室气体浓度的增加及植被、森林、水资源的变化而影响气候。因此在研究气候自然变化的基础上着重研究陆地的和海洋的生态环境同气候的相互作用，从而研究气候变化的预测方法，并进一步提出控制和减缓生态环境破坏及最佳开发利用气候资源的相应对策，是具有重大的学术意义和社会经济意义的。然而，从我国国情出发，我们既要研究全球的以及长期的几十年、上百年甚至几百年上千年的气候变化，重点应放在我国范围内，时间尺度为月、季、年际及十年内

[①] 黄士松：大气科学发展应与城市工作结合。见《地学发展若干问题和对策讨论会论文摘要汇编》，中国科学院地学部，1990年，第74—75页。

的气候变化规律的研究。如果更突出重点地研究我国人口最密集、经济最发达，人类活动对生态环境和气候的影响也最大的地区的气候变化将更有重大的现实意义。

我国地处季风区，干旱、洪涝等灾害性天气气候的发生与季风异常相结合。因此，研究季风的结构和维持、低频振荡、中尺度对流系统对大尺度季节系统维持和演变的作用，季风年际变异性及其同ENSO、极冰、雪盖等的联系等问题，显得特别重要。

当前在全世界"气候热"的时候，我们应重视加强开展云雾降水物理和人工影响天气气候的研究，虽然这在许多国家处于低潮，但我国实践表明是可行的，有希望的，我们必须开拓新思想，在基础理论、探测技术和作业手段以及效果检验各方面研究有所突破，这是灾害性天气气候防御对策中最积极的一环。

另外，他谈起国内在很长一段时间内，气象业务部门对普通气象资料也严格控制、垄断，并且对别人使用资料进行收费来创收，十分不解。为了改变我国目前科研资料的情况，并鉴于地学特别是大气、海洋、地理、环境各学科的密切关联，他建议成立一个真正社会主义的国家地学开放资料中心，广为收集，开放供应。

黄士松的这些建议具有前瞻性，许多为后来的发展所证实。

关爱青年

1992年黄士松正式退休。在四十余年的教学生涯中带了很多学生，和全系同志一道培养了出很多青年才俊，可谓桃李满天下。这些学生毕业后有的到大专院校任教或到研究机构、气象业务单位工作，为我国气象事业的发展做出很大贡献。

黄士松十分感恩自己的恩师涂长望、朱炳海，也许是当年他自己的亲身经历使得他对年轻人的成长十分关心。1986 年 6 月他在参加首届全国优秀青年气象科技工作者学术交流会议发言时这样说道：①

> 青年人的成长是由多方面的因素决定的，其中时代背景，即科技的进步与社会的进步，自身的奋发努力则是最重要的因素。新中国成立以来，我国的气象教育事业蓬勃发展，现今高等院校的师资、图书资料、实验室装备等各方面的条件都远比过去优越，业务单位和科研单位的条件更是如此。现在一代青年人的环境条件是优越的，比以往的青年人学校里学到的东西深广、扎实，毕业后在工作岗位上亦具有较过去更为良好的条件。特别是从党的十一届三中全会以来，重视人才，重视知识，使学习与工作的条件一年比一年好、一代比一代好，我们希望青年气象工作者，向艰苦创业的前辈气象学者学习，热爱自己的社会主义气象事业，在今后的悠长岁月里，要求自己在业务工作上、学术成就上都能一代胜过一代，为我国气象科学、气象事业的发展，做出更大的贡献。这是历史前进的必然要求，也应当是优秀青年气象科技工作者的责任。
>
> "一年之计在于春"，青年是人生的春天。青春年华是人生中最宝贵的时段。青年人精力旺盛、思想活跃、最善于发现和吸收新事物，最富有观察力、想象力和创造精神。世界上许多突出的科学家都是在青年期到中年初期间取得巨大成果的。例如门捷耶夫在他 35 岁时（1869 年）宣告了元素周期律的发现；爱因斯坦在他 26 岁时（1905）建立了狭义相对论，在 37 岁时（1916 年）创立了广义相对论。达尔文虽然在 50 岁时（1859）发表《物种起源》一书，但他的思想体系在他 22 岁至 27 岁间就开始逐步形成了。在气象学方面，J. 皮叶克尼斯在 21 至 24 岁间（1918—1922 年）提出了气旋模式与气旋生命史，和 V·皮叶克尼斯、索伯尔格、贝吉隆等人建立了气旋极锋理论。罗斯贝虽在 41 岁时（1939 年）发表了大气长波理论，但其实践经验使他很早就形成概念了。查尼在 33 岁时（1950 年）与 47 岁的冯·诺依曼等人首

---

① 黄士松：首届优秀青年气象科技工作者学术交流会闭幕词。见《低纬大气环流系统若干问题研究》，气象出版社，2009 年，第 376-378 页。

次应用电子计算机制作数值天气预报成功。他们的这些工作都成了气象学发展史上的重要里程碑。因此，我们要非常重视青年人才，而青年人也要非常珍惜自己宝贵的青春年华，努力学习，敢于创新。目前，我国拥有数以万计的35岁以下的青年气象科技工作者，这个队伍今后还将迅速扩大，我们应当努力创造更好的工作条件，使一些优秀的青年能尽早地脱颖而出，攀登上气象科学高峰。中国青年是勤劳勇敢的，具有很高的聪明才智，他们定不会辜负人民的期望、祖国的重托。

青年人是祖国的未来，任重而道远，因此，他们不但应是有文化、有理想、有抱负的人，也应该是具有高度精神文明的人，胸怀宽广，谦虚谨慎，对人对事，都能从国家整体利益出发，相互尊重，相互支持，团结协作，出色地做好工作。

国家气象局提出要在今后十五年里，全面实现《气象现代化建设发展纲要》的各项任务。与会的代表和全国广大青年气象工作者将是完成这些任务的重要骨干力量。这次会议既是青年群英会，也是青年动员会，我们希望全国青年气象科技工作者要积极响应大会倡议书的号召，刻苦学习，勇于探索，大胆创新，奋发成才，为我国气象科学的繁荣和气象现代化建设的实现做出优异的贡献！

黄士松对青年人除了要求严格外也常常爱护有加，必要时"出头"仗义执言。

余志豪因家庭出身不好，长期受歧视。上世纪60年代初期，他第一次开流体力学课时为了使同学能更好地理解"扩散"问题，给学生举例说：假设讲台上开一瓶香水，通过空气扩散，全教室都可以闻到香水味儿了。同学们就很容易理解了"扩散"这个概念，课堂反应很好。但当时的党小组长却在教研室会议上指责余志豪在课堂上宣扬资产阶级思想，要取消余志豪上课的资格。黄士松坚决不同意，并在学校会议上力挺余志豪，因此特意介绍青年教师余志豪讲课生动有趣，深受学生欢迎。从而，余志豪的教课方式得到匡亚明校长的肯定。所谓余志豪讲课宣扬资产阶级思想的指责也就不了了之。

1991年黄士松又为系里的年轻教师林春育在职称评审中受到不公正对待而上书校长：[①]

> 林春育同志，他是大气科学系12位申报者中择优评选出的三位同志的一位，以名次第2上报学校的，他在梅雨、季风、东亚环流等方面进行了系统性创造性的研究，作出出色的贡献，公认其梅雨研究在国内是领先的，季风研究提出许多创见，全国知名，影响很大。但由于其论文仅一篇发表在所谓"一级"学报上（现职以来是一篇，以前曾有多篇），其余发表在国内外有关学术会议论文选集或国内的所谓"二级"刊物上，校评议小组有些同志受"一级"、"二级"概念的影响较深，对校外同行专家高度评价意见未予很好重视，结果在正式投票时，林同志与地理系另一同志均为6票（差一票过半数），未进入学校给予理科2组的名额。但在第二次投票中（两同票者中再择优选出一位），林春育同志以8票对5票获胜，终于进入学校给予的名额中，然而，遗憾的是校评委会开会时有的同志仍认为林春育同志不能提升，这是令人非常难以理解的。实际上，林同志的大部分论文之所以没有发表于所谓"一级"刊物，主要是由于该刊物刊出的周期长（一般要两年或两年多），作者总希望自己的文章能早日与读者见面而投寄周期较短的刊物发表；同时，国家气象局系统所主持的协作项目总是要求作者把一些质量较好的文章全文发表在其主持的学术会议论文集中（较差的以摘要发表），以表示其成果（科研经费是主持单位供给的）。而且作者们过去也从未想到会出现今天这种以刊物的所谓等级来评价论文质量的事态的！因此，希望校领导能充分考虑林春育同志实际的学术水平、成就和贡献，妥善地解决他的职称提升问题。我认为，这不仅是表示学校对他个人的正确评价，调动他个人的积极性问题，也是表示学校对他们这一代人的正确评价，调动他们这一代人的积极性的问题。

第二年，林春育解决了职称问题。

[①] 见黄士松采集成果，信件类，XJ-001-034。

结 语

我们通过对黄士松本人及相关人员的访谈、收集的相关资料，进行考证分析，对黄士松的学术成长环境、过程以及他所取得的成就有了一个概貌性的了解。历史不可能重复，我们只能从点点滴滴的细节去寻找有哪些影响了黄士松的学术成长过程的关键因素。

由于黄士松本人保存下来的相关资料很少，并且他也非院士，因而外界对他的记述也不是很多，因此，要做一个完整的分析是比较困难的。我们选择一些黄士松经历中若干个重要问题进行分析，以探讨他的学术成长过程。

学术成长与社会环境

人，作为一个个体生活在社会大环境之下，他的生存发展无不和他所处的社会环境息息相关。

黄士松真正投入学术活动是到了中央研究院气象研究所以后。当时虽处于抗战时期，但国民政府对科学研究还是很重视的。气象研究所是当时国内气象科学研究的圣地，气象资料和藏书都是很丰富的，并且环境宽松，有更多的时间用来做研究。在两年半的时间里，黄士松发表了两篇学术文章。

1945年6月赴美实习一年，期满后自费留学UCLA气象系。此段时间主要是学习、积累。并且因为要勤工俭学，也没有太多时间来做学术研究。

1951年3月回国后，开始独立研究。1951—1956年期间，比较大的事件是"知识分子思想改造运动"和"院系调整"，"思想改造"时由于黄士松"暴露比较彻底"，所以很快过关，对他影响不大。"院系调整"对南京大学气象系来说是好事，浙江大学、齐鲁大学等的相关院系并入南京大学气象系，使得气象系实力大增。并且南京大学的科学研究从1953年开始复苏并转入活跃期。在这段时间，黄士松的主要精力放在了教学上。发表了两篇论文，其中著名的《决定大气环流的基本因子》发表于1955年。

1957年开始的"整风反右"，黄士松虽然被邀请参加帮助党整风的鸣放座谈会，但他及时"沉默"，免遭卷入。使得他有时间精力致力于研究工作，从1959年开始连续发表了7篇文章，其中，日后令他名声大振的关于副热带高压的系列研究就是从1959年开始的。

1966年年初被派往无锡气象站蹲点，向老农、渔民"学习"天气预报方法。其后"文化大革命"开始，一直到1972年，黄士松不但远离了自己的科研工作，连气象专业书都难以看到。

1976年"四人帮"被打倒。南京大学也在拨乱反正中振兴，各项工作走上正轨。1977年黄士松被任命为气象系主任。应该说这是一段心情舒畅的时期。但他的大量时间和精力用于管理、教学，参加各种会议，拟订各种计划。一直到1983年他辞去系主任职务，8年只发表了8篇论文。

1985年至1989年，黄士松进入学术第二个高峰期。在此期间，他围绕低纬环流系统发表了11篇系列学术论文。在副热带高压、季风、低纬环流系统研究上又有新的发现，这些发现引起国际同行的极大兴趣。

1990年，他已70岁，把目光由热带转向极地。研究极冰的变化与大气环流、气候变化的关系。黄士松带领研究生杨修群和谢倩等开始了在这一研究领域的探索。从1990年到1995年共发表相关论文11篇。

通观黄士松的学术研究历程，可以看到两个高峰期，一个是在40—45岁期间，一个是在65—70岁期间。黄士松由于对政治一直采取"敬而远之"的态度，因此除了"文化大革命"未能免于冲击之外，其他历次政治运动他受到的影响不大。这是他取得学术成功的一个因素，此外，宽松的环境和充足的时间也是科研的最重要保证。

学术成长与导师

黄士松是十分幸运的。他在国内得到过两位顶级气象大师的指点。竺可桢是我国近代气象学的奠基人之一，他不但组织气象科学研究而且带头完成大量的研究工作，在台风、季风、气候变迁、物候等方面有许多开创性的研究成果。黄士松的第一篇正式发表的论文《台风和中国天气》，是经竺可桢亲自修改后在《气象学报》发表的。涂长望对黄士松的影响更大。黄士松虽然不是他的正式学生，但他把黄士松当学生一样看待，共同研究、讨论学术问题，指导黄士松完成了著名的《中国夏季风之进退》。与两位大师的接触他不但在学术上得到很多具体指导，更重要的是还学到了大师们的治学思想和方法。尤其是涂长望对黄士松日后的学术思路的形成起到了重要作用。正如黄士松本人所说的："涂先生的治学思想对我影响还是挺大的。他原来搞天气的，他认为应该结合中国情况搞天气、气候，这个对我影响很大的；另外，他是从全球眼光来看中国天气、中国气候，对我影响也很大。"1977年以后，黄士松在副热带高压、季风、低纬环流系统的研究中，就是从全球角度出发而不是就事论事。

1945年到美国后，黄士松又幸运地受到当时国际气象界最著名的两个学派——挪威学派和芝加哥学派的熏陶。

挪威学派在流体动力学、天气学理论，天气分析和天气预报的方法上都做出了卓越的贡献。他们提出了反映气旋生命史的极锋学说。现代天气学理论、天气分析和天气预报方法，基本上是由挪威学派的科学家在20世纪20—30年代期间建立起来的。黄士松的导师皮叶克尼斯首先研究了大规模波动中的三度空间结构，首先发现了中纬度西风带的存在，并揭示出控制平流层波动与地面低压相关的必要物理机制。20世纪30年代，皮叶克尼斯进一步发展了关于气旋和反气旋活动的理论，把上层气流纳入了研究体系。后来，他又在海—气相互作用和大气环流遥相关研究方面做出极大的贡献，如，对大规模的和长期性的海气交换作用，海水上涌作用和气团差异所引起的长期海面温度差异，各种不同海流平流作用对盛行风应力的影响，热带环流强度的变化透过高层动量传送作用对西风带的影响等的研究。

黄士松受到皮叶克尼斯的深刻影响，在日后他教学和编写天气学讲义时，就坚持从高空环流形势讲起，后再联系到低层和地面天气系统，尽管学生和部分老师反对甚至借政治运动就此对他进行批判，他也始终坚持自己的观点和做法。他后来在大气环流，大气中角动量、能量传输，江淮气旋、暴雨等方面的一些研究工作都受到皮叶克尼斯的影响。他从20世纪90年代开始对极冰的研究也是1988年参加皮叶克尼斯海气相互作用学术讨论会后受到启发开始的。

同样，芝加哥学派的鼻祖罗斯贝的西风急流和高空长波理论在黄士松日后的研究和教学中也有十分重要的影响。罗斯贝的西风带槽脊活动模式是考虑的完全均匀的西风带里面的波动，黄士松把它发展到不均匀的西风带，考虑了急流，波动可以位于急流的南边、急流北边不同的位置。从黄士松的模式可以简化得到罗斯贝均匀西风带模式，得出公式完全一致。特别是罗斯贝提出的高空主导的三维大气环流模式和理念对黄士松的学术观点的形成影响也很大。

能够得到高水平导师的指点和教诲显然是黄士松学术成长过程中的一个重要因素。

学术成长与机遇

黄士松认为机遇很重要。他说："有了聪明才智，倘若没有机遇，也不能发挥出来。"

黄士松的学术成长道路上有几个看似偶然的关键节点值得引起我们注意。

第一个时间节点是在中央大学就读时，于二年级由航空工程系转至地理系气象专业。如果不是因为黄士松在绘图时手指意外受伤，恐不会转而学气象了，他的成长将是另外一条路了。

第二个时间节点是大学毕业以后。正在他找不到工作而茫茫然时，涂长望恰巧辞去浙江大学教务而到重庆，在朱炳海的帮助下促成二人相见。

第三个时间节点是在美国留学期间。和罗斯贝以及皮叶克尼斯的相遇是黄士松自己争取到的机会。他主动提出要求罗斯贝给他们上课。纽约大学未当场录取他，他转而又联系了UCLA，才最终得以成为皮叶克尼斯的学生。

第四个时间节点是1951年回国。促成黄士松回国的原因很多，但不可否认，涂长望、朱炳海的召唤是一个重要因素。

第五个时间节点是1958年。回国后至1958年黄士松的两篇学术论文是在美国留学时所引发思考的问题。1958年是他自主结合中国实际进行研究的开始。首先提出了一种长期天气预报的方法。其后是1959年8月15日至23日，一个强大的副热带高压罕见地、长时间地位于大陆上空，这给全面研究它提供了一个绝佳的机会。黄士松抓住了这个机会，从此开始了对副热带高压的系列研究。

第六个时间节点是1980年代初期。第一次全球大气试验的有关观测资料陆续公布，给黄士松进行全球尺度的研究提供了条件，从而形成他的第二个学术高峰期。

学术成长与学术思想

一是创新思想。黄士松不迷信书本，不迷信权威。他认为气象是一个年轻的学科。许多东西没有认识清楚，不像物理学等，很多问题都认识很清楚了。所以应当大胆探索，发掘新的事物，提出新的发现、新的理论、新的观点。他说："人家意见我参考，但是不完全相信人家，这样才能发现新的问题，打破别人束缚，你完全跟人家走，看法束缚，你自己就不会去发掘了。"

二是自由思想。通观黄士松的研究历程，他的研究选题绝大多数都是他自己选定的，甚至和科研任务的关系都不大，完全是他自己感兴趣的内容。他说：研究"不应当有框框的。思想也不能够有框框，自己自由思考，想怎么做就怎么做，这个很重要。任何研究工作，不一定是任务里面的，有时候可以结合任务，解决实际问题做科研。""不要迷信人家，但是人家的思想要参考，就是要看书，看书有启发，不看书也比较闭塞，完全靠自己乱想，也不行。"他培养研究生的方法也是注重学生自由发挥，选题商定以后就由学生"想怎么做就怎么做",学生有什么问题他可以答疑解惑,但不设任何"框框"。

三是致用思想。就是科研与实际相结合,紧密结合实际需要。气象科学本身就是一门应用性十分强的学科,黄士松的研究最后都是着眼于解决预报问题。这一思想也是涂长望所倡导的。黄士松说:"我研究的最后着眼点是用,一定要应用。我的工作里边都牵扯到预报问题的。理论联系实际,以解决实际问题为主。所以我有许多东西都是创建,这个都是从无到有的东西。"

四是系统思想。他从 20 世纪 50 年代末开始,就选择副热带高压进行分析研究,以后又对其进行了系统的研究。由副热带高压研究又引出对热带环流和系统的一系列研究,包括季风、华南暴雨、台风等等。他一直专注于研究这些紧密联系在一起的问题,成果随之一个个诞生。他说:"毅力很重要,一定要钻进去,你碰碰就又放弃了是不行的,要锲而不舍,要有毅力。"

黄士松的学术成长因素包括社会环境、机遇、个性等等,有些因素不是个人所能控制的。可以看出他比较好地适应了社会环境,机遇出现时能抓住机遇,在此基础上充分发挥了自己的优势。给我们的启示就是要给予人才"宽松的社会环境""自由的学术氛围""充足的研究时间"。

附录一 黄士松年表

1920 年

10 月 27 日，出生于浙江省金华市。祖籍绍兴。祖父迁住金华，曾经商。父亲黄德俭，主要靠田产与房产生活，上过私塾，好学，喜收藏书画，竭力培养儿子上学。母亲陈阿凤，家庭妇女，不识字。共有兄弟姐妹 9 人，依次为：大姐黄秀英，二姐黄娇英，大弟黄仕明，大妹妹黄雪萱，二弟黄仕昱，小妹妹黄小萱，三弟黄希光，四弟黄仕伟。五兄弟中黄士松居长。

1926 年

9 月，金华县立长山中心小学初级部读书。

1930 年

9 月，金华县立长山中心小学高级部读书。参加童子军操练。

1932 年

7 月，毕业于金华县立长山中心小学。
9 月，考进金华私立作新初级中学读书。读书期间参加童子军操练。

该校为教会学校，因此常有美国教士来演讲，思想上仇日，觉得美国人很和善。

1935 年

7月，毕业于金华私立作新初级中学。

9月，以第52名的成绩考取当时著名的浙江省立金华中学高中部。

1937 年

4—6月，在杭州参加3个月的全省高中生军训。军训毕业典礼在南京举行，蒋介石亲临检阅并训话。

抗日战争爆发，学校为躲避敌机轰炸搬至乡间上课。在未恢复正规上课期间，参加学生组织的抗日救国宣传队，徒步跋涉到义乌、东阳、永康等县城及沿途各大乡镇进行抗日宣传活动，历时十余天。

1938 年

7月，高中毕业，在家准备功课备考。

9月1日至4日，在当时的浙江省政府所在地永康参加首次全国大学招生统考，考取位于战时陪都重庆的国立中央大学航空工程系。

考后至发榜期间，因日寇入侵萧山，全家逃避至永康山湖山区居住约两个月。后一部分家人返回金华，其余仍在山区。

12月，离开金华经江西、湖南、广西、贵州等省辗转入川赴重庆。

1939 年

1月，到达中央大学本部所在地沙坪坝报到入学，时已开学（去年11月开学）。报到后遂到柏溪分校上课。

第二学期，转至地理系气象专业。

1941 年

暑假，在中央大学举办的"投考大学补习班"代课，教了约15个小时的物理学。

1942 年

6月大学毕业，并获得学士学位。毕业后因无合适工作，遂经朱炳海介绍随著名气象学家涂长望在国民政府资源委员会电化冶炼厂福利课任课员半年，后至綦江电化冶炼厂总部做文件翻译工作。

7月，涂长望离开浙江大学地理系去四川綦江，任资源委员会电化冶炼厂总务处长兼福利课长，同时任气象研究所兼职研究员。

中秋节后第七天，父亲黄德俭因日军细菌战，不幸感染伤寒，在浙江金华病故。

是年，在重庆加入中国气象学会（介绍人胡焕庸）及中华自然科学社（介绍人朱炳海）。

1943 年

1月，经涂长望介绍到位于重庆北碚的中央研究院气象研究所任研究助理员，在测候组工作。与朱岗昆、程纯枢、郑子政等共事。

4月23日下午，与竺可桢讨论研究以内陆天气定台风之所在问题。

7月18日，在重庆北碚参加中国气象学会第13届年会。

7月20日上午，在中国气象学会第十三届年会上宣读论文《由现有资料推测中国沿海之台风》。

7月22日，任中国气象学会庶务。

暑假，受涂长望布置研究季风问题。

冬，兼职在北碚国立体育专科学校教约两个月的代数。

12月31日晚5点半，竺可桢与气象所人员聚餐，参加者共19人。

1944 年

1月1日，随竺可桢等赴温泉转澄江镇参观游览。

3月28日上午，竺可桢在气象研究所阅改黄士松《台风和中国天气》一文。是年在《气象学报》发表。

9月26日上午，竺可桢阅《中国夏季风之进退》一文。28日再阅之。是年，在《气象学报》发表。

12月，参加国民政府考试院公开考试，考取留美实习生。根据《中美租借法案》，列在国民政府交通部名下派往美国实习气象1年，实习计划由中国物资供应委员会与美国国际培训局（International Training Administration）共同拟定。

1945年

4月5日下午3点，在所务会议上做"气旋发生生成"的报告。

4月11日早7点，与赵九章、张宝堃、郭晓岚送别竺可桢。

6月25日动身，前往美国游学实习。

8月，抵达美国华盛顿，住乔治·华盛顿大学。在美国国家天气总局了解组织机构及各部门工作情况。

10月1日，到芝加哥大学气象系选读课程，充实基础。在这里受到了以C. G. Rossby为首的芝加哥学派的熏陶。所修课程为Rossby的动力气象学，Ference副教授的流体力学，Olive的天气学。春季课程为专业预报员课，流体力学2，动力气象学2。

1946年

年初，加入美国气象学会。

4—8月，在美国天气局总局中期天气预报科实习。期间，向国民政府中国物资供应委员会申请暂缓回国，自费留美求学。

9月，申请到一年的研究助学金，进入美国加利福尼亚大学洛杉矶分校（UCLA）气象系深造，师从国际著名气象学家皮叶克尼斯。半工半读。

1947年

7月在UCLA获得硕士学位。并获得两年的奖学金资助，攻读博士学位。

1948 年

5 月，发起成立 UCLA 中国同学会。

1949 年

春末，兼职 UCLA 气象系研究助理，参加气象系所主持的大气环流角动量输送、加州南部逆温层与层云、水平发散与气压变化等研究工作。

7 月在 UCLA 通过博士学位初试，获得候补博士资格。

1950 年

年初，经高仕功介绍加入中国科学工作者协会，参加该会 UCLA 小组，小组成员有高仕功、闻人乾、谢焕章、魏荣爵、陈其恭等十余人。

春末至 1951 年 1 月，兼职 UCLA 气象系研究助理。期间，接南京大学气象学系主任朱炳海教授来信，朱炳海表达了师长的问候、关切和期望，信中附有南京大学校长潘菽教授亲笔签署的聘书。与此同时涂长望也写信来，通过程纯枢转告希望他尽快回国。

是年冬担任中国科学工作者协会在 UCLA 小组负责人。小组活动主要内容是交流信息，介绍国内建设动态，灌输爱国思想，动员大家回国，并介绍苏联的学术情形等。朝鲜战争爆发后，年底该会被迫停止活动，小组遂解散。气象系招收新中国成立后第一届本科生 30 人。

1951 年

2 月，毅然舍弃了完成博士学位的机会，决定返回祖国。

3 月 1 日，伙同其他三位中国留学生搭威尔逊总统号邮轮离开美国，途经日本，3 月 23 日抵达香港，换船于 24 日抵达广州。自广州赴南京途中途经金华，自 1938 年离家后第一次回金华老家探望亲人。

3 月任南京大学气象系副教授。每周教天气学 4 个小时；天气学实习课每周三、周五的下午。研究工作计划从事"太平洋副热带反气旋对中国的影响"研究，同时开始编写天气学讲义。

暑假，带领学生赴北京中央气象台实习。

1952 年

发表《论反气旋在大气中的作用》。[《气象学报》，1952 年，23（1，2），130-134]

3 月，按照华东教育部的部署，和全校师生员工 3700 余人一起开始进行思想改造运动。

暑假，回金华休假。9 月，接母亲到南京共同生活。

9 月 9 日，填写高等学校教师调查表，表示今后拟研究"控制东亚环流的热力与动力因子"，以了解东亚环流的一般性变化规律，有助于解决中国天气的预告问题。

任气象系气象专业副主任。

是年，与么枕生、石延汉、吴伯雄、徐尔灏、程纯枢等一起受中国气象学会南京分会聘请审查《气象学名词》一书。

1953 年

3 月，参加南京大学组织的中老年突击俄语学习班。

11 月至 1954 年 2 月初，应中国科学院地球物理研究所所长赵九章的邀请，到北京参加该所的中期预报研究。同时，在中央气象台工作一段时间，搞协作研究。

是年，与吴和庚（华东水利学院讲师）合作完成《台风与雷雨》一书，在新亚书店出版。

1954 年

3—4 月，在华东水利学院代课教气象学两个月。

10 月 10 日，在中国气象学会南京分会第三届会员代表大会上，当选为理事长。

是年，编写的《天气学提纲》（气象专修科用讲义）由南京大学出版科油印出版。

1955 年

是年，任南京大学气象学系天气学教研室主任（1955—1966）。

1955—1957 年，气象系与中央气象局合作，进行"中国雨量的长期预告"及"中国的寒潮"两项研究。

1955—1956 学年第一学期，开设动力气象学课程。

是年，在《气象学报》发表"决定大气环流的基本因子"。

1956 年

5 月，加入九三学社。

暑假带学生到北京中央气象台实习。

是年，气象系建成北大山气象观测站。气象系在校生 618 人。全校本科秋季入学新生的修业年限由 4 年改为 5 年。

1957 年

1956—1957 学年，第二学期给气象专业四年级首次开设长期预告课程，共 78 个学时。

汤明敏南京大学气象系毕业留校任教。汤明敏，1933 年 8 月 31 日出生，江苏武进人，九三学社成员。

5 月，被邀请参加帮助党整风的鸣放座谈会。

7 月 29 日，高等教育部曾以"（57）高干字第 232 号文"批准晋升为教授，但学校未予公布。

夏，在校专科生毕业后，专科人才培养任务即告结束。

1958 年

和汤明敏结婚。婚后育有一子一女。子：黄万武；女：黄万欣。

是年，气象系成立我国第一个大气物理学专业，先后建立云雾物理、大气湍流、雷达气象、大气探测等学科组。搬入上海路 148 号二楼 9 号居住。

1959 年

提出应用单站历史气象资料制作长期天气预报的具体方法。

1月，被聘为南京市科学技术工作委员会委员（1959—1964）。

12月8—12日，参加中国气象学会和地球物理研究所联合召开的全国大气环流学术会议，会议着重讨论长期天气预报的途径和方法（北京）。会议期间，抽一个下午的时间去涂长望家探望病休在家的涂长望。

12月，参加全国补充天气预报交流会议（上海）。

1960 年

1959—1960学年的第二学期首次给气象专业四年级学生开设大气环流课程。

是年，获南京大学贯彻党的教育方针先进工作者称号。任《气象学报》编委会委员。

1961 年

4月，与徐尔灏等翻译的赫莫罗夫著的《天气学》由人民教育出版社出版。

6月，任南京大学气象学系副主任。

6月9日，南京大学校务委员会讨论通过同意晋升为教授。

是年，气候学专业并入气象学专业，高层大气物理专业并入大气物理专业。

1962 年

5月，任校务委员会委员。

8月，任中央气象局科学技术委员会委员（1962—1972）。

8月，当选为中国气象学会第18届理事。

对副热带高压的结构问题，在国际上首次揭示出它的三维细致结构，论述影响结构的因子及其在大气环流中的作用，指出东亚两支强西风气流主要是极锋急流和副热带极流，并非完全是某一极流受青藏高原强迫分支的结果。

对副高位置变动问题，首次揭示出副热带高压位置一年中南北变化过程具有缓慢式与跳跃式移动及震荡等全球性现象及其与太阳辐射关系，指出副热带高压到达一年中最北维度的时间早于西风急流，其北跳过程存在自东向西传的特点。

1963 年

从理论上求得副热带高压移速与东西风带移动的环流系统及高压本身性状的关系式，并分析了高压变化与其内部及其周围的散度场，涡渡场的关系，阐明外界环流与内在因子的作用与机制。

7月，任南京大学自然科学学学术委员会委员（23人组成，副校长、有机化学家高济宇任主任委员）（1963—1984）。

1964 年

7月7—14日，参加中国气象学会天气和动力气象专业委员会第一次学术会议（兰州）。会议交流的200多篇论文涉及天气分析、天气预报、大气环流、数值天气预报中的计算方法等问题，对天气预报改革问题进行了有益的探讨。

7月，当选江苏省第三届人大代表。

1965 年

从理论上提出估计高空西风带槽脊移动与发展的计算公式，并以实例证明其应用预报效果。

根据平流圈下层和对流圈上层的动能，位能的转换及其间的动能输送交换计算结果，提出关于对流圈中能量平衡问题的处理，必须要考虑和平流圈及中圈大气的联系。

1966 年

年初，和倪允琪一起下放到无锡气象站，向老农、渔民学习土法预报天气。气象站养了许多泥鳅，泥鳅下暴雨之前会跳出来，据此预报天气。

6月，回南京大学参加"文化大革命"。南京大学因"文化大革命"停止招生。全校停课。

8月，被打入劳改队，在当时北京西路北大山观测场气象系的田里劳动。与余志豪、陈其恭等4人成立冲霄汉战斗队，贴出大字报，批判学校的不正确做法，结果被认定为反攻倒算，反动透顶，从而招致更加厉害的批斗，"坐飞机"、游校。

1967年

8月，在南京大学校革委会组织开展所谓"清查地下黑司令部"的斗争中，被安上"特务"、"叛徒"等罪名。

1968年

12月，在校革委会和工宣队的组织下，被安排到南京长江大桥工地参加劳动，扛水泥包，致使腰背受伤。

1969年

10月19日，林彪一号令之后，根据江苏省革委会的指示，身负行李，徒步去溧阳南大农场劳动。劳动期间，因长期低头割麦子，致使玻璃体浑浊，险些失明。

1970年

5月28日，从溧阳回到学校，但继续被隔离审查。

7月12日，系主任徐尔灏在隔离审查期间跳楼身亡。

1972年

4月，被"解放"。渐渐恢复教学工作，走上讲台。

4月28日，迎来"文化大革命"后第一批学生——工农兵学员。至1976年共招生五届。

1973 年

2月，阔别讲台7年后，再次走上讲台，给气象系气象专业二年级学生开设天气分析与预告课程。韦统健、麦庆民为实习课老师。

1974 年

任系革委会负责人。

1974—1975学年第一学期，请上海市气象台的胡德祚来气象系辅导气象专业三年级学生的天气分析和预报实习课。

根据卫星云图的亮度分析，对台风移动和强度做出预报。

1975 年

3—12月，根据省教育局安排，举办气象预报短训班和函授班。

9月—翌年8月，举办雷达气象短训班。

是年，为弥补"文化大革命"造成的高等教育断层，气象系开始为国家气象局、总参气象局开办"雷达气象"、"热带天气"、"气候统计"、"气候学"、"卫星气象"等培训班。

1976 年

国内首次较详细地揭示出江淮气旋发生发展过程，环流背景，分析讨论气旋与低空急流形成的动力因子与热力因子，并提出预报依据。

3月，参加全国热带天气科研协作交流会议（广州）。

6月，参加全国青藏高原气象学术会议（西宁）。

国际上首次提出并解释了南、北两半球副热带高压的位置，强度变化存在同步性的现象，指出副高的成长，维持是不能完全用哈得来环流机理来说明的。

1977 年

2月，在广州参加热带天气科研协作领导小组会议，讨论暴雨科学实验计划。

4月，在南京空军气象学院开设专题讲座。

6月，在安徽省芜湖市气象局作专题讲座。

6月28日下午，在南京大学第八届科学报告会气象分会上发言，总结气象系的科研工作，并对今后的科研重点进行规划。

10月在北京友谊宾馆参加全国自然科学学科规划会议，华国锋、邓小平接见会议代表。

10月，南京大学通过高考招生，录取1977级四年制本科生885名，于1978年1月入学。学制恢复为四年。

12月24日至28日，参加江苏省第五届人民代表大会第一次会议。

是年，任气象学系主任。获南京大学先进工作者称号。

1978年

3月18日全国科学大会在京召开。"副热带高压的研究"和"青藏高压的活动规律及其与我国旱涝关系的研究"获全国科学大会奖。

3月6日—5月1日，在本系开设"长江中下游暴雨分析班"并作关于副热带高压的专题讲座。

5月15日，中共南京大学委员会作出"关于黄士松同志问题的复查结论"认为黄士松相关经历问题已在历次政治运动中交代清楚，相信其本人交代，未发现其他问题。

5月，完成"气象系八年科研工作计划"并列入"1978—1985年南京大学重点科研项目发展规划"。

5月，参加江苏省科学大会。获"江苏省科学技术先进工作者"称号，"我国南方暴雨成因和预报的研究"获江苏省科技成果奖。

7月，参加国家科学技术委员会气象专业组会议（北京），讨论制定全国气象科研工作规划。

7月，承担总参气象局课题：（1）夏半年西太平洋副热带高压的突跳、移动及其预报；（2）我国南海地区赤道辐合带生成、发展和移动的预报。

9月13日下午3时，在外宾接待室参加南京大学学术委员会成立大会，被聘为自然科学学术委员会委员。

9月参加全国青藏高原气象学术会议（贵阳）。

10月晋升为教授。当年，南京大学恢复了教师职称评审和晋升工作。

12月4日被聘为国家科学技术委员会气象专业组组员。

12月8—18日，参加中国气象学会全国会员代表会议（邯郸）。与吴学艺、程纯枢（兼秘书长）、谢义炳（兼《气象学报》主任编委）、谢光道一起当选为中国气象学会19届副理事长。

是年，任全国气象重点项目："华南前汛期暴雨科学实验研究"总技术指导。被聘为"青藏高原气象研究实验"顾问组顾问（1978—1980）。招研究生2人。同时完成《副热带高压》讲义编写，由空军气象学院印刷。气象系招收恢复高考后的第一届本科生（117名）和硕士研究生（7名）。

1979年

1月4—8日江苏省气象学会第六届会员代表大会在南京召开，会议决定创办《气象科学》杂志，被推举为《气象科学》编委会主任。

1月，参加华南前汛期暴雨实验学术讨论会及79年工作计划会议（福建龙岩）。

2月16日，中共南京大学委员会作出"关于黄士松同志在挖'地下黑司令部'中受迫害的平反决定"。

2月22日，写就入党申请书。

3月，确诊罹患腮腺癌，进行腮腺癌切除手术。病假三个月。

10—11月，随中国气象学会代表团赴美访问。这是1951年回国后首次访美。到波士顿、丹佛、芝加哥、华盛顿特区、纽约等地。访问期间，参观了国家大气研究中心及NOAA所属的一些研究所（实验室）等，并曾分别在麻省理工学院（MIT）气象学系和国家大气研究中心（NCAR）作学术报告。

12月25日，中国气象学会通知，与吴学艺、谢义炳、陶诗言一起当选为中国科协第二次代表大会代表，叶笃正、程纯枢当选为委员候选人。

12月，参加江苏省第五届人民代表大会第二次会议。

是年，"从平流圈下半部与对流圈上半部大气环流演变特征讨论夏季我国雨季、旱涝、冷害长期预报新途径的研究"获江苏省科技成果奖。任中国海洋学会理事（1979—1984）。任《海洋学报》编委会委员（1979—1994）。母亲在南京病故。

1980年

1月，在本系研究生班上作专题讲座。

3月5日，参加中国科学技术协会全国第二次代表大会，受华国锋、邓小平等党和国家领导人接见。

4月12日，任九三学社南京分社六届委员会科学教育委员会委员。

5月，参加全国热带天气科研协作交流会议（昆明）。

8月，参加全国青藏高原气象学术会议（乌鲁木齐）。

8月10日，给学校打报告，建议在气象系成立"热带副热带天气研究室"。

10月，参加国际台风学术讨论会（上海。）

10月，《气象科学》创刊号正式出版。

是年，"台风移动路径预报研究"获江苏省科技成果奖。任《中国大百科全书》大气科学卷编委会副主任（1980—1987）。

1981年

8月，参加全国热带夏季风学术会议（浙江莫干山）。

5月，参加江苏省科学技术协会的第二次代表大会，任江苏省科学技术协会第二、第三届委员会委员（1981—1986）。

10月，参加国家科委气象专业组会议（北京）。

11月，任南京大学理科学位评定委员会委员（1981—1988）。

11月3日，受中国科学院地学部委托复审国家自然科学奖项目。

是年，被批准为我国第一批博士生导师。

1982 年

与汤明敏、陆森娥共同发表论文《流场特点与热力因子对台风移行的影响》，从理论模式得出台风移速与台风流场、温度场、加热场结构特征关系，并在预报上应用。

3月21—26日，主持全国热带环流与系统学术会议（无锡），并作会议小结。

4月，被聘为中国科学院地学部学科组成员（1982—1992）。

6月9—10日，在北京科技会堂参加纪念涂长望逝世二十周年学术报告会，与程纯枢一起主持学术报告会并在会上作题为"中国夏季风活动与低纬环流"的报告。

7月，"副热带高压活动规律的研究"获国家自然科学奖四等奖。

8月，参加全国青藏高原气象学术会议（乌鲁木齐）。

10月25日—11月3日，参加中国气象学会全国会员代表大会（成都）。继续当选第20届副理事长。

12月，拟订"天气动力学学科发展规划"。

是年，气象学专业更名为天气动力学专业。任国际大地测量和地球物理学联盟（IUGG）中国委员会中国大气物理学与气象学委员会委员（1982—1986）。任中国科学院大气物理研究所学术委员会委员、学术顾问委员会副主任（1982—1996）。

1983 年

1月17日，在北京人民大会堂参加中国气象学会迎春座谈会并发言。

1月，参加中国科学院地学部扩大会议（北京）。

2月2日，向学校汇报"气象系关于调整改革的设想"。

3月，被聘为国务院学位委员会理学学科评议组成员（1983—1991）。

4月，当选江苏省第6届人大代表。

4月6日，教育部科技司编印黄士松对科技规划的建议（第0149号）"今后17年有关气象科学发展主要目标与基础研究的考虑"。

7月，参加教育部高校基础研究规划地学组会议（南京）。

7月,由谢家极、包澄澜介绍加入中国共产党。

8月,被教育部聘为编制《十五年(1986—2000)科技发展规划》地学规划组成员(1983—1985)。

8月,到青岛为气象学会举办的暑期气象学习班讲课。

9月,参加国务院学位委员会学科评议组会议(北京)。

9月,参加教育部高校基础研究规划地学组会议(北京)。

10月,参加全国台风学术会议(安徽黄山)。

12月,拟就"申请教育部尽早批准成立热带副热带天气气候研究所的报告"讨论稿。

是年,辞去系主任职务。任名誉系主任(1983—1992)。陆渝蓉教授接任气象学系主任。南京大学气象系经国家教委批准成立热带天气研究室。气象系天气动力学、气候学被评为国家重点学科。建立天气动力学、气候学两个博士点。"中国南方夏季风活动和长江中下游梅雨及旱涝的研究"获江苏省科技成果奖。任全国气象重点项目《热带环流系统及其预报研究》的学术指导(1983—1987)。

1984年

7月,参加教育部高校基础研究规划地学组会议(南京)。

9月,主持中国气象学会"2000年中国气象科学"研究之"对2000年我国季风及热带气象学的发展展望"分课题,拟就达21页的《2000年我国热带气象学的发展展望》报告。

10月13—18日,参加中国气象学会成立60周年纪念会议(南京华东饭店),并作闭幕词。

10月30日—11月3日,作为组委会成员参加国际气候学术讨论会(北京)。会议主题为"中国气候和全球气候的关系:过去、现在和未来",11月3日在会上做"季节气候变化与平流层底层环流间的关系及其在预报中的应用"学术报告。

11月,参加中国海洋学会第二届代表大会及海洋开发问题讨论会议(北京)。

11月，参加全国季风学术会议（苏州）。

是年，承担教育部重点科技研究项目"热带、副热带环流与我国南方旱涝、台风预报的研究"课题。

1985年

1月，参加全国热带环流系统及其预报学术会议（厦门）。

2月，被聘为第二届国务院学位委员会学科评议组成员。

3月，参加全国大气环流异常问题学术讨论会（桂林）。

4月，被聘空军气象学院兼职教授（1985—1992）。

7月29日—8月2日，参加世界气象组织（WMO）举办的月、季大气变化诊断和预报第一次学术讨论会（美国马里兰大学），7月31日上午做"南北半球之间大气环流变化的相互关系"学术报告。

9月，主持的"热带环流与我国南方旱涝"获高等学校科学技术基金资助。

11月18—19日，参加世界气候研究计划委员会（WCRP）中国气候研究委员会成立大会。当选世界气候研究计划委员会（WCRP）中国气候研究委员会副主任、委员、顾问委员会委员（1985—2009）。

12月1—4日，在广东江门参加"热带环流系统及其预报研究"技术组会议。

对南、北两半球间环流变化的联系问题，分析了全球冬、夏越赤道气流，特别是夏季东半球海上越赤道气流的变化特征及其与低纬环流系统变动的联系；首次计算了因越赤道气流造成的南、北半球间能量、水汽、角动量的输送交换，讨论了其特点与输送机理，指出这种输送对两半球大气环流的维持、稳定起着重大作用。

是年，"华南前汛期暴雨成因及预报研究"获国家科学技术进步奖三等奖。任中国科学院大气科学数值模拟开放研究实验室学术委员会委员（1985—1995）。

1986 年

4月，参加南海、西太平洋区热带气旋学术讨论会（马尼拉）。

6月，参加国务院学位委员会学科评议组会议（北京）。

6月，参加首届全国优秀青年气象科技工作者学术交流会议（南京）。

12月20—23日，参加中国气象学会全国会员代表会议（北京）。继续当选为第21届副理事长。陶诗言当选为理事长，叶笃正、谢义炳为名誉理事长。

12月，参加中国气候研究委员会气候研究动态学术报告会（北京），会上做"热带环流与气候"的报告。

12月，参加全国热带环流系统及其预报学术会议（南宁）。

出版《华南前汛期暴雨》一书，对华南前汛期暴雨特别是大暴雨的形成，强调地形与边界层的作用，并指出暴雨多为暖区降水，主要与热带气流和热带天气系统有关，这打破了"暴雨是由锋面和冷空气作用所形成"的传统概念。

是年，任国家自然科学基金会委员会大气科学评审组成员（1986—1988）。任江苏省气象学会名誉理事长（1986—1991）。任南京气象学院名誉教授（1986—1995）。气象系更名为大气科学系。建立大气环境专业（本科）。建立天气动力学、气候学、大气物理学三个硕士点。

1987 年

首次指出东亚季风体系应包括西太平洋高压、青藏高压、澳大利亚高压、马斯克林高压、索马里越赤道气流及印度低压，并提出一个新的东亚夏季风体系结构模型，具体阐明东亚夏季风中主要成员的相对重要性及其间相互联系，相互作用的总体特质。

指出西北太平洋上的台风80%以上源于赤道辐合带内，其盛期呈周期性出现。

4月，参加国际东亚大气环流会议（成都）。

6月，参加中国科学院西太平洋热带海域海气相互作用及年际气候变化综合研究学术交流会（北京）。

11月，参加国家气象局长期天气预报研究学术交流会（新安江）。

11月23—24日，在南京华东饭店参加国家自然科学基金会地球科学部自然科学奖评审组会议，评审地球科学报奖项目。

是年，经国家教委批准成立南京大学灾害性天气气候研究所。

1988年

有关南北半球副高系统的联系方面，由观测研究和数值试验，首次揭示出4—10月间一些低纬高压的强度位置存在20—40天周期的振荡，且首次出现在南印度洋上，随后出现在北印度洋及西北太平洋上，之后影响到中、高纬的遥相关性及其物理机制，提出某一环流系统（例如马斯克林高压）强度短暂变异造成的瞬时强迫可激发起全球持久性的大气振荡的论点。

1—2月，参加Bjerknes海气相互作用学术讨论会（美国Anaheim）。

2—3月，应邀访问日本，分别在筑波大学、日本气象研究所、京都大学、名古屋大学、日本气象厅等单位作学术报告和学术讨论，行程24天。

9月21日，参加学校"学科改造和建设座谈会"。

11月，参加全国季风学术讨论会（西安）。

11月，任"我国长江、黄河两流域旱涝规律、成因与预测研究"重大基金项目领导小组成员。

12月5日，参加中国科学院大气物理研究所成立六十周年庆祝会与学术报告会（北京）。和谢义炳共同主持庆祝会。并在学术报告会上做"南印度洋上环流系统变动对北半球夏季大气环流影响的观测研究和数值实验"的报告。

1989年

1月，参加江苏省人大代表视察团视察。

7月6—8日，参加东亚气象学与气候学国际会议（香港）。

10月2—4日，参加中美季风学术讨论会（中美协作项目）（美国宾夕法尼亚州立大学），会上作"马斯克林高压活动及其在北半球夏季大气环流中的作用"的学术报告。

12月1日上午9点，参加全国持续性异常天气动力学研讨会（南京），会上作"持续性天气和持续性环流"学术报告。

是年，大气科学系经国家科委和国家教委批准，成立中尺度灾害性天气国家专业实验室。

1990年

强调大气科学发展应与减灾工作结合，认为近些年来，气候异常，气象灾害频发，损失深重。因此，灾害性天气气候的成因和预测仍然是今后头等重要的研究课题，但应该同时重视人工影响天气、改造气候的研究，及早组织力量开展工作。

2月，国家教委科技委员会地质、地理、大气、海洋、环流五学科组"八五"重大基础科研项目讨论会（上海）。

3月15日，在南京北极阁藕舫厅参加纪念竺可桢先生诞辰100周年座谈会。

5月9—12日，参加国家气候委员会气候研究分委员会换届会议暨气候突变、异常和数值模拟专家讨论会。5月9日下午主持全体讨论和换届事宜，11日上午在会上作"北极海冰对大气环流与气候的影响"学术报告。

6月25—30日，在北京京西宾馆参加国务院学位委员会学科评议组第四次会议。

8月，参加国家海洋局、国家科委、国家气象局联合召开的海洋对气候变化调节与控制作用学术研讨会（青岛）。

8月9—12日，参加国际气候会议（北京），12日下午主持B7分会，并作"北极海冰和大气环流及气候之间的关系"学术报告。

8月14—20日，参加国际气候变化、动力学与模拟夏季讨论会（北京），14日上午作特邀报告"南北半球大气环流变异的关系"。

10月，参加WMO月、季大气变化诊断和预报第三次学术讨论会（南京）。

10月22—26日，参加中国气象学会全国会员代表会议（青岛）。主持大会开幕式。与陶诗言一起被聘请为第 22 届名誉理事长。获"中国气象学会工作先进个人"称号。

10 月 27—28 日，来自全国各地百余名气象工作者，欢聚南京大学，共贺黄先生 70 华诞暨执教 40 年。

11 月，参加中国科学院、中国高等科学技术中心召开的地球危机学术研讨会（北京）。

11 月，参加中国科学院地学部召开的地学发展若干问题及对策研讨会（北京）。

12 月，获国家教委"从事高校科技工作 40 年"荣誉表彰。

是年，"东亚季风研究"获国家气象局科学技术进步奖。"热带环流系统及其预报"获国家气象局科技成果奖。任中国气象学会名誉理事长（1990—1994）。任中国气象学会荣誉会员（1990 年至现在）。成立南京大学自然灾害研究中心，任南京大学自然灾害研究中心顾问（1990—1995）。陆渝蓉任中心主任。

1991 年

3 月 5 日，就学校职称评审中存在的相关问题致信曲钦岳校长等校领导。

10 月，参加山地气象资源的开发利用研讨会（湖南）。

是年，获国务院颁发的"为发展我国高等教育事业做出突出贡献"证书。

是年，获国务院政府特殊津贴。"低纬大气环流变化与我国长江流域旱涝"获江苏省科技进步奖。任国家基础性研究重大关键项目"气候动力学和气候预测理论的研究"项目专家委员会委员及课题负责人（1991—1995）。倪允琪接任大气科学系主任。

1992 年

针对海冰异常对大气环流的影响问题，从观测分析与数值试验研究了极地海冰异常对大气环流、气候影响，提出极地海冰异常的影响可与厄尔尼诺事件的影响相比拟的论点。

9月，参加东亚和西太平洋气象与气候国际会议（香港）。

9月30日，南京大学批准正式退休。

是年，任国家自然科学基金重点项目"低纬大气热源与环流变异"顾问（1992—1994）。

1994年

通过数值模拟研究表明，北极海冰异常时亚洲夏季风环流的降水情况（包括东亚夏季风和印度季风）都有明显的影响，但出现海冰异常的具体区域不同，影响亦迥异。

6月，参加全国气候和全球变化研讨会（南京）。

10月5日，在北京参加"中国气象学会成立70周年纪念大会"。

1995年

指出东亚夏季风环流的建立是有阶段性的，从夏季风开始在华南出现至抵达长江流域发展到鼎盛期间，低层环流有三个或四个阶段，且各年不完全相同，这对中国夏季降水情况有一定影响。

1996年

5月16—18日，在台湾中央大学参加第三届东亚和西太平洋气象与气候研讨会及南海季风实验科学规划会议（台湾中坜）。

1998年

是年，倪允琪调任中国气象科学研究院院长，谈哲敏接任大气科学系主任。

1999年

4月，参加第三届中国气候研究委员会成立暨中国气候变化及其可预测域研究计划研讨会（北京）。

2000 年

10月27日，80华诞及从事气象事业60周年庆祝会。

2002 年

5月，参加全国第一次暴雨大会（南京）。

是年，回乡参加浙江金华中学100年校庆庆祝大会。

2004 年

10月18—21日，参加中国气象学会成立80周年庆祝大会（北京），获中国气象学会授予的气象科技贡献奖，并代表获奖人讲话。

2006 年

5月18日，在人民大会堂参加中国气象局和中国气象学会联合举办的涂长望诞辰100周年纪念庆祝会。

是年，谈哲敏任南京大学副校长，杨修群接任大气科学系主任。

2008 年

是年，成立南京大学大气科学学院，下设气象学系、大气物理学系。杨修群任大气科学学院首任院长。

2009 年

7月，参加国家"973""我国暴雨试验与研究项目中尺度暴雨系统结构与机理分析"研讨会（长春）。

10月27日，90华诞庆祝会暨大气科学前沿学术讨论会。

附录二　黄士松主要论著目录

［1］涂长望，黄士松. 中国夏季风之进退. 气象学报，1944，18：82-92.

［2］Tu Changwang, Huang Shisong. THE ADVANCE AND RETREAT OF THE SUMMER MONSOON IN CHINA. Bulletin, AMS, 1945, 18：519-532.

［3］黄士松. 台风与中国之天气. 气象学报，1944，18：153-163.

［4］黄士松. J.Bierknes 锋面波初生理论之介绍. 气象学报，1951，22（1）：73-79.

［5］黄士松. 论反气旋在大气中的作用. 气象学报，1952，5（1-4）：139-144.

［6］黄士松. 决定大气环流的基本因子. 气象学报，1955，26（1-2）：36-64.

［7］Huang Shisong. ON BASIC FACTORS DETERMINING THE MAIN FEATURES OF THE GENERAL CIRCULATION OF THE ATMOSPHERE. Scientia Sinica, 1958, 7（2）：217-249.

［8］黄士松，汤明敏，党人庆，等. 一个制作长期天气预报的前后相关图解法. 气象学报，1959，30（4）：306-315.

［9］黄士松，汤明敏，党人庆，等. 应用单站历史资料制作长期天气预报的一种新方法. 南京大学学报（自然科学）1959（5）：34-56.

[10] 黄士松, 汤明敏, 等. 月天气过程序列连续相似二年的现象及其应用于长期天气预报的试验. 气象学报, 1960, 31（2）: 138-149.

[11] 黄士松, 余志豪, 等. 副热带高压结构及其同大气环流有关若干问题的研究. 气象学报, 1962, 31（4）: 339-359.

[12] 黄士松, 林元弼, 余志豪, 汤明敏, 等. 涡度场散度场对付热带高压及台风短期变动的预报. 南京大学学报, 1962（1）: 1-6.

[13] 黄士松, 汤明敏, 等. 副热带高压位置一年中南北变动的一些特征及其意义. 南京大学学报（气象学）, 1962（2）: 41-56.

[14] 黄士松. 副热带高压的东西向移动及其预报的研究. 气象学报, 1963, 33（3）: 320-332.

[15] 黄士松, 汤明敏. 西风带波扰的移行速度. 南京大学学报（气象学）, 1963（1-2）: 37-41.

[16] 黄士松. 西风带中槽脊的移动与发展的估计. 气象学报, 1965, 35（1）: 82-95.

[17] 黄士松, 鲁俊, 阎石城, 肖凯书, 金一鸣. 对流圈上层与平流圈下层动能位能的转换及其间的能量交换输送. 南京大学学报（自然科学）, 1965, 9（1）: 123-132.

[18] 黄士松, 包澄澜, 党人庆, 等. 卫星云图上台风云系的亮度分析应用于强度和路径预报//台风会议文集, 上海人民出版社, 1974: 243-248.

[19] 南京大学气象系天气教研室, 空军623部队天气教研室. 有关热带辅合带云区变动及其与台风相互关系的若干分析//热带天气会议文集, 1974: 101-117.

[20] 黄士松, 林元弼, 韦统健, 等. 江淮气旋发生发展和暴雨过程及有关预报问题的研究. 大气科学, 1976（1）: 27-41.

[21] 黄士松, 汤明敏. 夏季海洋上副热带高压的成长维持与青藏高压的联系. 南京大学学报（自然科学版）, 1977（1）: 141-146.

[22] 黄士松. 有关付热带高压活动及其预报问题的研究. 大气科学, 1978, 2（2）: 159-168.

[23] 黄士松，汤明敏，等. 副热带高压系统的变动与流场、温度场、加热场特征及其预报应用. 南京大学学报（自然科学版），1978（1）：108-121.

[24] 黄士松. 西太平洋高压的一些研究. 气象，1979，（10）：1-3.

[25] 黄士松. 暴雨过程中低空急流形成的诊断分析. 大气科学，1981，5（2）：123-135.

[26] 汤明敏，黄士松. 1979年中国东部夏季风的进退//全国热带夏季风学术会议，1981：75-90.

[27] 黄士松，汤明敏. 平流圈环流冬夏转变期的某些特征及其对我国南方初夏雨季的预报意义//青藏高原气象会议论文集. 科学出版社，1981：87-107.

[28] 黄士松，汤明敏. 平流圈冬春期间环流特征同我国夏季南方雨季与东北冷害的关联及其预报意义// Proceedings of Symposium on Long-range Weather Forecasting, 1981.

[29] 黄士松，汤明敏. 夏季东半球海上越赤道气流与赤道西风、台风及副热带高压活动的联系. 南京大学学报（气象学），1982：1-16.

[30] 黄士松，汤明敏，陆森娥. 流场特点与热力因子对台风移行的影响. 中国科学 B，1982（12）：1141-1152.

[31] Huang Shisong, Tang Mingmin, Lu Sen'e. ON INFLUENCE OF CHARACTERISTICS OF FLOW FLELDS AND THERMAL FACTORS ON MOTION OF TYPHOONS. Scientia Sinica B, 1983, 26（5）：524-537.

[32] 黄士松，汤明敏. 南北半球间能量、角动量的输送和交换. 气象科学，1985，5（1）：1-19.

[33] 汤明敏，黄士松，周德佩. 全球越赤道气流的时空变化. 热带气象，1985，1（4）：287-296.

[34] 陈燕燕，黄士松，倪允琪. 热带超长波结构特征及地形对其影响的理论分析. 气象科学，1986（2）：28-38.

[35] 黄士松，汤明敏. 论东亚夏季风体系的结构. 气象科学，1987（3）：

1-11.

[36] Huang Shisong, Tang Mingmin. ON THE STRUCTURE OF THE SUMMER MONSOON REGIME OF EAST ASIA. Scientia Meteorologica Sinica, 1987, 03.

[37] 黄士松, 汤明敏. 西北太平洋和南印度洋上环流系统的中期振荡与遥相关. 气象科学, 1988（4）: 1-13.

[38] 杨修群, 黄士松. 马斯克林高压的强度变化对大气环流影响的数值试验. 气象科学, 1989, 9（2）: 125-137.

[39] Huang Shisong, Tang Mingmin. MEDIUM-RANGE OSCILLATION AND TELECONNECTION OF THE ATMOSPHERIC CIRCULATION SYSTEMS OVER THE NORTHWEST PACIFIC AND SOUTH INDIAN OCEANS. ACTA METEOROLOGICA SINICA, 1989, 3（5）: 571-581.

[40] 王召民, 黄士松. 对流圈加热场特征及其同我国江淮流域旱涝联系的初步研究. 气象科学, 1989, 9（4）: 353-368.

[41] 谢倩, 黄士松. 冬季赤道中东太平洋海温和北极海冰异常对大气环流影响的研究. 气象科学, 1990, 10（4）: 325-338.

[42] 杨修群, 黄士松. 北半球夏季南极冰气候效应的数值试验. 大气科学, 1992, 16（1）: 69-76.

[43] 杨修群, 黄士松. 欧亚雪盖的气候效应及其在冬季风形成中的作用. 南京大学学报, 1992, 28（2）: 326-335.

[44] 王国民, 黄士松. 热带副热带地区初值问题和强迫响应问题的正压正规模态分析. 热带气象, 1992, 8（2）: 97-104.

[45] 杨修群, 黄士松. 北半球夏季遥相关型的水平结构和能量特征. 气象科学, 1992, 12（2）: 119-127.

[46] 杨修群, 谢倩, 黄士松. 赤道中东太平洋海温和北极海冰与夏季长江流域旱涝的相关. 热带气象, 1992, 8（3）: 261-265.

[47] 杨修群, 谢倩, 黄士松. 大西洋海温异常对东亚夏季大气环流影响的数值试验. 气象学报, 1992, 50（3）: 349-354.

[48] 王国民，黄士松. 北半球冬季大气环流低频异常变化特征的研究. 气象科学，1992，12（3）：251-257.

[49] 黄士松，杨修群，谢倩. 北极海冰对大气环流与气候影响的观测分析和数值试验研究. 海洋学报，1992，14（6）：34-40.

[50] Huang Shisong, Yang Xiuqun, Xie Qian. THE EFFECTS OF THE ARCTIC SEA ICE ON THE VARIATIONS OF ATMOSPHERIC GENERAL CIRCULATION AND CLIMATE. ACTA METEOROLOGICA SINICA, 1992, 6（1）：1-14.

[51] 王国民，黄士松. 季节内尺度热带—中纬相互作用机制初探. 大气科学，1993，17（4）：442-450.

[52] 管兆勇，黄士松. 相关系数的变化形式和相关场揭示的大气波动及其物理本质. 气象学报，1993，51（3）：274-282.

[53] 杨修群，谢倩，黄士松. 南极地区冰雪消失对全球大气环流和气候影响的数值模拟. 地理学报，1993，48（5）：394-402.

[54] 杨修群，黄士松. 外强迫引起的夏季大气环流异常及其机制探讨. 大气科学，1993，17（6）：697-702.

[55] 管兆勇，黄士松. 时间平均流场对风场振动的优势选择作用. 大气科学，1994，18（1）：96-104.

[56] 杨修群，谢倩，黄士松. 北极冰异常对亚洲夏季风影响的数值模拟. 海洋学报，1994，16（5）：34-40.

[57] 王召民，黄士松. 七月大气环流对南极海冰异常的响应. 气象科学，1994，14（4）：311-321.

[58] Guan Zhaoyong, Huang Shisong. ATMOSPHERIC WAVE AND ITS PHYSICAL ESSENCE AS REVEALED BY CHANGED CORRELATION COEFFICIENTS AND CORRELATION FIELD. ACTA METEOROLOGICA SINICA, 1994, 8（2）：178-186.

[59] 杨修群，谢倩，黄士松. 夏季赤道中东太平洋海温和北极海冰异常对大气环流影响的数值模拟. 海洋学报，1995，17（1）：24-31.

[60] 杨修群，黄士松. 全球大气多层原始方程距平谱模式的研制. 气象

学报, 1995, 53（1）: 19-29.

[61] 杨修群, 谢倩, 黄士松. 热带海气耦合波动力学性质研究. 海洋学报, 1995, 17（2）: 27-37.

[62] 黄士松, 汤明敏. 我国南方初夏汛期和东亚夏季风环流. 热带气象学报, 1995, 11（3）: 203-213.

[63] 朱永春, 黄士松. 包含水分循环和海冰物理过程的气候模式及气候因子对海冰变化的影响. 气象科学, 1995, 15（4）: 166-182.

[64] 杨修群, 黄士松. 海气耦合系统中的季节内振荡模态. 热带气象学报, 1993, 9（3）: 202-210.

[65] 黄士松, 杨修群, 蒋全荣, 汤明敏, 王召民, 谢倩, 朱永春. 极地海冰变化对气候的影响. 气象科学, 1995, 15（4）: 45-56.

[66] 杨修群, 谢倩, 黄士松. 热带海气耦合距平模式中的 ENSO 循环及其形成机制. 气象科学, 1995, 15（4）: 134-157.

[67] 张向东, 黄士松, 张晶. 热带太平洋特征模式以及埃尔尼诺形成动力机制. 海洋学报, 1996, 18（1）: 31-42.

[68] 杨修群, 谢倩, 黄士松. 一种新的 ENSO 循环负反馈机制. 大气科学, 1996, 20（1）: 79-89.

[69] 杨修群, 谢倩, 黄士松. 全球大气／热带太平洋耦合距平模式中由 ENSO 增暖引起的全球大气环流异常. 大气科学, 1996, 20（2）: 129-137.

[70] Huang Shisong, Tang Mingmin. THE EARLY SUMMER FLOOD PERIODS OF SOUTHERN CHINA AND THE SUMMER MONSOON CIRCULATION OF EAST ASIA. JOURNAL OF TROPICAL METEOROLOGY, 1996, 2（1）: 12-25.

[71] 王召民, 黄士松. 南北极海冰的时空变化特征. 气象科学, 1996, 16（4）: 299-307.

[72] 张向东, 黄士松. 1982—1983 年 El Nino 演变的动力学结构分析. 大气科学, 1997, 21（6）: 659-669.

[73] 黄士松. 低纬大气环流系统若干问题研究∥黄士松论文选. 气象出版社, 2000.

参考文献

[1] 包澄澜. 黄士松//《科学家传记大辞典》编辑组编，卢嘉锡主编. 中国现在科学家传记（第二集）. 北京：科学出版社，1991：433-438.

[2] 陈学溶. 中国近现代气象学界若干史迹. 北京：气象出版社，2012.

[3] 方延明. 黄士松教授育人科研双丰收. 新华日报，1985-05-17.

[4] 方延明. 黄教授的执著追求. 党的生活，1985（7）.

[5]《红专》南京分社. 黄士松同志为气象事业作出贡献. 红专，1983（4）.

[6] 洪世年，陈文言. 中国气象史. 北京：农业出版社，1983.

[7] 洪世年，刘昭民，等. 中国气象史（近代前）. 北京：中国科学技术出版社，2006.

[8] 胡永云. 我所知道的芝加哥学派//北京大学物理学院大气科学系编. 江河万古流——谢义炳院士纪念文集. 北京：北京大学出版社，2007：281-310.

[9] 黄士松. 低纬大气环流系统若干问题研究//黄士松论文选. 北京：气象出版社，2009.

[10] 江苏省地方志编纂委员会. 江苏气象事业志. 南京：江苏科学技术出版社，1995.

[11] 刘英金. 风雨征程：新中国气象事业回忆录. 北京：气象出版社，2006.

[12] 刘英金. 风雨征程：新中国气象事业回忆录（续集）. 北京：气象出版社，2008.

[13] 李玉海. 竺可桢年谱简编. 北京：气象出版社，2010.

[14] 裘国庆. 国家气象中心50年. 北京：气象出版社，2000.

[15] 秦大河. 百年长望：纪念涂长望同志百年诞辰. 北京：气象出版社，2006.

[16] 秦大河. 纪念竺可桢先生诞辰120周年文集. 北京：气象出版社，2010.

[17] 石永怡. 风雨人生. 北京：气象出版社，2009.

[18] 汤明敏. 黄士松与副热带高压及低纬大气环流//中国当代科技精华——地学卷. 哈尔滨：黑龙江教育出版社，1994：458-469.

[19] 《涂长望文集》编辑组. 涂长望文集. 北京：气象出版社，2000.

[20] 伍幼威. 大风起兮云飞扬——记天气动力学家黄士松. 科学家，1985（4）.

[21] 温克刚. 涂长望传. 北京：当代中国出版社，1997.

[22] 王德滋. 南京大学百年史. 南京：南京大学出版社，2002.

[23] 温克刚. 中国气象史. 北京：气象出版社，2003.

[24] 吴增祥. 中国近代气象台站. 北京：气象出版社，2007.

[25] 王鹏飞. 王鹏飞气象文选（2）. 北京：气象出版社，2010.

[26] 谢世俊. 竺可桢传. 重庆：重庆出版社，1993.

[27] 中国近代气象史资料编委会. 中国近代气象史资料. 北京：气象出版社，1995.

[28] 中国气象学会. 中国气象学会史料简编. 北京：气象出版社，2002.

[29] 竺可桢. 竺可桢全集（第8卷）. 上海：上海科技教育出版社，2006.

[30] 竺可桢. 竺可桢全集（第9卷）. 上海：上海科技教育出版社，2006.

[31] 中国气象学会编著. 中国气象学会史. 上海：上海交通大学出版社，2008.

[32] 中国气象学会. 大气科学学科发展回顾与展望：纪念改革开放30年. 北京：气象出版社，2008.

[33] 中国气象局. 新中国气象事业60年. 2009.

[34] 孙鸿烈. 20世纪中国知名科学家学术成就概览（地学卷）：大气科学与海洋科学分册. 北京：科学出版社，2011.

后 记

本书是在对黄士松先生本人、他的家人以及同事和学生的访谈基础上，同时参考了其他史料写成的，力求尽可能还原历史的原貌。甚为遗憾的是由于"十年动乱"，黄士松先生的很多资料都散失了。十分感谢南京大学档案馆和人事处，他们提供了全部的档案资料，才使得很多历史细节清晰起来。

由于是学术传记，对黄士松先生的学术成长历程要有细致的梳理。黄士松是我国气象学界唯一受过两大气象学派（即挪威学派和芝加哥学派）熏陶的气象学家，他的成长历程某种程度上反映了两大学派的学术思想在我国的传承和碰撞。本书对黄士松学术思想的形成，采用的研究方法，科研成果的应用等进行了全面的揭示，如果说本书尚具有一些特色的话，此当为一。

最后要十分感谢黄士松先生及其夫人汤明敏女士。黄士松先生当时已93岁高龄，但仍积极配合我们的访谈和史料采集工作。感谢"老科学家学术成长资料采集工程"领导小组办公室专家组的各位专家，尤其是樊洪业研究员、张藜研究员的悉心指导。还要感谢我们采集工作小组的每一位成员，他们都为本书的顺利完成贡献了力量。

老科学家学术成长资料采集工程丛书
已出版（50种）

《卷舒开合任天真：何泽慧传》　　《此生情怀寄树草：张宏达传》
《从红壤到黄土：朱显谟传》　　　《梦里麦田是金黄：庄巧生传》
《山水人生：陈梦熊传》　　　　　《大音希声：应崇福传》
《做一辈子研究生：林为干传》　　《寻找地层深处的光：田在艺传》
《剑指苍穹：陈士橹传》　　　　　《举重若重：徐光宪传》

《情系山河：张光斗传》　　　　　《魂牵心系原子梦：钱三强传》
《金霉素·牛棚·生物固氮：沈善炯传》《往事皆烟：朱尊权传》
《胸怀大气：陶诗言传》　　　　　《智者乐水：林秉南传》
《本然化成：谢毓元传》　　　　　《远望情怀：许学彦传》
《一个共产党员的数学人生：谷超豪传》《没有盲区的天空：王越传》

《含章可贞：秦含章传》　　　　　《行有则　知无涯：罗沛霖传》
《精业济群：彭司勋传》　　　　　《为了孩子的明天：张金哲传》
《肝胆相照：吴孟超传》　　　　　《梦想成真：张树政传》
《新青胜蓝惟所盼：陆婉珍传》　　《情系粱菽：卢良恕传》
《核动力道路上的垦荒牛：彭士禄传》《笺草释木六十年：王文采传》

《探赜索隐　止于至善：蔡启瑞传》《妙手生花：张涤生传》
《碧空丹心：李敏华传》　　　　　《硅芯筑梦：王守武传》
《仁术宏愿：盛志勇传》　　　　　《云卷云舒：黄士松传》
《踏遍青山矿业新：裴荣富传》　　《让核技术接地气：陈子元传》
《求索军事医学之路：程天民传》　《论文写在大地上：徐锦堂传》

《一心向学：陈清如传》　　　　　《钤记：张兴钤传》
《许身为国最难忘：陈能宽》　　　《寻找沃土：赵其国传》
《钢锁苍龙　霸贯九州：方秦汉传》《虚怀若谷：黄维垣传》
《一丝一世界：郁铭芳传》　　　　《乐在图书山水间：常印佛传》
《宏才大略：严东生传》　　　　　《碧水丹心：刘建康传》